国外毛泽东研究译丛
主编 石仲泉 萧延中

The Foundations of Mao Zedong's Political Thought 1917–1935

毛泽东政治思想的基础（1917–1935）

典藏本

[美] 布兰特利·沃马克 著
Brantly Womack
霍伟岸 刘 晨 译

中国人民大学出版社
·北京·

“国外毛泽东研究译丛”编委会

出版说明

毛泽东是举世公认的20世纪最为重要的革命家、政治家和思想家之一，也是一位颇富个性的诗人。鉴于他对现代中国之思想、制度和社会所产生的深远影响，也鉴于他对建构20世纪国际政治格局所产生的重要作用，数十年来，对毛泽东本人及其思想体系的研究已经成为一个具有长久意义的学术领域。毛泽东研究不仅是中国的，也是世界的。尽管国外的毛泽东研究在理论目标、分析方式、社会功能和学术立场等方面与国内存在差异，但在全球化之“现代性”和比较政治学的宏观视角上，其研究成果，应当被看作毛泽东研究整体的一个重要组成部分。

基于这样的一种视域和理解，在毛泽东诞辰120周年之际，我们在众多国外毛泽东研究的学术著作中，精选翻译了这套“国外毛泽东研究译丛”，首先旨在推进毛泽东及其思想研究的深入扩展，同时也期望为人们进一步审视和反思20世纪人类的“现代性”过程，提供一个侧面的资料支持。

“国外毛泽东研究译丛”是编委会与中国人民大学出版社精心合作的科研出版成果。华东师范大学中国当代史研究中心的诸位专家，为本译丛的持续和拓展做出了大量建设性的贡献。秉承学术研究的基础准则，我们注意精选那些经过时间检验，具有较强理论价值和持久影响，持论公允、论说严谨的研究著述。对于那些具有严肃治学精神和审慎论证的学术作品，即使与我们的学术观点不尽一致，也在选择范围之内。

“国外毛泽东研究译丛”的作者都是享誉世界的知名专家，他们慷慨允诺我们翻译其各具特色的学术名著，是促成此一国际学术交流盛事的基础要素。国内各位权威专家慨然允诺担任译丛的顾问，是对我们译介工作的肯定和支持。审读专家们对选题和译文所提出的多方面的修改意见，也是译丛能够顺利出版的重要条件。在此，我们向上述所有关心、支持译丛翻译出版的专家、学者和单位，一并表示敬意和谢意。

对书中出现的引文，编译者采取如下的文献处理原则：凡国内有对应的公开发表的毛泽东著作，均按中文版本原文进行核校；凡属毛泽东文稿，但未公开发表者，按相关文献进行核校，如凡引用日本学者竹内实主编《毛泽东集》和《毛泽东集补卷》者，按该书进行核校；凡属不能确定是否为毛泽东著作的引文，则尊重原作者的引文，未加处理，如凡引用《毛泽东思想万岁》和国外报刊报道的文献，一律按外文原文译出。

译介工作本是一件永远达不到尽善尽美境界的苦差，语际书写过程中的误读、遗漏和错置，以及特定条件的局限所带来的问题等都在所难免。我们恳切期望和真诚欢迎来自国内外专家学者以及广大读者的指教和批评。

编委会

2013年8月

中文版序

我很荣幸我的这本《毛泽东政治思想的基础（1917—1935）》能够由中国人民大学出版社组织翻译并出版。我要感谢主编石仲泉和萧延中将这本书收录在他们编纂的享有盛誉的“国外毛泽东研究译丛”之中。同时，我要对译者霍伟岸和刘晨的辛勤工作表示深深的感谢。另外，我很高兴我关于毛泽东的两篇论文也被收录其中。

我于1970年在芝加哥大学开始研究毛泽东。与那一时期我的大多数同事不同，我的兴趣不是源自“文化大革命”，而是源自将毛泽东的思想与从黑格尔到列宁的欧洲左派的经典思想相对比。到芝加哥大学之前，我曾经学习过西方哲学和政治理论。1969年到1970年，我在慕尼黑大学（德国）研究黑格尔和马克思主义。当我在邹谠（Tang Tsou）教授的指导下开始阅读《毛泽东选集》的时候，我被毛泽东对理论联系实际的关注所震动。尽管马克思、恩格斯和列宁都声称实践先于理论，但只有毛泽东将理论联系实际的问题变成其思想关注的中心点。马克思将注意力集中于构建一套综合的批判理论，恩格斯关注作为一种科学理论的唯物辩证法，而列宁在与其他左派争论时判断正确性的标准是忠于马克思主义的。然而，对于毛泽东而言，正确的政治领导才是主要问题，正确性是对于具体情况的适当性问题，而不是教条主义式的忠诚。在毛泽东看来，一个“本本主义者”之所以错误，不是因为他崇拜了错误的书籍，而是因为他没有能够理解抓住具体现实的重要性。

本书附录的第一篇文章《毛泽东思想中的理论与实践》写于1972年，并于1974年发表，该文是从对中国哲学和马克思列宁主义背景之下的理论和实践问题的分析入手的。毛泽东1937年的文章《实践论》和《矛盾论》赞成实践由于作为理论的背景、内容和目标而具有一种优先性。这当然不是有意作为对马克思列宁主义的批判，甚至有意进行的一种独立的理论创新，相反，它表达了对以下这些方面的认识：理解复杂环境的困难性，进行调查的必要性，错误的不可避免性，以及调整理论适应新环境的经常性需要，即使这种理论是成功的理论。这篇论文的结尾批评了毛泽东的实用主义的灵活性，指出这种灵活性给中华人民共和国的政治制度化所造成的困难。尽管该文写于毛泽东逝世前四年，但读者仍可以从中看到后来在继承权的讨论中华国锋的“两个凡是”与邓小平的“实事求是”之分歧的先兆。

这篇文章很自然地引出了本书的研究计划，因为如果先有实践，后有理论，那么就应当从毛泽东当时所处形势与他的活动之间的辩证关系中来研究毛泽东自己的思想。本书的基本研究目的是在毛泽东思想诞生的具体情况中分析这一思想，而非将其作为一个抽象的思想体系进行研究。这样的研究不得不以毛泽东最早时期的努力为开端。但《毛泽东选集》中最早的文章写于1926年，而且其中许多原文被省略和改动。如果没有日本学者竹内实所编辑出版的《毛泽东集》[1]，那么本书将是不可能完成的；我的研究也受益于其他学者的开创性工作，其中最重要的是斯图尔特·施拉姆。《毛泽东政治思想的基础（1917—1935）》这项研究开始于1974年，完成于1981年。

鉴于这本书已经呈现在读者面前，而且已经有它自己的导言，对其内容我就不再赘述了。我只想就这项研究对于我自己关于毛泽东的观点所产生的影响，以及由此引发的更进一步的研究作一评述。在早期的研究中，我对作为一个理论家的毛泽东感兴趣，但对作为一个政治活动家的毛泽东一直保持着一定的距离。而现在的研究要求我再现他作为一名活动家的发展历程，并且感受他所想做的和他认为可能去做的事情之间的互动。在研究过程中，毛泽东致力于有效的行动，以及他对人民权力的信仰都给我留下了深刻的印象。因此，看到1927年到1934年这段时期内他逐渐形成了一种农村革命策略的思想就尤其令人兴奋。

在我看来，农村革命是后来这个国家最高领导者的一项政治创新，也是毛泽东对历史最伟大的贡献。它证明了动员起来的群众的力量即便在一个巨大而贫穷的国家里也可以成为最强大的政治力量。如果民主意味着“人民的力量”，那么毛泽东就对民主理论做出了一个至今仍被世人津津乐道的贡献。农村革命策略是在1927年后，由于红军面对残酷的生存环境而凸显的。毛泽东根据实践的需要做出了既有创造力又有效的回应，一个综合的农村革命范式从他的成功与失败中诞生了，在抗日战争中这个范式得到了明确的表述并被加以应用。

这就产生了两个更进一步的研究问题，而这两个问题就是我另外两篇论文的主题。第一个问题是农村革命胜利的原因——在越南以及中国——和胜利之后在共产党与民众之间保持紧密关系的问题。在1986年发表的《共产党与人民》中，我主张成功的农村革命的机制是，党作为一个“准民主系统”来发挥其功能。中国共产党和越南共产党都是与有更好的资源、通讯技术和国际支援的敌人进行斗争的。面对这种局面，共产党唯一能够利用的资源是农民阶级的支持，他们不关心政治并且深受剥削。也因此，共产党必须通过密切联系农村群众的方法来对他们进行动员，其政策也必须是尊重群众的政策，必须去做群众希望的和群众认为可行的事情。共产党尊重群众的行为并不是以选举为基础的形式意义上的民主，但是它不得不对大众的利益和意见做出敏捷的反应，以便在与强有力的对手的斗争中生存下来。

革命胜利之后，共产党掌握了国家权力，尽管仍然强调群众路线和大众支持的重要性，但是共产党和作为个体的干部们却不再是为了生存而必须依靠大众的支持。“准民主系统”在与一个更为强大的对手的竞争时期发挥作用，但现在那个对手已经被打败了，共产党可以利用国家的权力来组织支持者，作为个体的干部们为了自己的安全而更多地依靠上级，而不是依靠群众的热情。这样做的后果是，可能会出现官僚主义。尽管早在1952年毛泽东就发动了反对官僚主义的各种运动，但是这些并不能解决这个关键的问题，即对于群众而言，党及其干部们不再处于危险的境地。一个国家一旦建立，只有民主体系方能要求领导人关注民众的利益和意见。

第二个问题是毛泽东思想的连续性。在毛泽东逝世后，他在1957年到1976年期间的“左”倾主义政策遭到了谴责，但他直到1957年为止所取得的成功仍然得到了肯定。1957年发生了什么呢?难道毛泽东放弃了他早期的实用主义和对大众的关注吗?《毛泽东在何处误入歧途》一文认为（本文亦收入本书），在毛泽东的“左”倾主义时期，他的思想仍然具有连续性，但是由于他对中国政治环境的判断，他原有的思想在此时发生了根本的变化。在毛泽东对中国的基本任务的判断中，1957年是具有分水岭意义的一年。到1949年为止，毛泽东的实用主义灵活性指向的目标都是革命成功。从1949年到1957年，这个目标变为向社会主义过渡，而苏联为社会主义建设方法提供了一个实际的范例。但在1957年，向社会主义过渡的完成，赫鲁晓夫领导下的苏联让人丧失信心，波兰和匈牙利的动荡和“百花齐放”运动的失败激起毛泽东对“人民内部矛盾”的关注。这些都表明中国正处在向共产主义迈进的历史边缘。但唯一能够找到的模式就是修正主义的失败和资本主义傲慢自大的反面教材。因此，毛泽东感到他必须带领中国进行一场重大的实验，在实验中犯错的确是可能的，马克思关于终极共产主义社会的只言片语为这场实验提供了新的目标。

毛泽东的“左”倾思想的失败——尤其是“大跃进”和“文化大革命”——是巨大的，而且假若没有他个人的参与它们也许就不会发生。但是，失败的根源并不是他放弃了实践的行动主义或对群众的信仰，而是他对不可实现的目标的追求。在我看来，毛泽东个人最大的缺点不是企图超越世界的不可能性，而是他没有能够直面他的错误，并从中吸取教训。毛泽东对于政策退让仍然保持了足够的实用主义态度，但对政策反思却不是这个态度。因此，错误导致了伪善和更多的错误，而不是切实的纠正和进步。

我在中国境外完成了这些作品，它们主要是写给非中国人的读者看的，但在写作过程中这些作品使用了有关中国的新信息。我有信心，读者们能够发现这项研究的有用之处。但这些许多年前的作品的用处，对中国读者而言一定是不同的。为什么要了解一个外国人对毛泽东所作的分析，在这些作品发表以后所出现的新文献与新研究又具有何种重要性？这些都是很值得回答的好问题。

对一些读者而言，看上去可能我关于毛泽东的观点缺乏足够的批判性，而且没有能够表达出许多中国人由于这种领导而遭受到的痛苦和损失，尤其是在“左”倾主义时期。实际上，任何外国学者都无法想象“文化大革命”或“大跃进”时期的狂热和期间日常的生活现实。局外人的视角不可能拥有局内人的个人真实性（personal authenticity）。我有充分的理由可以证明这一点，但我的研究从未试图取代关于毛泽东的个人叙述以及中国学者的研究。况且，我不认为作为一个局外人，我的视角，比中国人的研究更为“客观”。然而，一种局外的视角确实有助于对毛泽东的内在理解。

第一，局外人的视角相对不受中国目前的政治和历史的约束。一部为美国读者所写的关于罗纳德·里根或比尔·克林顿的书将受到当前美国政治的影响，即使作者努力谋求一种客观性，但他所认为的关于其主题比较有意思的内容，也要受到他自己的政治观点以及在写作该书时美国所面临的种种挑战的影响。一种不受约束的观点作为一个来自外部的新鲜视角可以是有用的。当然，局外人的观点也只是相对不受约束的。

第二，一种局外视角提供了这样一个维度，即从内部不可能观察到的有关毛泽东和中国的现实的东西。中国是世界的一部分，也是世界经验的一部分。毛泽东在国际方面的影响和重要性可能在中国之外更加容易进行研究。比如，把毛泽东和胡志明作比较对一个对农村革命感兴趣的外国人而言是一种很自然的对比，但如果在中国或越南国内，作同样的比较会很困难，因为被比较的一方对于研究者而言比另一方更为亲密。

第三，一种外部视角可能更接近长期的历史视角。虽然局外人不是他所分析的社会中的一员，但他的观点并不比局内人的观点更缺乏真实性。如果我们想知道100年或500年之后人们对于毛泽东的评价会是什么样子，那么局外人评价的范围可能会比局内人的观点更加接近最终的判断。局外人与当前的现实隔离开来，同时历史也与当前的现实隔离开来。随着时间的推移，事件对个人的影响将会越来越弱，甚至在同一种文化之中也是如此。如果由一个来自罗马帝国的学者对秦始皇进行研究，他的评价可能比汉朝人当时做出的反应更接近于历史的评判。当然，没有人能够改正历史的评判。但在评价历史的评判时，距离是一个因素。

关于中文版的另一个问题是新文献和新研究对于本书观点的有效性会产生何种影响。因为这本书不可能在《毛泽东集》出版之前完成，所以这样问就是正当的：在补充的材料出版之后它是否还值得一读？现在，毛泽东著作的收集与出版的确取得了重要的进步，《毛泽东早期文稿》[2]提供了许多重要的新文本，尤其是毛泽东的前马克思主义时期的著作；而由斯图尔特·施拉姆编辑的《毛泽东的权力之路》[3]，则提供了毛泽东1949年之前著作的最广泛的英文译文全集。而且，中外学者关于毛泽东的传记及其历史背景的研究在过去的20年里已经开花结果。所以，先前的研究必须做出何种贡献才能让人们觉得这本书有用？

我写过一篇关于“1937年以前的毛泽东”的新文献的评论文章，已经被翻译成中文了。[4]当然，在我这本书完成之后，有关1920年之前的毛泽东的文献记录大大增加，我会鼓励任何对毛泽东的前马克思主义时期怀有特殊兴趣的人去阅读这些材料，尤其是毛泽东对于泡尔生（Friedrich Paulsen）的评论。尽管如此，这些新材料与我的分析并不发生矛盾，尤其就1919年以后的材料而言。更确切地说，它们充实了原来能够找到的文献，而且为更深入地分析毛泽东最初那些强健有力但又有些不太成熟的自我思考打下了基础。如果现在让我再重新写这本书，那么在第一章将会有大量的补充内容，对毛泽东思想发展的具体描述也会得到改进，但是整体的结构和内容仍将保持不变。

在未来的20年，我希望能在毛泽东的文本文献方面取得更进一步的重大进展。至少，可以期待中文原文配以施拉姆译文的便捷式版本能够出版。当然，最好有更多的文献资料，尤其是1930年之后的，能够提供给我。最终，对我来说最便利的就是能够拥有一个电子数据库，可以进行检索，并具有中英文隔行对照的功能。如果这些都变成现实，可能我会重写这本书。

关于这个中文版最后需要指出的一点是，有些人名和引文的中文原文难以查到。虽然绝大多数来自毛泽东本人的引文均查到了原文，但是由于一些历史材料的文本已经不在我手中，因此译者不得不将我的英文翻译再转译回中文，在准确性和优雅性方面的任何损失当然完全应由我来承担责任。

我深深地感激读者对我的研究的关注。同时为它的许多错误和疏漏表示抱歉。我希望本书对毛泽东研究的国际学术界所作出的些许贡献，能够激发他人取得更大的进步。

布兰特利·沃马克（Brantly Womack）
查洛特斯维尔，弗吉尼亚，美国
（Charlottesville，Virginia，USA）
2003年7月

译者的话

《毛泽东政治思想的基础（1917—1935）》（*The Foundation of Mao Zedong's Political Thought* 1917—1935）的英文原著在1982年由美国夏威夷大学出版社出版。该书作为作者布兰特利·沃马克（Brantly Womack）教授的第一部专著，一经出版，就引起了学术界的广泛关注。西方研究毛泽东思想的一些知名学者，如斯图尔特·施拉姆（Stuart Schram）、雷蒙德·怀利（Raymond F. Wylie）和理查德·利维（Richard Levy）等都先后发表了评论文章。[1]尤其是施拉姆对该书的评价很高，称作者“非常成功地完成了他为自己设定的研究计划”[2]。在这些评论文章陆续发表之际，国内研究界也开始关注此书，并将其主要观点和相关评论摘要编译介绍给中国读者。[3]然而大多数中国读者竟然一直等到20多年后方才得以观其全貌，这不能不说是一种遗憾。不过，这次由中国人民大学出版社出版的《毛泽东政治思想的基础（1917—1935）》中译本不仅完整翻译了原著，而且把作者在从事该研究前后所发表的两篇与毛泽东研究相关的重要论文也作为附录收录进来，从而有助于读者从整体上把握其研究思路和学术脉络。

沃马克认为，以有效的革命行动为目标的理论与实践的互动，是毛泽东政治思想的主要特点和基本原则，这在中国和马克思主义的政治传统中都是一个重要的创新。作者在“中文版序”中指出，与他的大多数同事不同，他对于研究毛泽东的兴趣“不是源自‘文化大革命’，而是源自将毛泽东的思想与从黑格尔到列宁的欧洲左派的经典思想相对比”。所以，中译本附录一《毛泽东思想中的理论与实践》所关注的问题实际上直接导致了本书的研究计划。虽然雷蒙德·怀利指出，“1917—1935 年是毛泽东政治思想的基础时期”以及“毛泽东政治思想的主要特点是注重理论与实践的统一”都不是什么新观点，因为早在 1951 年陈伯达和史华慈（Benjamin Schwartz）就已经在各自的著作中提出过类似的观点。[4]但是，沃马克著作的价值显然不在于他对这两个观点的重申，而在于他的论证方式，以及他把“理论联系实际”这一问题所推进的深度。沃马克的论证方式是“通过考察毛泽东著作的实践基础和它们的政治背景，以便在活的有机体中解读他早期的政治思想”。作者“试图用它们最初指代的对象来提出新兴的政治概念，并讨论这样一些主题——当毛泽东作为一个政治行动者在面临着实践决策时，会把它们当作重要的和紧迫的主题来加以描述”。“按年代顺序从最初去研究各个发展阶段是重要的，因为只有用这种方法，研究者才能得到所有相关的政策经验。这样一种方法并不预先排除关于毛泽东的政治思想的概说，但我认为它能够把幼稚的概说与可靠的概说区分开来。”施拉姆也非常赞同沃马克的这种方法论，以至于他在评论文章中直接将沃马克有关其方法论的叙述部分大段地加以引用。[5]利用这样的方法论，作者就不是在空泛地讨论“理论与实践相统一”的命题，而是把它还原到具体的历史场景中，并在相关的实践背景下把理论问题进一步深化。作者发现，与马克思、恩格斯和列宁相比，只有毛泽东把理论如何联系实际的问题变成其思想关注的中心点。“对于毛泽东而言，正确的政治领导是主要问题，正确性是对于具体情况的适当性问题，而不是教条主义式的忠诚。”因此，毛泽东会着重关心这样一些方面的问题：“理解复杂环境的困难性、进行调查的必要性、错误的不可避免性以及调整理论适应新环境的经常性需要，即使这种理论是成功的理论”。这种复杂论证的步步推进正是在有关的历史背景下，通过对毛泽东相应时期代表著作的细致分析而得以完成的。最终，作者围绕着“理论联系实际”的核心命题分析了毛泽东政策的得失，并总结了这种政治方法对于今天的意义。

另一个贯穿全书的重要问题是毛泽东政治思想的连续性。作者首先梳理了在这个问题上的三种代表性观点，它们分别是：

(1) 索罗门（Richard Solomon）的心理学解释，从毛泽东早年经历中发掘他后来具有的反抗权威的基本冲动的根源所在。但沃马克指出，这是一种化约主义的解释。

(2) 魏斐德（Frederic Wakeman）以及萧三、李锐等人的思想史方法，强调毛泽东年轻时代与他成熟时期的连续性比二者之间的任何断裂或发展都更为重要。但沃马克认为他们忽视了毛泽东的思想经历的意义。

(3) 施拉姆的非连续性命题，即毛泽东早期的观点在他的马克思主义时期湮没了，而在“文化大革命”当中再次浮出水面。但沃马克推论说，这意味着真正的毛泽东主义时期只有他的青年时代和老年时代。[6]

既然以上三种解释都不能令人满意，那么作者的解释必然更为复杂：“毛泽东思想的连续性可以概括为以下几点：一是尽管在内容上并不连续，但在思想的形式或特定模式上具有连续性。在这些模式中，比较显著的方面是对于当下的关注，而不管任何特定的时刻在‘具体方面’的变化；以及在伦理的和社会的分析中对于辩证逻辑的使用。二是在方法上虽不连续，但在基本的假设上具有连续性。最基本的假设，即‘民众联合的力量最强’一直保持不变，尽管在毛泽东的社会分析的框架中（从团体到阶级）和他的政治行动的框架中（从自我组织的地方社团到共产党）发生了一些基本变化。斗争的必要性和实践的重要性的假设也始终如一，尽管它们在应用上有所改变。最后，尽管在实际政策上并不连续，但在最终的抱负上具有连续性。毛泽东要将中国变成一个为人民谋福利的国家，这个目标最终隐藏在这样一些表面上是妥协的或平凡的事务背后，诸如经营一家书店。”尽管作者反复强调了这种连续性*，但他在本书中并没有直接回答这个在毛泽东研究界一直争论不休的经典

*对于毛泽东政治思想的这种连续性的强调在书中随处可见，而且作者再三声称这种思想和风格是伴随毛泽东一生的因素。虽然作者在第五章曾指出，“在他最后的20年里，毛泽东在意识形态领导方面是积极的，而在更为实践性的方面则是消极的”。但这并不是否认晚年毛泽东的政治思想与其早期思想的连续性，而是指出，环境的变化改变了思想本身的意义。确实，作者在这里对这个问题的处理是不明确的，以至于雷蒙德·怀利和唐秀兰都认为，沃马克本人的看法是，毛泽东早期和晚年经历之间“不存在连续性”。参见唐秀兰编译：《英美学者评沃马克著〈毛泽东政治思想的基础（1917—1935）〉》，89～90页。后来，沃马克专门在他的论文《毛泽东在何处误入歧途》中提出“毛泽东的政治的二阶连续性”的概念，对这个问题进行了详细的阐述，进一步明确了他先前的观点。

问题：晚年毛泽东的政治思想究竟是体现了毛泽东政治思想的连续性还是一种断裂？而沃马克对于这个问题的初步探讨正是中译本附录二《毛泽东在何处误入歧途：毛泽东“左”倾政治中的认识论与意识形态》一文的主题。沃马克借助“毛泽东的政治的二阶连续性”（the second-order continuity of Mao's politics）这样一个概念来说明在何种程度上1957年以后毛泽东的政治转变体现了他的思想变化。作者指出：“行动的不连续性并不必然暗示着价值或思想方法的不连续性，因为同样的价值和方法应用于变化以后的环境可能导致不同的行为方式。”如果抛开环境差别和政策结果的问题，而专注于他的政治活动中所包含的价值和方法，那么人们就会惊讶地发现：“毛泽东思想的基本因素在进入他的政治活动的‘左’倾阶段之后一如其旧，几乎没有任何变化”。这种不变的价值和方法包括三个方面：第一，是对于动员起来的大众力量是根本的政治力量的信念；第二，是其政治活动以有效行动、调查和实验为导向；第三，是强调阶级斗争的重要性。事实上，沃马克在《毛泽东政治思想的基础（1917—1935）》一书的各个章节中已经运用丰富的文献证据表明这三方面的价值与方法在毛泽东政治思想的基础时期就已明确形成。作者接下来需要证明的问题是，这些不变的价值和方法如何在1957年以后导致了完全不同的政策结果。沃马克论证说，毛泽东的“左”倾主义潜在的思想问题是他不加批判地接受了马列主义思想框架的一系列假定。虽然毛泽东的思想焦点是正确的、适应环境的领导能力的问题，但实用主义不能以自身为导向，也不能纠正自身的导向，所以成功与失败是通过一套假定为真的意识形态框架来予以界定的。1957年之前的政策成功是由于意识形态设定了夺取全国革命胜利，以及随后向社会主义过渡的中级的、实践的目标。但是，1957年之后则不存在类似的中级的、注重实效的目标，衡量政策效果纯粹以抽象的意识形态为指针，这种解释框架的不适当性最终导致他的政策失败，甚至濒临毁灭性的结局。

毛泽东的政治思想不是一种抽象的哲学，而是以“理论联系实际”为核心的一整套价值和方法，它已经形成了一种政治范式。沃马克扼要指出了毛泽东的政治思想对于今天的中国政治的意义。他认为，毛泽东的政治思想是对中国革命和历史的卓越贡献，并且已经融入了中国的政治文化，虽然1978年以后邓小平使中国回到了“文化大革命”之前（在某些情况下是回到1957年之前）的立场上，但是他无法回到毛泽东之前的立场上。然而，沃马克也强调了毛泽东政治范式具有的三种局限性。

首先，毛泽东不得不应付的关于实践领导的两个主要问题是：“环境变化使经验不再有效，以及在行动之前理论指导的必要性。”毛泽东本人对这种局限性非常自觉，他认识到没有对环境变化的警觉，经验可能变成狭隘的经验主义；另外，“没有调查，就没有发言权”的口号又体现了他对于抽象意识形态的轻视。

第二种局限性是由权威性领导所固有的结构张力造成的。这种结构问题又体现在三个方面：“第一，从一种从属性、执行性范式到一种指导性范式的转变；第二，中间领导将同时遭到来自上下级在政治上的责难；还有第三，一种不会犯错的形象的政治效用与对灵活性的需要之间存在的紧张。”毛泽东虽然清楚这种局限性将不断造成问题，但他却从未像对待第一种局限性那样在原则上处理过它。

第三种局限性是由它自身的成功所造成的。“1949年以后，中国的理论构想超过她的政治发展现实的旧问题被一个新问题所取代，即她的政治创新和成就正在超过相应的理论概括。”尽管毛泽东在他的政治活动中体现了自己对于这个问题的认识，然而他实际的做法是把对一个阶段问题的实际解决办法简单地转化成为下一阶段问题的意识形态上的解决办法，这最终导致了他的政策失败。

当然，一些评论文章也指出了沃马克著作的不足之处。比如，对于沃马克提出的关于毛泽东政治理论的来源问题，雷蒙德·怀利认为，沃马克强调毛泽东的政治理论是其实践活动的直接结果时，没有考虑到毛泽东思想的其他许多方面，如历史传统、政治文化、心理因素以及外国的影响，等等。这样，他所塑造出来的毛泽东的形象过于简单化。[7]这种批评是有道理的，但是这也与沃马克所采取的分析视角有关。沃马克自己在本书的“中文版序”中就指出，他最早被毛泽东所吸引正是因为看到了毛泽东对于理论与实践的关注。而且，理论与实践的关系问题也是作者在学习西方哲学和政治理论时的重点关注所在。此外，历史传统、政治文化、心理因素等视角，前人（比如索罗门、魏斐德等）已经有过出色的研究，作者认为自己在类似的解释角度上无法比他们做得更好。[8]在这个意义上，虽然沃马克仅仅从理论与实践的关系的单一视角切入问题，对于塑造一个丰满的毛泽东形象来说是过于单薄，但是仅就这一方面而言，其研究深度还是不容置疑的。较之面面俱到然而大而无当来说，还是沃马克的做法更加可取。当然，如果可以找到一个适当的解释框架，能够兼各家所长，那无疑也是大有裨益的。

施拉姆对沃马克的主要批评是他在文献利用方面的不足。虽然沃马克的著作是于 1982 年正式出版的，但是作者竟然没有利用任何在 1979 年中期以后变得可以获得的参考资料，这是不应该的。[9]后来，施拉姆在展望未来的毛泽东研究的前景时，又特别提出，希望沃马克能够利用新出版的《毛泽东集（补集）》中的文献资料来修改他的著作，尽管施拉姆认为该著作已经是“非常好的”（excellent）一项研究。[10]关于该著作发表以后所出现的新文献和新研究具有何种重要性的问题，沃马克在“中文版序”中专门予以说明，不过他认为：“这些新材料与我的分析并不发生矛盾，尤其就 1919 年以后的材料而言。更确切地说，它们充实了原来能够找到的文献，并且为更深入地分析毛泽东最初那些强健有力但又有些不太成熟的自我思考打下了基础。如果现在让我再重新写这本书，那么在第一章将会有大量的补充内容。对毛泽东思想发展的具体描述也会得到改进，但是整体的结构和内容仍将保持不变。”

霍伟岸

2003 年 10 月

目　录

鸣 谢

对一名学者而言，最令人愉快的事就是对那些为自己的研究提供各种必要条件的人表达谢意。有两方面我尤其需要表示感谢。第一是邹谠（Tang Tsou）的指导，自从我在芝加哥大学开始从事中国研究以来，他一直是我的导师。对这项研究的发展方向和研究质量，他的贡献不亚于我。第二是目前已有的、关于毛泽东的高质量的研究成果。如果没有竹内实（Takeuchi Minoru）所编的《毛泽东集》，那么寻找毛泽东著作原文的任务，将有可能使我的研究变得不完整，或者根本无法完成。同样重要的是，本杰明·史华兹（Benjamin Schwartz）、斯图尔特·施拉姆（Stuart Schram）、陈志让（Jerome Chen）、魏斐德（Frederic Wakeman），以及其他许多人的著作已经为我的研究创造了一个起点，这个起点远高于任何一位学者仅凭一己之力所能达到的水平。

从较为私人的层面而言，同事们的友谊与鼓励帮助我在此项研究中得以坚持不懈。一些朋友对这本书的完成尤其有帮助，他们是：魏斐德、菲利普·莱林瑟（Philip Lilienthal）、约翰·斯塔尔（John Starr）、彼得·李（Peter Lee）、鲍勃·布拉德利（Bob Bradley）、大卫·舒（David Chu）、默里·利夫（Murray Leaf）、威廉·刘（William Liu）、伊德·哈蒙德（Ed Hammond）、斯图尔特·蒋（Stuart Kiang）以及洛厄尔·迪特默（Lowell Dittmer）。唐·耀德（Don Yoder）的编辑修改使本书更加具有可读性，约翰·欧文

（John Owens）为本书编制了索引。

此项课题起初是作为一篇学位论文而着手研究的，而它从最初受到鼓励，继而修改成形，到最终得以完成，都要归功于邹谠、孔飞力（Philip Kuhn）和伦纳德·班德（Leonard Binder），他们组成了我的论文评委会。该项研究还部分地受到加利福尼亚大学伯克利分校的中国研究中心的资助，以及得克萨斯大学达拉斯分校的一项研究基金的支持。

安（Ann）、大卫（David）和莎拉（Sarah）为本书所做出的牺牲难以一一列举。

导　言

这项研究追溯了从毛泽东最早时期的著作直至长征开始这段时间内他的政治思想的发展，涉及毛泽东生命的前42年。在此期间，他参加了1919年的五四运动，帮助建立了中国共产党，创造了根据地的政治—军事战略，还管理了江西的中华苏维埃共和国政府。尽管这些经历和活动被他后来的成就所遮蔽，但是它们本身就相当重要。与之相伴的还有在相应时期所产生的著作，这些著作反映了毛泽东对这些经历和活动的重要性所做出的判断。毛泽东的著作中所揭示的主题、价值和方法帮助他成就了对中国政治的贡献，而且，它们本身就是毛泽东的贡献的一个重要组成部分。 *xi*

这项研究的目的就是要通过考察毛泽东著作的实践基础和它们的政治背景，以期在活的有机体中解读他早期的政治思想。我试图用它们最初指代的对象来提出新出现的政治概念，并讨论这样一些主题——当作为一个政治行动者的毛泽东在面临着实践决策时，会把它们当作重要的和紧迫的主题来加以描述。这样一种研究方法尤其适用于毛泽东，因为他的理论概念是从实践的进程中浮现出来的，而不是从抽象的纲领中衍生出来的。毛泽东所从事的明确的理论化工作是对其经验的一种反映，他的概念在实践中的酝酿为他更加理论化的表述提供了对象和内在的含义。这可以在1949年后他的理论探讨的风格中看出来，在讨论中他不断地提及他自己的经验，并且贬低脱离这种实践的理论所可能发挥的作用。[1]

xii 重视理论与实践的统一是毛泽东政治思想的基本原则，而我在别的地方曾经说明，这也是他在中国和马克思主义的政治传统中的重要创新。[2]因此，理解毛泽东的思想最主要的是抓住他的实践背景。逻辑上的插补和推断、思想史的系统阐述以及与其他思想家的比较，这些次一级的工作都取决于这种生动的解读。将毛泽东简单地看做一个理论家，或脱离他的政治生活而抽象地看待他的理论，不仅会冒使观点因脱离其背景而被曲解的危险，而且还会假定，毛泽东最基本的原则之一——理论和实践密不可分——是错误的。

毛泽东的理论发展从来都不是简单地说明先前的信念，经验的发展和政治环境的转变促使他对自己的思想不断地重铸。因此，一项对任何特定时期内毛泽东的思想的研究，都无法通盘考虑他的全部思想的所有根源；所以，如果要做到全面，这项研究将不得不持续到1976年9月9日。这里未能做如此尝试的原因主要是受可实现性所限：毛泽东的思想在其政治背景下从最初到最后的发展，是一个异常庞大的主题。我这项研究所覆盖的时期是他人生三个主要时期的第一个时期，我称之为“毛泽东政治思想的基础”时期，因为正是在这个时期，他的大部分重要的政治概念得以产生。这时，毛泽东在党内的从属性角色没有要求他发表正式的、全面的权威性表述，但是他实际从事的政治工作却使一种独特的认识论、政治思想和政治风格得以发展和确立。

在下一个重要时期，即1936—1949年，毛泽东从事全面领导的新职责要求他权威性地陈述自己的观点。与共产国际和党内的斯大林主义理论家相比，江西中华苏维埃共和国的经验极大地增强了毛泽东对其自身正确性的信心，但是，被抗日战争所改变了的政治环境，要求毛泽东从这些经验的实践来源当中抽象出他的政治原则。这种抽象和重新运用的结果，是产生了他在20世纪30年代末所写的一批理论著作（其中《实践论》和《矛盾论》是最著名的两篇），还有他关于战争以及与国民党合作的第二次统一战线的战略
xiii 分析。当战争持续的时候，党内的整顿和共产党控制区内的政治经济状况，要求毛泽东就革命行政部门的事务做出新的权威性的说

明。这些说明中的大部分内容在“基础”时期也已经有明确的先例。最后，在国共内战中，长期积累的革命经验和军事力量被派上用场，来夺取在全中国的最后胜利。

第三个时期是中华人民共和国时期。这一时期最初以毛泽东放弃了对革命的积极指导为特征（比如，在中央委员会建立“一线和二线”领导）。毛泽东退下来，既是因为他设想解放后的新时期将根本不同于他所积累的经验；也是因为他希望通过允许其他领导人发挥他们的经验，使革命的活力能继续保持下去。但是，新中国的特定问题结果证明与毛泽东的经验中涉及的那些问题非常相似，其他真正新颖的问题则是由那些被毛泽东委以治理中国的职责的领导人造成的。这些情况的发展导致毛泽东重新引入了革命斗争的政治活动（“大跃进”以及更为重要的“文化大革命”），但是这些政治活动比最初为了争取解放而进行的斗争带来了远为复杂的结果。毛泽东在 1949 年前的领导取得胜利是因为他对时局适时地加以把握，但他对新中国政治的两次主要干预则是另一种不同的类型。“大跃进”和“文化大革命”的“革命的浪漫主义”涉及了革命意志与历史进程之间的一种独特的对立。毛泽东的价值和政策的经验基础是很明显的，但是在很大程度上，它们是对延安和江西经验的回顾，并且试图维持、塑造和向前推进一种革命现实。毛泽东一生对于革命运动的生存问题的关心，从 1949 年以前的实体生存问题，转移到了更加困难的、为了保持革命身份的道德和政治上的生存问题。

“四人帮”使无限的道德批判所具有的自我毁灭的倾向达到了一种狂热的程度，因此在很大程度上为他们自己掘好了坟墓。由于“四人帮”主要的意识形态力量在于他们对毛泽东在“文化大革命”中所表达的革命价值进行坚决的贯彻，所以华国锋后来强调在毛泽
东 20 世纪 50 年代的著作中十分突出的、对于社会主义建设的关 *xiv*
注，而邓小平则强调毛泽东思想的实践性，以便为进入“后毛泽东时代”提供一条具有连续性的线索。但是，对毛泽东遗产的政治和道德上的挑战，却没有轻松的解决办法，批判“四人帮”的多阶段的运动便是对此的证明。毛泽东的革命实践的结果是在革命指挥权

上发生了矛盾。与这种矛盾的斗争将会继续下去。

我期待，形成于毛泽东早期活动中的基本政治价值，将被证明是对中国政治的一个长远贡献。在毛泽东去世之前，这样一种希冀是显而易见的，毋须多言；但是，1978 年以来越来越多的对毛泽东的公开批评，以及对他的政策的大规模的否定，都要求人们对“去毛泽东化”（De-Maoization）的限度和对他的基本政治方法的前景进行研究。简言之，我想指出的是，毛泽东的政治基础已经融入了中国的政治文化。然而，在毛泽东生命的最后 20 年里，他把这些原则应用于一种以阶级斗争为基础的平等主义的批判，但现在的领导人则拒绝了这种方法，而赞同更加稳妥的“四个现代化”的发展，在牺牲毛泽东的情况下扭转 20 年来的中国政治，创造了一个重要的政治分水岭。但是毛泽东关于政治的基本方法，即使是在他之后的新的现代化时期仍然发挥着影响。

就政治的影响力而言，毛泽东在去世大约两年之后，才从这个舞台上离开。直至 1978 年中期，关于毛泽东的政治偏好和政治嫌恶的遗产仍然是影响中国决策的一个重要因素——尽管不再是一个决定性因素。1978 年，副总理邓小平派的关键性努力，决定性地打破了制定政策要与毛泽东保持一致的惯性影响，而这种惯性是从 1958 年直至他去世，他对中国政治进行个人的、激进的干预的结果。[3]对这种努力而言，两个相关的假设是必不可少的：第一，中国已经进入了一个新时期，现代化建设的实际任务决定了中国政治的进程；第二，实践是毛泽东思想体系的基础，政策应当由实践上的考虑而非教条来决定。这两个命题都意味着中国应该以新时期的实际需要为基础来重新考虑她的政治，有些人由于毛泽东的政策被抛弃而感到愤慨，他们实际上仍然遭受着“四人帮”教条主义的毒
xv 害。[4]简言之，昔日的“毛泽东主义”是今天的反毛泽东主义，昔日的“走资派”作为教条主义迫害的受害者而得到平反。

从“文化大革命”退回到原来的政治立场上，这被解释成为一种对毛泽东政策的抛弃，因为“文化大革命”的激进政策是通过毛泽东个人的干预而取得优势的，随之而起的混乱又由于对他的智慧

和能力的空前崇拜而得以并被容忍合法化。选择毛泽东生命的最后10年所出台的政策作为批判目标，是中国过渡时期领导层的政治偏好所致。现在，先前的受害者们正在维护他们的权力的合法性，以及他们的职责的自主决定权。

另一方面，邓小平在他就该主题所做的重要讲话中为毛泽东思想中实践的首要地位做了杰出的论证[5]，本书的研究支持了他的观点。此外，邓小平的政治风格更接近毛泽东解放前的风格，而非“四人帮”的风格。目前，在促进物质生活水平和提高群众对政府官员的监督方面的许多努力——以及这些政策背后的理论基础[6]——在毛泽东的根据地活动中都有过先例。

毛泽东的政治思想以其激进的政策而著称，这种激进政策由于对他个人的拥护和作为伟大舵手的超人形象而取得了成功，在上述意义上，1978年的重新定位是对他的影响力的一大打击。因为在他生命的最后10年，事实上毛泽东在国内外得到了极大的认同，以至于可以很自然地假定当前阶段已经完全取代了毛泽东的政策。然而，从一个较为长远的历史视角来看，这个假定的缺陷，以及该假定赖以为基础的对于毛泽东的认同的局限性，都变得十分明显。邓小平已经回到了“文化大革命”之前（在某些情况下是回到1957年以前）的立场上，但是他无法回到毛泽东之前的立场上。毛泽东对中国历史的卓越贡献在于他对中国革命的领导。这个漫长的革命过程也是为中华人民共和国创造框架、价值以及领导干部的过程。一位支持现今变化的香港人令人信服地表述了这种变化与毛泽东之间的关系：

> 毛泽东思想是中国人民的一种精神财富，多少年来它已经与人民融为一体，没有人能够丢弃它。人民不能丢弃它是因为他们不能丢弃他们自己的革命历史。他们不能把他们认识和改造世界的武器丢在一边……毛泽东犯了错误，但是要求共产党完全而准确地抓住毛泽东思想（分析他的错误所依凭的官方公式），不应被视为对毛泽东个人的抗议。它是中国人民的自我 *xvi*

反省，他们的自我批评和他们的自我评价。[7]

作为一个实质的而非有争议的贡献，毛泽东在解放前的政治活动为中国共产党的政治塑造了一个公认的前提框架。这种普遍基础及其起源没能引起外国观察家的注意，但如果人们不投入特别的努力去抓住它，中国政治的变化必定显得难以理解。“文化大革命”并不是毛泽东的政治活动的一个典型表现，它只是毛泽东采取的一次极端的努力，利用异常的手段，纠正那些他所理解的党的领导人偏离革命理想的倾向。[8]这些领导人无法保护自己免受这种指责，因为毛泽东在党内、革命中及其意识形态中的基础性角色使他的权威毋庸置疑。后毛泽东时代对“文化大革命”的过分行为的摒弃是复杂的，这不仅是因为毛泽东是“文化大革命”的领导者的事实，也是因为对于保持和重建党的革命历史连续性的普遍愿望。

在大部分对毛泽东的理解中，人们都没有意识到毛泽东在中国共产党政治中的基础性角色与他自 1957 年以来的特定的政治干预之间的区别，所以他的政治被假定与当代中国的政治无关（除非是作为一个靶子），因此人们对它不感兴趣。这种情况与几年前对于毛泽东的关注所形成的对比存在巨大的反差，但是，如中国人所言，时代已经变了。但就我们的目的而言，却很值得去回顾毛泽东关于“文化大革命”的专题文章中的那些假设。用对它的领导人的研究来代替对整个共产党政体的研究，这种倾向使得集中研究毛泽东的生平显得太过简单而不能被证明是正当的。对毛泽东的这种研究方法已经不是被批判，而是被抛弃；此后，它的假设又倾向于重新出现在——在更为薄弱的基础上——对当前中国领导人的分析中。

这个富于创造和反抗精神的革命者的文化理想，对毛泽东的一生提出了一个令人满意的——但却是错误的——解释模式。在这种
xvii 主观主义者形象的假定中，有两个同样基本的错误：第一，毛泽东对目标的决定至少是像依靠主观偏好一样依赖于客观因素。他志在正确的行动——解决特定问题的适当方法——而不是把个人关于什

么是好的概念付诸实施。一位德国的理论家兼政治家的警句，“政治是使必需变成可能的艺术”[9]，对毛泽东采取的方法而言是恰如其分的。第二，毛泽东的领导方法——通过实践模式而非理论论述，通过斗争而非协调，通过集体行动而非权威命令——使他致力于一个过程，在这个过程中，当他努力去引发一场公共运动时，会冒牺牲个人偏好的风险。在他所追求的内容和他追求该内容所采取的方式上，毛泽东不仅仅是历史上的一个个体，还是一个通过一种主客观之间自觉的辩证法而被融入历史的人物。

如果将毛泽东在中国政治中的出现理解为一种历史的辩证法，那么人们在研究中国时就不太会夸大毛泽东所产生的影响。将注意力集中在群众身上也是一个突出的毛泽东主义的要求：“同志们，真正的铜墙铁壁是什么？是群众，是千百万真心实意地拥护革命的群众。这是真正的铜墙铁壁，什么力量也打不破的，完全打不破的。”[10]因而发生的革命是一种集体的成就，毛泽东在对林彪的“天才论”——企图将所有的成就都归功于毛泽东的思想的力量，这在“文化大革命”中变得很突出——的批判当中，明确说明了自己在革命中所起的作用：

> 我并不是不要说天才，天才就是比较聪明一点，天才不是靠一个人靠几个人，天才是靠一个党，党是无产阶级先锋队。天才是靠群众路线，集体智慧。[11]

毛泽东对集体智慧的偏好甚至出现在他批判天才理论的著作中：“《我的一点意见》是找了一些人谈话，作了一点调查研究才写的，是专批天才论的。”[12]

毛泽东依靠同事们以及最终依靠大众，显然并不意味着消极地扮演他自己的角色。同事的影响发生在推进革命任务的框架内；大众的影响则出现在动员群众的过程中。尽管人们后来对毛泽东的思想的圣典化给我们留下了深刻的印象，但毛泽东的典型主张不是依靠杰出的理念所具有的思想上的吸引力，而是依靠动员大众的特定 *xviii*

方式的紧迫性和实用性。在他早期的著作中可以很清楚地看到，毛泽东政治思想的大量优点来源于调查和动员的过程中从群众那里所获得的经验。这从1935年以前毛泽东与党的领导人的冲突中也可以明显地看出，虽然这个过程经常被错误地具体化为毛泽东与“二十八个半布尔什维克”[13]——后者从1931年到1935年控制着中国共产党——之间的权力斗争。事实上，这个过程是一种新的政治风格从江西的革命政府经验中集体地出现的过程（毛泽东是它的主要倡导者）。

毛泽东对于同事、群众以及客观政治形势变化的能动的依赖，使得有关他的政治思想的研究可以超出对个人癖性和作为领导人的显赫进行的传记式挖掘。这种相互依赖使这个流行的问题——毛泽东在中国政治思想、马克思主义或社会科学中所做出的个人创新——变得既不太重要，又更加难以回答。虽然通过对毛泽东的集中关注，这本书不可避免地会使人产生这样的误解，即它非常强调毛泽东在被讨论的事件中所扮演的角色和他在政治中的原创性，但是，如果把谁掌握某个特定观点的著作权这个问题搁置一边的话，毛泽东的著作——在它产生的背景下进行分析——会成为一个迷人的窗口，通过这个窗口我们可以了解中国的政治与思想。由于不仅毛泽东的中国的重要性和他在国内的个人地位都已极大地得以提高，而且他的著作也成为官方意识形态的核心——关于革命的含义的正统定义，因此，努力获取对毛泽东的政治和思想的辩证发展的最本质的理解，也是对当代中国最为流行的自我理解的根源进行探究的一条途径。

第一章

接受马克思主义之前的毛泽东

考虑到毛泽东在加入中国共产党之前的为数不多的著作，以及 1
他那相对不太重要的前共产主义时期的政治活动，“早期的毛泽东”在西方学者和中国传记作家那里都得到了非同寻常的关注。

三位最著名的西方学者——他们把对毛泽东的解读建立在这一时期的环境和著作的基础之上——在研究的侧重点上有相当大的分歧。理查德·索罗门（Richard Solomon）从心理学角度，强调传记和自传中描述的毛泽东与他父亲的斗争，以表明毛泽东所具有的反抗权威的基本冲动的根源所在。[1] 他认为，毛泽东的革命是这种冲动与传统的温顺的政治文化之间的碰撞。魏斐德的一本涉猎广泛的著作《历史与意志：毛泽东思想的哲学透视》，通过列举那些曾经影响毛泽东思想发展的中外思想家，来确立毛泽东思想的意义。[2] 当然，毛泽东也说过，他在年轻时代曾阅读过这些思想家的著作，并也曾受其影响。[3] 但是，魏斐德的思想史的研究方法和索罗门的心理学视角都含有这样的预设，即毛泽东的年轻时代与他的成熟时期之间的连续性比二者之间的任何断裂或发展都更重要。斯图尔特·施拉姆是一位将毛泽东的前马克思主义时期的著作译成西方语言的主要翻译家，他提出了一个更加复杂的命题，即毛泽东在早期著作中提出的观点在他的马克思主义时期（1922—1965）湮没了，但在“文化大革命”当中又再次浮出水面。[4] 根据这种观点，真正的毛泽东主义时期乃是毛泽东的青年时代和老年时代，只有在这两个时期内，他自己的观点未屈从于马克思主义的意识形态。

在中国人对毛泽东早年生活的关注中，有两本非常有价值的传
2 记：萧三所著的《毛泽东同志的青少年时代》和李锐的《毛泽东同志的初期革命活动》。一些历史文章和回忆录，包括1979年李锐的一篇题为《青年毛泽东的思想方向》的文章，均对上述两本传记作了补充。[5]作为一个整体，这一时期被这些作者看成是毛泽东那种特有的思想和政治习惯的形成时期。因而，他们的立场更接近于魏斐德的观点，而不是索罗门的化约主义的解释，或施拉姆的非连续性的命题。然而，他们所强调的重点更多集中于毛泽东的政治发展，而不是他的思想经历的意义。

从毛泽东自己的认识论立场来看，人们希望他认为自己年轻时的经历是重要的，但并非是决定性的，确实，那似乎是他那本叙述出色的自传的口吻。对一个唯物主义者而言，意识得以产生的环境是最重要的。但是对于毛泽东来说，这种首要性只有在行动中才有意义，而他的实践导向是植根于这样一种信念之中的，即任何环境最终都能够被坚持不懈的努力所征服。因此，主观与客观之间的辩证关系使得有关某物相对于其他事物的优先性的抽象叙述（“决定论”或“唯意志论”）在事实上变得毫无意义。在保留下来的毛泽东最早的一篇评论中，他这样写道：

> 吾人虽为自然所规定，而亦即为自然之一部分。故自然有规定吾人之力，吾人亦有规定自然之力；吾人之力虽微，而不能谓其无影响自然。[6]

我们将这一章的关注点放在毛泽东的前马克思主义时期的著作上，因为认真阅读这些著作，将会发现关于毛泽东的思想和政治起点的有用信息。然而，我们在一开始还是要对毛泽东童年时代和青年时代的生活背景做简单的回顾，因为毛泽东对家庭和学校生活的积极参与为他日后的理论和政治倾向提供了一种引人注目的因果关系。

毛泽东青年时代的背景

尽管其他许多革命者出身于舒适的家境，但对毛泽东而言，家庭生活在很多方面类似于社会生活，这个社会是他日后的革命对象。从父亲那里，他了解了权力、剥削和仇恨；从母亲那里，他学到了同情和仁爱。应该注意的是，毛泽东的父亲是一个“反面教材”：毛泽东正面的和积极的反抗是对他父亲最鲜明的特征的镜像反映（mirror image），而其他可能的性格特点则由他母亲表现了出来。对他后来离家后的活动颇有意义的是，他认识到自己能够成功地反抗家长式的权威。在为求得认同而与父亲进行的斗争中，毛泽东以其不寻常的勇气获得了胜利，这份勇气很大程度上促成了毛泽东那种独立活跃个性的早期发展。*

毛泽东家庭的其他两个状况可能也影响到了他日后的行为：家庭的经济活动和家庭对他学业上的资金支持。从小毛泽东便仿效他的母亲，对贫困的人怀有慈善之心[7]，同时，他必定为父亲在扩充家庭财富上的无情而感到烦恼。[8]毛泽东家的经济富裕是较晚的事情，因此，童年时期的毛泽东并没有摆脱繁重的体力劳动，但是，后来这种经济上的成功确实使他家能够拿出一点钱来支持他去求学。毛泽东第一次反抗小学堂老师的举动与他对父亲的违抗发生在同一时期。的确，10 岁时从学校逃跑出来是毛泽东记忆中的第一次反抗行动，而且这次反抗也令老师和父亲对他的态度有所改善。“我的抗议行动的效果，给了我深刻的印象。这次‘罢课’胜利了。”[9]尽管他憎恶背诵四书五经，但在与父亲的争辩中，他学会了有效地利用它们。

16 岁时，毛泽东进入一所较大的“新式学堂”，期间有两年时间因为服兵役和自学而中断，此后他继续他的学业，直到 1918 年在他 24 岁时从湖南第一师范学校毕业。毛泽东在这一时期的经历绝不仅仅是确立了他在家中所形成的习惯，而是比这多得多。这些经历是一种进入现代中国动荡局势的社会化的过程，作为在毛泽东

*毛泽东讲述了一件最为人所知的事件：“我大约十三岁的时候，有一次父亲请了许多客人到家里；我们两人在他们面前争论了起来。父亲当众骂我懒而无用。这激怒了我。我骂了他，就离开了家。母亲追上前来，竭力劝我回去。父亲也赶来，一边骂一边命令我回去。我跑到一个池塘旁边，恫吓说如果他再走近一步，我就要跳下去。在这种情况下，双方都提出了停止内战的要求和反要求。父亲坚持要我磕头认错。我表示如果他答应不打我，我可以跪一条腿磕头。战争就这样结束了。我从这件事认识到，我如果公开反抗，保卫自己的权利，我父亲就软了下来；可是如果我仍温顺驯服，他反而打骂我更厉害。”见 *Snow*，*Red Star*，p. 126。

本人和他的学校环境之间的一种特有的充满活力的辩证运动，这种社会化的过程得以进行。

在毛泽东的求学生涯中，他最著名的斗争与新式学堂的结构组
织和教学设想直接相关。正如毛泽东在后来的一篇介绍一种新的学
4 校体系的著作中所说的：“（新式学堂的）坏的总根，在使学生立于
被动，销磨个性，灭掉性灵，庸懦的随俗浮沉，高才的相与裹
足。”[10]学生抗议的原因，多是一些诸如繁重的必修课、禁止政治活动以及缺少足够的体育项目之类的问题。对毛泽东不时遭受威胁的求学生涯来说，幸运的是，一些有影响力的教师和许多同学都支持他，他们或者为他辩护，或者与他一道行动，没有这些来自同辈们的支持和受人尊敬的长辈们的嘉许，不但他为改造身边社会所进行的早期努力会遭到全面失败，而且他很可能会发现内省式的追求更令人满足。

由于毛泽东在他的同学中推动了各种建设性的、批判性的和教育性的学生运动（偶尔会伸展到校外的群体中去——比如，为工人创办一所夜校），他逐步建立起一些个人的关系网，这保证了他后来在领导类似的活动时能够得到支持。学生所普遍具有的威信，尤其是第一师范学校的声望，不仅仅从数量上提高了动员的力度。在湖南一师，毛泽东显然是一位杰出的学生领袖。一些有影响的教师，比如杨昌济，对毛泽东的个性和思想给予了高度评价，这使毛泽东在国内的学术界占有了一席之地，虽然五四运动后这个学术界由于自身的政治化而分裂，结束了由《新青年》那一代中的许多人所共同造就的全国性声誉。

新式学堂对毛泽东个人的发展及其政治行为的塑造所起的作用至少体现在教育意义上：他深刻地了解了中国文化，掌握了利用技巧和说服力进行沟通的能力，以及有关世界事务和历史方面的相当多的知识。杨昌济在道德哲学上给毛泽东的教导不但是高质量的，而且与毛泽东独立的个性、社会关怀和行动完全一致。杨昌济对伦理学的兴趣和他所采用的调和方法，使他强调中国和西方道德关怀的相似之处，所以，毛泽东在西方哲学的学习上并不是不知所措地

面对那些完全陌生的理念。毛泽东对中国经典的态度得到了发展，超过了早期将它们作为反抗他父亲的文化武器的阶段。毛泽东的自 5
传和他后来的著作都表明，他在长沙求学的日子里受到了广泛的古代和现代思想的影响。[11]杨昌济对东西方的和谐而非差异的强调，无疑对毛泽东日后习惯于用中国的传统事例来阐述马克思主义原理的做法产生了影响。

毛泽东青年时代所处的地方、全国和国际政治环境，对决定他政治活动的内容具有最大的影响。这一时期的政治文献向他介绍了中国的民族苦难。个人经历的地方事件，使他了解了发生在家乡周围的国内政治活动的信息：

> 这时（1906 年，当时毛泽东 12 岁），湖南发生了一件事情，影响了我的一生。在我读书的那个小学堂外边，我们学生看到许多豆商从长沙回来。我们问他们为什么都离开长沙。他们告诉我们城里闹了大乱子。
>
> 那年发生了严重的饥荒，长沙有成千上万的人饿饭。饥民派了一个代表团到抚台衙门请求救济。但抚台傲慢地回答他们说："为什么你们没有饭吃？城里有的是。我就总是吃得饱饱的。"抚台的答复一传到人们的耳朵里，大家都非常愤怒，他们举行了群众大会，并且组织了一次游行示威。他们攻打清朝衙门，砍断了作为官府标志的旗杆，赶走了抚台。这以后，一个姓庄的布政使骑马出来，晓谕百姓，说官府要采取措施帮助他们。这个姓庄的说话显然是有诚意的，可是皇上不喜欢他，责他同"暴民"勾结。结果他被革职，接着来了一个新抚台，马上下令逮捕闹事的领袖，其中许多人被斩首示众，他们的头被挂在旗杆上，作为对今后的"叛逆"的警告。
>
> 这件事在我们学堂里讨论了许多天，给我留下了深刻的印象。大多数学生都同情"造反的"，但他们仅仅是从旁观者的立场出发。他们并不懂得这同他们自己的生活有什么关系。他们单纯地把它看作一件耸听的事而感兴趣。我却始终忘不掉这

> 件事。我觉得造反的人也是些像我自己家里人那样的老百姓，对于他们受到冤屈，我深感不平。[12]

6 赢得毛泽东同情的人物是那些反叛者——被迫走向极端的普通人，他们英勇地，尽管是徒劳无功地与当时的当权者进行斗争。

在进入长沙的学校之后，毛泽东开始了伴随他一生的、贪婪地阅读报纸的嗜好。他因此更加清楚地认识到中国政治的混乱局面。[13]取代了帝制的共和国很快陷入了悲惨境地，进而演变成一场闹剧。辛亥革命通过分裂政治中心而结束了帝制；政治统一直到1949年才完全在中国恢复。[14]实际上中国被分裂的威胁非常严重，外国债务以天文数字般的速度在增长。毛泽东记得他在1910年读到的那句话："呜呼，中国其将亡矣！"看起来正适合于1919年的形势，当时凡尔赛和会的结果在中国促使反对帝国主义的力量迅猛增长。毛泽东变成了湖南的反军阀、反帝国主义情感的雄辩有力的代言人。

因为所处的地理位置，湖南在这一混乱时期所遭遇的苦难尤其严重。南北双方掌权者的战争数次穿越湖南境内。此外，欧洲各国忙于第一次世界大战而无暇东顾时出现的经济繁荣于1917年结束，到1919年为止全省的采矿业出口额跌至1913年的水平。[15]毛泽东对湖南受中国其他地区压迫的慷慨激昂的叙述和他对湖南自治运动的支持，显示了他早期政治思想中的褊狭的爱国趋向。[16]毛泽东对待湖南的态度是复杂的。他认为湖南是落后的；湖南的政治不懂得"和意和澈底的解决，只知道私争"[17]。但是，她又是一个拥有光荣的革命传统和革命思想传统的省份，尤其是在这一时期。

尽管毛泽东是从农村起步的，但他很快便赶上了中国进步思想的领先潮流。毛泽东在东山小学堂读书时"崇拜康有为和梁启超"[18]。在湖南第一师范学校，他开始贪婪地阅读当时有影响的"新文化运动"的期刊《新青年》，后来还向它投稿；在五四运动中，他由于为湖南学生运动做出的政治和思想方面的贡献而知名。对处在这种背景下的人而言，中国在思想上显得年轻，在制度上显得陈旧，而在政治上则几乎毫无希望地随波逐流。

毛泽东的早期著作 7

尽管在湖南的那些年里，毛泽东是一位特别出色的、激进的学生领袖，但是仍然可以肯定地说，如果他的活动和著作在1923年——他29岁那一年——就告一段落，那么这一时期留存下来的著作，在西方学者那里将不会得到广泛的关注。这并不是说它们本身现在（或过去）不重要，而是说它们大部分的国内意义和它们全部的国际意义，在本质上取决于它们的作者日后的职业生涯。就这点来说，这些早期著作的主要功用就是：在毛泽东完全卷入中国共产党的事务之前，帮助我们明确毛泽东的政治身份。对毛泽东在前马克思主义时期或前共产主义时期的著作进行一种细致的分析，对于我们确定毛泽东在思想上发生这一转变的影响是必不可少的。

对时期划分的目的来说，不幸的是，无论是毛泽东的政治承诺，还是他的意识形态，都没有突然发生转变。如果毛泽东能像他的好朋友蔡和森那样，说“党从前种种，皆是错误，皆是罪恶，此后驾飞艇以追之（马克思主义）”[19]，那么无论是分界线本身还是它的意义，就都不会遭到质疑。但在毛泽东身上，“前马克思主义时期”、“前共产主义时期”以及“全身心投入党的事业时期”都只是表明时间上不同的点。毛泽东的自传措辞谨慎：“到了1920年夏天，在理论上，而且在某种程度的行动上，我已成为一个马克思主义者了，而且从此我也认为自己是一个马克思主义者了。”其他共产党人的回忆录都更喜欢引用这句话，而不是提供他们自己的时期划分。[20]毛泽东于1921年年初建立了中国共产党在湖南的核心组织，并于同年4月参加了党的第一次代表大会。[21]但是，中国共产党在成立后的最初几年，在意识形态上和组织上都不统一[22]，而毛泽东作为湖南省支部的创建者和领导者，处在这样的立场上，他要为自己决定自己投身于共产主义的实际意义。因此我将按照毛泽东的政治活动和政治观点的连续性，而不是以毛泽东公开承认自己效忠共产主义的时间或中国共产党的组织成立的时间为标准，来组织这一章的内容。毛泽东继续带着“平民主义的”而非阶级的诉求来参与（并写作）全省范围的活动，这种情况一直持续到 1921 年秋，那时，组织劳工（也是中国共产党在这一时期的主要成就）成为他
8 的当务之急。尽管毛泽东以马克思主义为导向的活动早在 1920 年的夏天就已经开始，但在随后的一年中，这些活动与具有更为广泛基础的努力同时并存。在 20 世纪 20 年代早期毛泽东所编辑的一部三卷本的文集《新民学会会员通信集》[23]中，有毛泽东所撰写的文章，它们将为揭示这种理论发展提供有价值的启示，但不幸的是，我无法接触到这些文章。我能够找到的毛泽东在 1920 年和 1921 年的著作，内容都是关于他在湖南公开的政治和文化活动。

毛泽东早期著作的文集的不完整性，对展开这一时期的全面研究构成了相当大的障碍。《毛泽东集》的编纂者们列出了 31 篇毛泽东在 1922 年前写的著作的题目，但都无法找到原文，其中包括一篇 1919 年所写的名为《社会主义是什么？无政府主义是什么?》的文章，以及一些关于妇女权利和劳工运动的文章。除此之外，毛泽东在第一师范学校读书的五年间所做的大量的论文和笔记，对于我们详细说明各种影响对他的思想发展所具有的意义将会格外有用。因此，对能够找到的那些文章的分析——来自各种出处的一些摘录，六篇文章或六个系列的文章，四则广告——不应被误认为是对毛泽东思想活动的完整描述。然而关于那些对毛泽东来说很重要的主题，这些著作都是重要的著作，对它们进行细致的解读不太可能会产生误导。这些少量的著作使我们有可能分别讨论每一组重要的原作所具有的背景和意义。

能看到的毛泽东最早的原作是李锐在关于毛泽东的传记中所用的引文，它们摘自 1914 年的一本笔记和毛泽东写在蔡元培翻译的弗里德里希·泡尔生（Friedrich Paulsen）的《伦理学原理》[24]一书上的大量的页边评注。毛泽东最早发表的文章是《体育之研究》，发表在 1917 年 4 月的《新青年》上。[25]接下来能接触到的完整的著作，是毛泽东为在 1917 年组织的第一期和第二期工人夜校所发的

招生广告。五四运动结束后，毛泽东给自己创办的期刊撰写了大量
的文章。《〈湘江评论〉创刊宣言》（1919 年 7 月 14 日）是他为自己
办的一份期刊所写的第一篇文章[26]，而《民众的大联合》[27]是在该
期刊上连载的一个系列的三篇文章。毛泽东明确参与湖南的政治和
文化活动的努力反映在三个方面：第一，四篇文章和一篇与别人合
写的关于 1920 年湖南自治运动的宣言；第二，三篇关于文化书社 9
的创立和早期运作的文章；第三，毛泽东在 1921 年 8 月发起的湖
南自修大学的倡立宣言。

早期笔记中的引文

李锐从毛泽东最早的读书笔记上摘录的一些片断对于深入分析用处不大，因为它们都是在我们未知的背景下所做的一些简短评论。从毛泽东在泡尔生的《伦理学原理》上所作的旁注上摘录的引语，在一定程度上是比较有用的，因为它们全部都是关于一个已知的文本的充满热情的评论。然而，正如李锐所言，这些都是随着泡尔生的行文偶然所做的笔记。[28]

弗里德里希·泡尔生是 19 世纪末 20 世纪初一位很有影响的德国教育家，他还在哲学和伦理学方面著有生动有力、广为流传的著作。根据他的主张，哲学的任务就是通过综合各种科学研究的成果，而非抽象的思索，建立一种“自下而上的形而上学”（Metaphysik von unten）。他主张，一切哲学的基础和目标是伦理学，因为意志优先于理智。这种区别不是一种冲突，因为在泡尔生的观念中，自然的法则是伦理的，而伦理的法则是自然的。因为意志在本质上是万物有目的性的行为，所以在主观和客观之间没有最终的区分。爱好和习俗，个人意志和集体意志，大体上均倾向于同一个方向。[29]这种伦理的科学世界观是把达尔文主义[30]和哲学的各个方面同化到一个发展良好的结构之中，因此它吸引了中国的进步知识分子，而这些知识分子自身正面临着将现代知识和一种有价值的伦理传统进行调和的问题。

毛泽东对泡尔生《伦理学原理》一书的热烈反应以及泡尔生的观点和毛泽东日后的哲学观点的相似之处，使得在泡尔生和毛泽东之间作一对比成为令人感兴趣的工作。[31]然而，这种比较必然暗示存在一种思想上的联系，但对此并无充足的证据。毛泽东所写的一篇关于泡尔生的论文《心之力》，以及李锐引用的、毛泽东所抄录的《伦理学原理》对于这种比较将是必不可少的。由李锐提供的引文当然是经过选择的，以表明毛泽东思想的连续性，但值得注意的是，自从李锐在 1957 年[32]为毛泽东作传以来，这些连续性中的一
10 部分继续得到发展。毛泽东年轻时对那些是古非今者的敌意[33]，在后来的运动中反映了出来，那些运动提倡“薄古厚今”以及“古为今用，洋为中用”。他对“四恶”——宗教、资本家、君主国和三纲（君臣之间、父子之间、夫妻之间）——的谴责是他一贯坚持的政治立场，尽管这四者的罪恶基础后来被概念化为阶级压迫而不是个人压迫。对立面间的相互依赖是另一个在毛泽东后来的思想中发挥了重要作用的主题。斯图尔特·施拉姆已经指出了毛泽东 1959 年的辩证法和他下面这段关于泡尔生的思考之间的相似性：

> 余言：观念即实在，有限即无限，时间感官者即超越时间感官，想象即思维，形式即实质，我即宇宙，生即死，死即生，现在即过去及未来，过去及未来即现在，小即大，阳即阴，上即下，秽即清，厚即薄。质而言之，万即一，变即常。[34]

这一逻辑与毛泽东对社会的观点直接相关，毛泽东的社会观体现在他关于力量取决于对抗的主张之中，以及本章开篇所引用的他关于自然决定论与意志自由的相互依赖的思考之中。

《体育之研究》

毛泽东进行了为期两年的伦理学课程的学习，期间他阅读了泡

尔生的著作，同时还积极关注第一师范学校以及中国整体的体育状况。在学校，这一关注的结果是，他负责制定和实施一项业余体育教育方案。[35]他全面思考了中国在这方面的需求，写出了他的第一篇文章《体育之研究》，该文于1917年春发表在《新青年》上。[36]

这篇文章用下面这样的话甚至向今天的读者发出挑战：

> 肢体纤小者举止轻浮，肤理缓弛者心意柔钝，身体之影响于心理也如是。[37] *11*

这篇文章的目的是警告读者，体育在中国被普遍忽视且管理不善，因此要激励读者，尤其是学生们，要开始进行有效的锻炼。尽管文章的两个关注点分别是批评和激励，但是论证的主要方面还是建设性的。体育教育者当时努力的不足，在这篇论述体育根本重要性的专题论文中体现得很明显。文章强调人的主观意识对改善这种情形的首要作用，并提供了一套锻炼计划，为倡导大家进行锻炼增添了力量和内容。

有关体育的研究对于个人而言是重要的，因为健康是重要的；对于民族而言也是重要的，因为其软弱和尚武精神的缺乏源于对身体训练的忽视。要想精力充沛地去追求美德和学问，人们必须注意通过锻炼来取得身体的平衡发展。但是体质的发展不仅仅是其他所有追求的前提，从社会角度来看，体育的特定目标是培养勇敢的英雄气概，而这正是中国所迫切需要的，因此毛泽东特别建议进行培养意志力和勇猛精神的训练。

文章鼓励读者继续将理解变为行动，以改变当时紧迫的形势。毛泽东无情地使读者面临他所建议的立即开始进行锻炼的义务。再没有什么比锻炼更重要的了，只要行动起来就不嫌晚，任何方法都可以，锻炼将增进而不是有损于大脑的活动，忽视锻炼将会导致短命、意志薄弱和轻率的行为。文章基本的主题是自我意识的首要地位："坚实在于锻炼，锻炼在于自觉"[38]。这里所强调的觉悟不是抽象的潜力或选择的自由，而是由正确的理解发展到成功行动的具体能力（因此是一种责任）。毛泽东对当时社会体育教学方案的彻底拒斥，其目的并不是规劝人们去改变这些方案，而是提醒人们，重要的是个人认识到体育的重要性，并致力于自我改善。

12 毛泽东对把主观性作为体质发展的解决办法的强调，借助对实践结果的强调而得到平衡。人们可能提出100种锻炼方案，但如果“一道半法”就足够了，那就没有必要考虑其他的了。谈论体育并不重要。重要的是切实地去做。毛泽东以一套锻炼方法来结束全文，强调了文章的实践导向。

在毛泽东的许多著作中，这篇文章引人注目的一个原因就是它的非政治性。赞扬和指责均被置于人与体育间的关系中，而非人与政治间的关系的基础上。因此，我们看到毛泽东赞扬了日本和西方的军事运动，还有历史上强健有力的人物：颜渊、穆罕默德、西奥多·罗斯福、顾炎武、曾国藩。那些遭到最严厉指责的，包括新式和旧式的教师，以及现代与传统的教育体系。此外，批评对象中还暗含了这样一些学生，他们接受这种体系和群体的压力，结果导致自己忽视了本人至关重要的兴趣。

尽管这篇文章的主旨预先排除了某种特定的政治观点，但是文章确实具有政治和社会含义，并且展示了构成毛泽东日后政治活动基础的一些特性。毛泽东的替代性的教育理念直至1921年湖南自修大学建立时方提出来，但是他把新式学堂描述成为有害于学生的身体健康的地方，这本身就是对当时的社会结构的一种严厉的批评。还有，同样重要的是实践主义（activism）主题本身。《体育之研究》是毛泽东激励读者起来行动的诸多努力中最早的也是最为基础性的努力。通过实际行动唤醒公众的自我意识，以及培养公众的力量和意志，是毛泽东的社会和政治努力中自始至终坚持的主题。这种潜力——它被归结于自觉的、有纪律的行动——是无穷的。没有什么年老体弱是难以改善的，没有什么障碍是克服不了的，因为“体质可变，弱可转强，身心可以并完，此盖非天命而全乎人力也”。毛泽东自信行动具有改变人的体质的潜力，他这种自信的形而上的基础，被给予了再三强调：“天地盖惟有动而已。”[39]这种对世界不变性的否认，以及由此必然得出的知识的辩证相对论与行动的无限潜力，再次出现在被人们所熟知的寓言《愚公移山》之中。[40]这种辩证的劝告方式，通过与它的非辩证的对立面——“尽你最大的努力”——进行对比，可以最好地体现出它的特点。在后一种公式中，道德上的正当性是通过最大程度的努力来获得的，但是潜力的局限性是可以接受的。毛泽东的公式在相当程度上集中关注努力的持久性，和它在改变当时局限性方面的有效性。 13

工人夜校

毛泽东在体育方面的工作，只是他在五四运动之前所从事的数量惊人的政治、教育，甚至军事方面的项目中的一个。[41]最初，毛泽东的组织才能大部分用于学生事务，尽管他也散发了反对袁世凯的传单，并逐渐形成了自己的政治和社会见解。但是在临近学校生活最后一年时，毛泽东和他的同为积极分子的朋友们开始在长沙工作，并建立了新民学会，“后来成为对中国的国事和命运产生广泛影响的一个学会”[42]。学会有三个主要目标：坚持无私地献身于民族的解放事业；通过讨论、学习和锻炼来提高自身修养；从事进步的社会活动。虽然毛泽东在第一师范学校对学生利益的有力支持，有时会导致他与学校权威发生严重的对抗，但是新民学会的课余活动并未被破坏。学会活动与张国焘的那些作为精英并受到保护的同事们所从事的反传统的尝试存在相当大的区别。张国焘在回忆其青年时代时说：“打庙宇，毁神像，反对向泥菩萨求药方、问吉凶等类的事，更是轰轰烈烈的排演着。学生们常常因此与一般善男信女发生龃龉。”[43]

毛泽东的工作项目中最典型和劳神费力的一项，是1917年年底他们发起的工人夜校。最初两期夜校的招学广告，对工人夜校的目的和计划进行了简短说明。[44]广告宣称工人的最大障碍就是不能阅读、写字和计算，第一师范学校的学生将在工人认为方便的时间免费教授这些课程。夜校一共招收了120多名学员，每天上课两个小时，每周五天，毛泽东负责管理这所学校，并教授历史课。

14 新民学会的另一项重要活动，就是鼓励湖南人参加由吴玉章和蔡元培在北京组织的赴法勤工俭学计划。正是由于这项活动，毛泽东得以实现他第一次在湖南境外的旅行，期间他在北京逗留了数月，并在北京大学图书馆工作，受到中国思想和政治进步的先锋人物的影响，变得更加政治化和激进化。他途经孔子的出生地和上海回到长沙，几个月之后，划时代的1919年五四运动在北京爆发。

《〈湘江评论〉创刊宣言》

《湘江评论》开篇就描述了五四运动对于长沙的影响，这篇文章写于运动开始之后两个月：

> 自“世界革命”的呼声大倡，“人类解放”的运动猛进，从前吾人所不置疑的问题，所不遽取的方法，多所畏缩的说话，于今都要一改旧观，不疑者疑，不取者取，多畏缩者不畏缩了。这种潮流，任是什么力量，不能阻住。任是什么人物，不能不受他的软化。[45]

毛泽东，作为新近的大学毕业生，而且刚刚结束了一次令人兴奋的旅行从北京回来，是在五四运动前就已成立的在中国为数不多的激进主义学生团体之一的领导人。在五四运动中，他占据着一个显著的位置，不仅经历着而且还指引着五四运动对于湖南的影响。五四运动的意义不能被化约为反日运动或“新文化运动”。实际上它充当着一种社会催化剂的角色，因为这个社会迫切需要一种新的政治表达形式和一幅新的政治发展蓝图。中国——其政治生活历来受到控制并且中央集权化——已经被帝国主义划分为许多不断变换的势力范围，且遭到它们的致命威胁；它的社会秩序，直至20世纪都是由一个集中和公开的考试体系来决定的，但当时却使大学毕业生们面临着不确定的未来；最后，中国已经逐渐熟识的那个好胜、统一和进步的西方，已经在战争中把自身撕裂又开始疯狂地抵抗以俄国革命为代表的、新生的、更为进步的大众的力量。

创办一份报纸是与五四运动相适应的一种活动。唤醒人民大众起来参与政治行动不仅令人兴奋且具有新闻价值，而且运动的迅速发展导致了人们对政治转型的乐观预测。毛泽东的《湘江评论》尽管仅持续了四周之后就被湖南军阀张敬尧查封，但仍是一份成功并广受尊重的“五四”出版物。*

《〈湘江评论〉创刊宣言》（1919 年 7 月 14 日）更多的是对启蒙而非行动的呼唤。正如毛泽东在其他地方就同一主题所作的评论那样：

> 中国的四万万人，差不多有三万万九千万是迷信家。迷信神鬼，迷信物象，迷信运命，迷信强权。全然不认有个人，不认有自己，不认有真理。[46]

在这里，他所要表达的信息是，饥饿是世界上最大的问题，而大众的联合却拥有最强大的力量。毛泽东试图解释“人类应如何生活”。他说，平民主义是一切对抗强权的基础。[47]在宗教、文学、政治、社会、教育、经济、思想以及国际政治领域内的强权，必然被平民主义的诉求所打倒。温和的方法优于激烈的方法，因为压迫者也是旧社会的俘虏，他们对权力的滥用是一种不自觉的错误。除了这个富于同情的动机之外，毛泽东还指出利用强权去打倒强权的最终结果仍然是强权的建立。

在他对于温和方法的一般偏好之中，毛泽东区分了不同的形势并采取了适于相应环境的行为。在学术领域，他建议进行不受传统或迷信束缚的彻底研究。在社会领域，他提倡大众联合起来发动一场持久的运动，为那些当权者提出“忠告”，并实现一种“呼声革命”。这种战略与“炸弹革命”和“有血革命”形成鲜明对比，在他看来后两者只能导致巨大的混乱。然而，为了抵抗日本的直接威胁，他建议把罢课、罢市、罢工和抵制日货作为有效措施。这种对

*根据《五四时期期刊介绍》（第 1 卷），《湘江评论》对湖南革命运动具有极大的冲击，并对全国产生了重要的影响。第一期印行了 2 000 份，全部在同一天售完。随后的几期都要印行 5 000 份。张国焘——他从来不是非常崇拜毛泽东的人——写道：“这个周刊本来是鼓吹‘新文化运动’为主，在各省的小型刊物中，其声望仅次于施存统、俞秀松等在杭州所办的《浙江新潮》。”张国焘：《我的回忆》，第 1 册，124 页。英文版见 Chang, *Autobiography*, vol. 1, p. 129。由于陈独秀对《湘江评论》的印象很深，所以他与毛泽东联系组建共产党湖南支部的事情。参见《我的回忆》，第 1 册，124 页，英文版见 *Autobiography*, vol. 1, p. 105。

为多样的社会和政治环境寻找适当方法的关注，可以在他后来关于矛盾的特殊性的论文中找到其理论形式。

对于即将发生的社会转型的觉醒、无畏和自信——这一贯穿文章始终的主题，表达了对大众联合的力量的一种信念，这种联合是在中国和西方的群众运动的刺激下形成的。五四运动充当了催化剂的角色，它把毛泽东进步的政治情感和他对于实践活动的偏好，融合到他所从事的激进的政治活动中去。政治参与为毛泽东的思想提供了一个新的起点。从这时起，革命便成为他的理论和实践的焦点所在。

毛泽东的五四运动观的内容，与这些观点中新的政治诺言一样有趣。其导向是普遍而彻底的：号召是“世界的”，为的是解放“人类”，基本口号是“由强权得自由”[48]。但自相矛盾的是，毛泽东对于即将发生的、彻底的社会转型的自信，是他所建议的温和策略的原因。他没有将新社会看成一个令人绝望的事业，所以也没有诉诸暴力。事实上，暴力会用旧秩序的方法玷污新的秩序。

把这项工作与夜校广告联系起来是基于毛泽东的一个预设，即启蒙是行动的前奏。这种态度可以在早先毛泽东对于泡尔生的一个评论中得到最好的解释：

> 谓知识毫无影响于人心则非，知识固大有影响于人心者也。……人类之有进步、有革命、有改过之精神，则全为依靠新知之指导而活动者也。[49]

尽管教师与被教授者，行动者与受动员者，有知者与无知者的两分法在《湘江评论》中还不明显，但是对湖南落后情况的过分描述以及新闻事业的性质都暗示着一个领导团队对于唤醒大众而言是十分必要的。

17　《民众的大联合》

在《湘江评论》上连载三期的重要的政治论文是分为三个部分

的《民众的大联合》，它对联合起来的群众力量能够形成一种普遍的政治观点的理念以及中国和世界的政治形势进行了详细阐述。《湘江评论》极高的声誉在很大程度上来自这篇文章，它还被全文转载在一份四川的刊物《星期日》上，后来又在上海得以重印。[50]

这篇文章最引人注目的文体特征是：一再发生的由坏的极端向好的极端的辩证的发展，以及与之相关的对于各种现象背后基本的一致性的强调。“社会也黑暗到了极点”的事实，在国际上通过世界大战、在国内通过北方与南方的战争，成为政治转型的先决条件。“于是乎起了改革，起了反抗，于是乎有民众的大联合。”[51]中国期待着一场类似的变革。尽管她此刻在政治、经济事务上似乎无能为力，但是未来的中国将会屹立于世界民族之林。[52]正如毛泽东在后来的一篇著作中所评论的那样，对立面间相互转化的主题，既具有典型的中国特色又具有典型的马克思主义特色。马克思建议把无产阶级作为最根本的革命群体，其哲学推理是，他们所受的压迫之深使他们成为一个敌对的阶级，而非资产阶级社会的一部分。[53]对于对立面间相互转化的一个相似的信念，使毛泽东乐于接受这样的结论（否则这将会令人不安），即他所推崇的行动原则——“大联合”——一直是历史上的贵族、强权者以及资本家权力的根本来源。联合的技巧——联合的力量来自数量——的完美之处就在于以少数对抗多数。最伟大的联合产生于最衰弱而充满苦难的社会，并进而摧毁它的压迫者。

《民众的大联合》是一种社会理论，一种社会转型的方法论，一种对中国即将发生转型的判断。在第一部分，毛泽东讨论了“大联合的可能性与必要性”。他的论证从下面这个判断开始，即“历史上的运动不论是那一种，无不是出于一些人的联合”[54]。他指出，少数掌权者利用他们在教育、金钱以及军事力量上的优势迫使人民大众走向这样的极端，他们懂得了关于各种剥削方法的隐秘的知识，而且意识到大众联合的无与伦比的伟大力量。只要有人振臂一 18
呼，旧社会就会土崩瓦解。在第二部分中，毛泽东提出了建立一种大联合的方法，即从拥有共同利益的群体开始。他给出了各种基本群体（农民、工人、妇女等等）所拥有的共同利益的实例，并且建议将这些群体聚合在普遍的联盟之中。第三部分论及了中国对这样一种运动的准备。毛泽东十分现实地介绍了当时的形势，打破了辛亥革命的神话，但他一样重视省、县议会的经验，当然还有作为五四运动的结果而成长起来的各类组织。他推断，中国在政治和经济上令人难堪的表现是由于长期的压迫导致的政治经验的缺乏。所以，结论是，极其漫长而沉重的压迫将导致格外迅速的发展：

> 他日中华民族的改革，将较任何民族为彻底。中华民族的社会，将较任何民族为光明。中华民族的大联合，将较任何地域任何民族而先告成功。诸君！诸君！我们总要努力！我们总要拼命向前！我们黄金的世界，光荣灿烂的世界，就在面前！[55]

在这篇文章中，毛泽东的政治视野是模糊的。其中在第一部分处于支配地位的是一种世界的参照框架和一种向俄国这样的国家学习的号召，因为这些国家在大联合的水平上更为先进。第二部分主要研究小联合，这种联合以地方为导向，虽然毛泽东的心里想的是长沙，但是他的建议也适用于其他地区。最后一部分将中国视为一个整体来研究，因此是以全国为导向的。正如施拉姆已经指出的，这篇文章的结论（上文已引用）是毛泽东的著作中最富于民族主义的段落之一。[56]当然，忽视该文第一部分和《〈湘江评论〉创刊宣言》中的国际主义口吻肯定是错误的，因为国际主义构成了毛泽东
19 论证的一个不可分割的部分。这种民族主义与国际主义之间看似矛盾的关系，可部分地通过时间安排上的一种区别来加以解释。当时，中国的任务是学习那些在大众斗争反抗强权方面更加先进的国家。中国未来的转型一旦实现，它的荣耀程度将像它所受的压迫程度一样巨大，不过这种卓越将存在于改造后的世界秩序中，因此不会在竞争的民族中构成霸权。毛泽东对中国现有政治秩序的爱国主

义，仅限于对中国未来的信念和对外国蚕食的抵御。第二年，毛泽东在关于湖南自治的提议中，回顾了中国自 1911 年以来中央政府的彻底失败，并且总结道："（对中国来说）最好分为二十七国。"[57] 即使是这种明显的地方主义思想，也没有像它看上去那样距离毛泽东的民族主义和国际主义那么远。毛泽东的论证使他通过自决原则——他利用国际上的范例把自决原则建立成为一项普遍的原则——来做出这一提议。毛泽东提议，为了中国人民的眼前利益而实行这种中国的次一级单位的自决，希望它们将来能够重新联合起来组成一个单一的政体。

在厘清毛泽东关于民族界限的立场方面，更深层次的问题是，中国近代的民族经历在本质上不同于西方。西方民族主义最显著的特点在于，发现共同的文化特征并努力建立相应的政治实体。在一些情况下，民族主义要求文化上具有多样性的帝国重新进行细分，而在另一些情况下则要求文化上相似但政治上具有多样性的各国进行合并。西方的民族大体上界定了自身，从而与其他民族区分开来，它们寻求从一种共同的遗产中辨别个体的身份。相反，中国的民族经历则是对于一个在她之外的世界的发现。中国发现她被各种强行入侵的文化所界定，而这些文化是她定然不屑一顾的。在康有为的《大同书》中，中国的定位从被假定她的文化意义具有普遍性后退到只是众多民族中的一个，这种后退是与民族界限的普遍消解和一种世界性社区的建立联系在一起的。毛泽东似乎在一个世界主义的框架内分享了这种对于文化生存状态的自信，毛泽东所处的这种立场不应该被简单地描述成民族主义的或国际主义的立场。

解读这篇文章的进一步的问题来自下面这段文字： 20

> ［民众的］联合［已经取得成功］以后的行动，有一派很激烈的，就用"即以其人之道还治其人之身"的办法，同他们拼命的倒担，这一派的首领，是一个生在德国的叫做马克思。一派较为温和的，不想急于见效，先从平民的了解入手。人人要有互助的道德，和自愿的工作。贵族资本家，只要他回心向

> 善能够工作，能够助人而不害人，也不必杀他。这派人的意思，更广，更深远。他们要联合地球做一国，联合人类做一家，和乐亲善——不是日本的亲善——共臻盛世，这派的首领为一个生于俄国的叫做克鲁泡特金。[58]

当然，由这段文字中派生的问题是，毛泽东在当时是否是一个无政府主义者——或者无论如何，更倾向于是一个无政府主义者，而非马克思主义者。毛泽东在他的自传中讲到，1918 年他待在北京时曾讨论过无政府主义。从这段引文中可以很明显地看出来，毛泽东心目中的无政府主义属于很温和的一类。理查德·索罗门声称“毛泽东本人在学生时代，不曾认真地对待无政府主义者为了暴力而赞颂暴力的行为”[59]，这是完全错误的。在中国，无政府主义的内容涉及从对等级制有敌意的善良的人们，到激烈的虚无主义者的全部范围。[60]毛泽东的“无政府主义”赞成为政治和社会目标而建立组织，但是反对用暴力来实现这些目标。如果忽视了政治暴力问题，那么就可以声称，不是毛泽东后来皈依了马克思主义，而是毛泽东创造了中国的马克思主义，因为这样一些具有中国特色的共产主义原则，比如群众路线、国际主义以及善待改造后的反动派，都大致与他在文章中列举的无政府主义的美德相符。早期中国的共产主义者对无政府主义并不怀有敌意。他们赞赏它对现存社会的拒斥和它的公社理想，但是又认为它作为一项政治运动是不符合实际的，是带有乌托邦色彩的。正如 1921 年的一篇文章所表达的：“无政府主义者是我们的朋友，但不是我们的同志。”[61]

21 然而，毛泽东在《民众的大联合》一文中所表达的政治观点与他后来的马克思主义主张之间，存在着一些重要的不同。最显著的就是他在与当权者的对抗中不愿意考虑使用暴力。作为代替这种对抗的手段，毛泽东提出了另外两种办法：目前要耐心地建立起基本的团体，最终实现全能的“齐声一呼”。毛泽东的和平主义与他依赖团体而非阶级——也就是说，依赖社会性而非不平等的关系——作为基本的社会单位密切联系在一起。[62]结果是要求自由，而不是要求革命。从这个意义而言，可以说毛泽东在 1919 年的政治观点比无政府主义者更加具有乌托邦色彩，而他自己的描述，“大杂烩”是最恰当不过的了。[63]

湖南自治运动

在五四运动的政治激励下，毛泽东开始卷入各种各样的公共事业。他最为著名的努力包括企图让湖南军阀张敬尧退位，以及 1919 年年底一位不愿屈从婚姻的新娘的自杀事件促使他发表了一批论述妇女地位的文章。当学生反对军阀的全面罢课导致《湘江评论》被查禁后，毛泽东与张敬尧的第一轮战斗失败了。随后，毛泽东踏上了他的第二次京沪之旅，他此行的目的是获得在首都有影响力的湖南人的支持，以便驱逐张敬尧。毛泽东论述妇女地位的著作在长沙引发了一场对该问题的大讨论，但是现在能找到的，只有发表在那些报纸上的文章的片断。[64]毛泽东的基本观点是，传统的中国社会将妇女禁锢在一个“铁网”里，在这种情况下，自杀是唯一的出路。这种同样普遍的观点在毛泽东 20 世纪 50 年代的立场中又一次出现，当时他说：“真正的男女平等，只有在整个社会的社会主义改造过程中才能实现。”[65]

张敬尧于 1920 年 7 月被驱逐出湖南。尽管这一事件更多地归因于军阀政治的变幻莫测，而不是毛泽东、新民学会以及其他许多要驱逐他的湖南人的积极努力，但是形势还是为这个受尽战争折磨的省份提供了一个难得的机会，使之可以从军事统治下获得一些自主和自由。在这样的环境中，兴起了一场由两个派系参加的“湖南自治”运动。较为保守的一派由当权的政客组成，他们赞成由本省的政客和议会议员组成一个委员会起草宪法。较为激进的一翼则支 22
持一个由普选产生的制宪大会。在毛泽东为支持激进的自治派所写的十篇文章中，有四篇（以及一篇共同起草的提议）已经被安格斯·麦克唐纳（Angus McDonald）发现。[66]

毛泽东的文章有两个基本的关注点：第一是成功而持久的自治

所需的前提条件；第二是湖南自治的可能性和愿望。成功的自治的基本要求就是要具备一个大众基础，因为完全由上层社会人士所组织的自治将是一种根本上的误解。这种大众基础可以通过真正将群众动员起来得以实现。在第二点上，毛泽东评论说，所谓只有大国才足以强大到能继续生存下去的理论是一种帝国主义的谎言，它已被全世界兴起的革命运动所揭穿。自治将使湖南受益，这一点体现在一篇给人留下深刻印象的叙述湖南作为中国的一部分所遭受的苦难的长篇文章中。第五篇文章，《由“湖南革命政府”召集“湖南人民宪法会议”制定“湖南宪法”以建设“新湖南”之建议》，其内容正如它的标题所表明的那样。这篇文章是由毛泽东、长沙《大公报》的编辑以及湖南学生会的主席合著的，并有 377 名学生、记者、律师和其他人员在上面签名。尽管这不能被认为是毛泽东所著的一篇文章，但它一样是毛泽东做出过贡献的一篇文献。

这些文章的内容可以与前一年所写的《民众的大联合》一文的内容有效联系起来。在某种程度上，我们可以看到这里正有一位“伟大的联合主义者”在工作，他不因起点的薄弱而气馁，在现有的大众觉悟的水平上从事耐心的工作，坚持主张一个持久的政府需要大众的基础，并在国际发展和湖南所遭受的极端痛苦中寻找湖南自治可能性的证据。安格斯·麦克唐纳称这样的活动“更像是伍德罗·威尔逊而非列宁所为”[67]。毛泽东的这些文章在《共产党》杂志上发表七个月后，一种激进的观点做出了同样轻蔑的判断：“如果有一天军阀被绅人阶级推翻了，那么绅人阶级会立刻转变成从前
23 的军阀，以同样的方式做着同样的恶事，并对平民进行掠夺。”[68]这两种判断都用对于一种在抽象的意义上是必需的和充分的政治运动的接受，来代替对当前活动的关注。故此，它们在相当大的程度上比列宁或马克思的策略更加僵化。毛泽东曾经在新民学会的重要成员面前为“驱张”和“自治”运动辩护：

> 驱张运动只是简单的反抗张敬尧这个太令人过意不下去的强权者。自治运动只是简单的希望在湖南能够特别定出一个办

法（湖南宪法），将湖南造成一个较好的环境，我们好于这种环境之内，实现我们具体的准备工夫。……这两种运动，都只是应付目前环境的一种权宜之计……也是达到根本改造的一种手段……[69]

另一方面，这种基调与他“五四”时的著作的基调有着重大的区别。五四运动的许多能量就像它产生时那样迅速地挥发掉了，尽管毛泽东采取了长远的而不是绝望的目光，但运动的教训深刻地影响了他的政治观点。世界和中国已经苏醒，但是从人民当中获取其力量的持久的和实践的运动正在代替“齐声一呼”的政治机制。毛泽东在前一年曾强调围绕着共同的不满而组织各种“小联合”，此时这种对于组织和具体计划的政治能量的认识，正是他对当年的强调的自然而直接的发展。在自传中，毛泽东将这种认识与自治运动中发生的一次意外事件联系在一起：

我记得1920年的一个插曲，那年新民学会组织了一个示威游行，庆祝俄国十月革命三周年。这次示威游行遭到警察镇压。有些示威者要想在会场上升起红旗，警察禁止这样做。示威者指出，依照宪法第十二条，人民有集会、结社和言论自由的权利，但是警察听不进去。他们回答说，他们不是来上宪法课，而是来执行省长赵恒惕的命令的。从此以后，我越来越相信，只有经过群众行动取得群众政治权力，才能保证有力的改革的实现。[70]

文化书社 24

自治运动并不是毛泽东在这段时期内为湖南准备基本改革所作的唯一努力。1920年毛泽东组织了一个俄罗斯研究会、一个赴俄勤工俭学计划、一个马克思主义学习小组、社会主义青年团湖南支部（最成功的地方支部之一）以及文化书社。而且，他还是第一师范学校小学部的负责人和它的学友会总务。

在这些各式各样的活动中，最幸运的是有关文化书社的资料被保存了下来。尽管他所从事的其他活动的政治相关性是相当显而易见的，但是毛泽东把书社作为一项使命而不是一种维生手段来经营却是极不寻常的。能够找到的关于书社的文献，使这项事业的各种教育功能显现于今人面前。

文化书社是成员们出资合作建立的，并由选举的经理（毛泽东）来经营，他有义务半年做一次公开报告。书社的主要目的是“庶使各种有价值之新出版物，广布全省，人人有阅读之机会”[71]。这项任务通过在长沙经营一家主要的书店和提供订购服务，以及鼓励在所有的县建立分支机构，最终得以完成。后来的计划宣称要建立一个编译机构和一个印刷部。[72]每个人，不管是出资一元还是更多，都被视为平等的成员；捐资不付利息并且不能撤回；主要书店在对分支书店的经销中不赚取利润；每个人都可查看书社的账目，无论是成员还是非成员。

这些规章已经暗示出成立书社的一些次要的动机，毛泽东在1921年4月——正好在他准备起身前往参加中国共产党第一次全国代表大会的前夕——发表的报告中明确提出了这些动机。书社不仅仅是一个只想出售进步书籍的书店，它还可以被看成是一个半公开的省级机构，其使命是让每一个人都能得到“有价值之书籍”。提高它的半公开性是指，它部分成功地尝试利用县的教育官员和教育
25 设施，在整个湖南境内组织文化书社的分支机构。而且，它被构造成为一个从事中国社会投资事业的模范组织：它的交易是公开的（与中国人在商业中偏好于保密形成对比）；它的资本不受撤资可能性的威胁；它不是一项为个人牟利的事业（在《民众的大联合》中，毛泽东严厉谴责了中国商人过度的个人主义）；而且它的账目是有序的和有效的。这一“现代企业”使人们想起了罗伯特·欧文（Robert Owen），他通过证明他在拉纳克郡的工厂在财务上的成功，试图争取让英国的商人们人道地对待工人——不同的是，毛泽东试图在企业体系既没有初期的资本主义色彩也没有实质性的资本主义

特质的情况下做到这一点。[73]

只要它的命运被记录下来，文化书社就算是取得了成功。书社初建时一件妙举被记载下来：谭延闿——他是湖南有资历的政客和后来的省长——为书店题写了店名。到了要做半年报告的时候，已经有七个分支书店和七个学校售书站建立了起来，而且书社已经销售了 160 种书（根据李锐的记载，包括《马克思资本论入门》、《社会主义史》，以及《劳农政府与中国》），40 种不同的杂志，和 3 种报纸。也许是毛泽东在这件事上的成功，促使他在第二年尝试进行另一种教育活动。

湖南自修大学

毛泽东在湖南从事的最后一项没有以阶级观点作为前提的冒险事业是创办湖南自修大学。尽管韩素音（Han Suyin）声称“学校的整个目的实际上是为共产党征召和培养干部”[74]，但是《湖南自修大学倡立宣言》很有说服力地给出了一个建立在参与式教育理念基础上的、更为宽泛的理由，这种参与式教育的理念可以追溯到毛泽东最早时期的著作。然而，比起最初的构想，学校办得似乎并不成功，而毛泽东本人也在最初的几个月之后就无暇顾及它。

学校的创立者将它构想成一个半省立机构——一个具有讥讽性的理由是它间接得到省属基金的资助。给船山（王夫之）社每月 400 元的公共津贴，被合法地转用于学校的创立和维持。学校因为讲授反动学说而于 1923 年 11 月被解散，但是两个月后又以湘江中学的面目重新出现。 26

1921 年 8 月 16 日，《湖南自修大学倡立宣言》刊登在长沙各个报纸上，以此来向外界介绍该校并吸引学生。这篇文章的内容是在它的第一段就已明确陈述的主题的发展：“他的（学校的）宗旨在取古代书院的形式纳入现代学校的内容”[75]。毛泽东接下来批评了传统书院的职业导向，而且，更为有趣的是，他还批评了新式学校的组织结构和教学方法上的错误。在评价了它们各自的优点之后，他描述了它们共同的“非平民主义”：入学要受到考试和高昂费用的限制，从而形成了书院的知识分子阶级，他们将自己与大众隔离开来。[76]最后，毛泽东指出，湖南省需要这所大学，因为当时尚没有湖南大学，而湖南的人民需要一些东西来满足他们的精神需要，并发展他们的文化需求：

> （自修大学）事实上虽不能和湖南人个个发生关系，精神上必要使他成为一个湖南全社会公共的学术机关；虽不能说一定有很好的成绩，但努力向前，积以年月，相信总有一天会达到我们的目标的。[77]

这篇文章一个很有趣的特点是，尽管毛泽东此刻是湖南共产党的领导，但是这篇文章的形式，结合了新旧教育体系的优点，是迄今为止毛泽东对现存环境所持的最中庸的立场的反映。然而，这篇文章的影响是更为激进的，因为毛泽东对新式学校的入木三分的批评，是对那部分有进步倾向且有影响的地方精英的一种根本上的抨击。[78]他对新式学校的批评基本如下：在师生之间没有亲密关系，只有统一的和机械的管理；而且，这种教育体系要求学生被动服从，因此，抑制了个性的发展。第二项指责与毛泽东早期在《体育之研究》和《民众的大联合》两篇文章中对这些学校的批评直接相关。[79]

27 阶级的概念第一次如此强烈地出现在这篇文章中[80]，但是“平民阶级”是主要的关注点，而无产阶级则是以“所谓无产阶级”的说法出现的。对这个术语最有意思的使用是将其运用到知识分子身上。知识分子通过将知识神秘化来垄断学问，将自己从平民社会中孤立出来，并“酿成一种知识阶级奴使平民阶级的怪剧”[81]。“阶级”这一术语在这里的功能是用来识别具有区别于其他群体的自身利益的一个群体。阶级并不是通过所有成员共享的一种具体特征来定义的，而是通过所有成员都参与的一种共同的行为模式来定义的。正如在这里所使用的，阶级因此是“自为的阶级”而非“自在的阶级”。

创办自修大学后不久，毛泽东就按照1923年“二七惨案”——这次惨案包括对华北铁路工人的屠杀——之前的党的政策，开始忙于组织湖南的劳工运动。在1922年9月安源煤矿工人大罢工胜利的刺激之下，湖南劳工运动获得了迅速发展。毛泽东在劳工运动中的领导地位，使他成为一个不受省长欢迎的人，后者下令逮捕他。1923年4月，毛泽东逃至上海避难。

结论

纵观毛泽东早期所有的活动和著作，最引人注目的就是他对公共事务的积极而忘我的关注。毛泽东以他为公共福利所做出的无数努力得以成为后来中国共产党招募新人的主要目标——积极分子的原型。

毛泽东的一贯风格是激励读者去做实事。道德规则既不是抽象的也不是绝对的：对于这个话题的讨论导致了对于应当做什么的思考，这暗含着由谁去做的意思。在每篇文章中，毛泽东都将自己等同于那些看到这个问题并感到有必要去行动的人之中的一个。代词“我们”远比“我”更重要，它所指称的群体永远都不是排他的，而且它通常指的是人民。[82]

在本章所讨论的著作中，毛泽东的行动主义体现在理论关注和实践活动之间的密切联系上。每篇文章都包含了一个对当下行动的重要而又看似合理的提议，而且在大多数情况下，毛泽东已经在从 28
事自己所建议的那种努力。因此他所关注的是那些他很熟悉的事务，而他也是在考虑好某项行动可能会取得成功的时候才开始写作的。毛泽东从来不对从哪里开始的问题避而不答。事实上，这种回答有时是被用作反驳不同观点的一种重要工具。[83]正如毛泽东向他的同伴、新民学会的成员们所谈论的那样：

我觉得好多人讲改造，却只是空泛的一个目标。究竟是改造到那一步田地（即终极目的）？用什么方法达到？自己或同志从那一个地方下手？这些问题，有详细研究的却很少。[84]

毛泽东的实践导向对他的理论风格有一种基本的影响。因为任何一个理论提出都希望能够在实践中发挥作用，毛泽东主要关心的是理论在当下的正确性，而不关心与其他假设进行抽象的比较。毛泽东想要洞穿这个问题的本质，同时利用全体一致的假设（“大家晓得……”）来建立起他对于该问题的系统阐述，并利用中国历史和现代国家中广泛的实例来支持实际的判断。对于文章的普遍导向所必需的假设来说，全体一致的假设并不是那么不证自明的。当毛泽东在《文化书社社务报告》中说“大家晓得现时的急务，莫要于传播文化，而传播文化有效，何止抵几个学校的效”[85]的时候，他并不是在陈述一个不言自明的事实。然而，这篇文章并不是针对任何对该主张持相当保留态度的人。不断地列举实例是毛泽东他实践导向的另一个标志。这在《体育之研究》和关于“湖南自治”的文章中尤其明显。在《民众的大联合》一文中，压迫和自由的辩证关系是建立在西方历史丰富实例的基础上的。因为文化书社和自修大学是新成立的组织，所以几乎没有可能用事例来展开论证。但是，很有意思的是，毛泽东推动这些新组织的一部分重要动机是，他希望它们具有示范功能。在他的思想中，实例的重要性为模范机构的创立增添了意义。

在这些早期著作中，现实的这种辩证性的相互依赖和不断变迁的性质在毛泽东的思想中具有明确的中心地位，这种思想在他关于
29 湖南自治的那些著作中开始消失。这种转变并不代表用一种更为绝对的方法取代了辩证法，相反，后来他在湖南所从事的活动中，有限而实际的任务只要求进行大致的实际判断，后来他在党内的活动也只是要求做大致的意识形态的判断。在毛泽东后来著作的辩证的基础中，不难察觉到其思想的一种连续性。当他的政治思想的发展要求在方法上进行重大的调整时，比如在1937年和1956—1957年，毛泽东便根据他基本的辩证观点来进行推理。但是他的更富哲学性

的著作揭示了他的思想的逻辑结构。它们并不是对一种在其他方面是教条的马克思主义的暂时背叛，是西方学者典型的反马克思主义偏见而不是毛泽东自己造成了毛泽东著作的僵化外表。

最终，毛泽东对于意识形态的责任的辩护是效用。毛泽东赞同新民学会成为马克思主义的团体："感情的集合要变为主义的集合才好……主义譬如一面旗子，旗子立起了，大家才有所指望，才知所趋赴。"[86]由于其实用而接受一种主义，并不意味着仅仅是一种尝试性的投入，因为它所促进的革命活动是中心的任务。然而，倘若意识形态领导发生危机，那么就可以期待（尤其是在事后认识到），意识形态和革命组织有用方面的发展将优先于对党的教条的屈从。

在这些早期著作中，毛泽东政治观点的主要特色就是他所说的平民主义。尽管这一表述只在两篇著作中使用过[87]，但它构成了毛泽东以全体幸福和组织的非排他性为导向的基础，并渗透到他的著作和活动当中，而且解释了他在公开和半公开的事务中自我决定和公之于众的程序性原则。他的平民主义导向是基于这样一个信念，这种信念曾在他"五四"时期的文章中表述过，即人民大众的联合是最强大的政治力量。从第一篇和第二篇论"湖南自治"的文章中自然而然推出的结论是，建立一个强大而可行的政府，离不开大众的支持：

> 况乎一件事情正在萌芽，而其事又为极重大的事，不有许
> 多人做促进的运动，以监督于其旁而批评于其后，这一件事是 30
> 可以办得成、办得好的吗？[88]

文化书社和湖南自修大学都从它们的民主结构中和平民主义的使命中假定了自身的合法性。而且，两者都表达了一种类似于政府的强烈要求，渴望全省范围内所有的人民都能够利用它们。

毛泽东的关注点在地方主义、民族主义和国际主义之间的明显转换，可以用他的政治期望的变化加以解释。在每一种情况下，毛泽东都求助于最大规模的切实可行的单位。"五四"时期那些乐观

的文章，没有认识到大众力量在组织上的局限。直到 1920 年，毛泽东都不认为大众政治可以在全国规模上实现，他的活动都是采取全省的视野。因此他的“地方主义”（provincialism）并不是他的政治抱负的围槛；它只反映了一个实际判断，即在当时只能尝试进行地方运动。在所有情况下，次级单位的福利和自由裁断都是受到尊重的，无论它们是小联合、县议会，抑或是分支书社。

在这段时期，毛泽东政治思想的发展与他的政治经历的各个阶段是相一致的。五四运动使毛泽东认识到，政治制度（类似于家长式的权力和学校的权威）在面对来自下层的坚决运动时都是“纸老虎”。随之而来的他在活动、态度上的政治化实际是五四运动的衰退使然。他的下一个尝试便是在一场政治运动的框架范围内，劝告运动的支持者们为他们的自治政府而强化大众的基础。但不仅毛泽东的努力没有成功，就是整个自治运动不久也成了新军阀赵恒惕的一个政治花招。之后，毛泽东的活动变得不太直接具有政治性。他的研究会旨在提高积极分子的理论水平，像文化书社和湖南自修大学这样的更为普遍的努力，试图在全体人民当中启发他们的社会觉悟。同时，毛泽东自己的政治立场正在变得更加接近彻底的马克思主义者，而且他也更多地进入他在中国共产党党内的组织角色。从 1921 年到 1923 年，毛泽东在组织全湖南的劳工方面发挥了领导作用。1923 年的“二七惨案”中对华北铁路工人的大屠杀，标志着共
31 产党在组织工会活动上的撤退，他们在湖南的处境也恶化了。毛泽东被迫逃离湖南后，在上海为党的中央委员会工作，此后不久，他便参与到与国民党的统一战线的工作中来。

毛泽东前马克思主义时期的思想的重要性，也许可以用他在《体育之研究》一文中的一句话作为最佳的概括：“意志也者**固人生事业之先驱也**。”[89]毛泽东早期的活动和著作反映了他的基本思想和风格的建立，这种思想和风格成为他政治身份持久的组成部分。不过，从毛泽东最早的著作中就可以认识到的那种连续性，并不是思想或行为的具体方面，它们随着政治环境的转变以及思想和经验的发展而存在于一种积极的辩证关系之中。毛泽东思想的连续性可以

概括为以下几点：一是尽管在内容上并不连续，但在思想的形式或特定模式上具有连续性。在这些模式中，比较显著的方面是对当下的关注，而不管任何特定的时刻在“具体方面”的变化；还有在伦理的和社会的分析中对于辩证逻辑的使用。二是在方法上虽不连续，但在基本的假设上具有连续性。最基本的假设，即“民众联合的力量最强”一直保持不变，尽管在毛泽东的社会分析的框架中（从团体到阶级）和他的政治行动的框架中（从自我组织的地方社团到共产党）发生了一些基本变化，斗争的必要性和实践的重要性的假设始终如一，尽管它们在应用上有所改变。最后，尽管在实际政策上并不连续，但在最终的抱负上具有连续性。毛泽东要将中国变成一个为人民谋福利的国家，这个目标最终隐藏在这样一些表面上是妥协的或平凡的事务背后，比如经营一家书店。

第二章

毛泽东、共产党与国民革命（1923—1927）

32 毛泽东对湖南革命希望的破灭，成为他的平民主义活动与他投身于国民革命政治间的分水岭。这种方向上的转变并不突然：由于湖南的政治条件把毛泽东的平民活动限制在文化和教育的事业上，结果是，他的政治热情投入到了工人阶级政治和中国共产党的事业中去。但是，毛泽东最终放弃了平民主义的政治风格，并从1923年开始不再把湖南看做是足够大的革命区域，无论如何，这些转变对毛泽东的政治发展都具有分水岭式的重大意义。毛泽东接下来三年在中国共产党内的活动，标志着他义无反顾地投身于一个新的政治组织。他对于1925—1926年间农民运动的关注，使他重新直面群众革命的各种问题，但尽管与中国共产党领导人关系严重紧张，他以农民为取向的平民主义经验论（populist empiricism）仍然没有超出列宁主义政党范式的范围以外。

毛泽东不再把家乡湖南作为他政治活动的基础，其意义可以从毛泽东在离开长沙前往上海之际所写的一篇短文——《〈新时代〉发刊词》当中看出来。毛泽东回归到更广阔的政治视野——“国家如何改造，政治如何澄清，帝国主义如何打倒，武人政治如何推翻，教育制度如何改革，文学艺术及其他学问如何革命如何建设等等问题”——并不是由于他恢复了“五四”时期曾经有过的对革命即将到来的信心，这种回归来自经过痛苦实践而获得的信念，即
33 在一个省的范围内实现民主革命是不可能的。这还表明了一种政治

焦点的转变，即由人民大众转向一群“都有独立自强的精神，都有坚苦不屈的志气”的同事。这个“学问上的亡命之邦”（指的是新的期刊及其发起人）并不具有自然的合法性，或对群众的终极政治权力，它只是未来群众政治活动的辅助者。[1]它恰好是为了应对社会对革命普遍缺乏准备的情况。它的功能是“努力研究致用的学术，实行社会改造的准备”。人们可以期待在这些任务上他们将会取得一定的成功，这是因为这个团体所具有的精神品质：“自信非常正确，若凭着那种精神和志气做去，必有成功的希望的”。虽然这篇文章里所描写的那些同事与《新时代》杂志和自修大学有关，但把这种描述用于中国共产党也是非常合适的。这篇文章对于理论的强调——或者更确切地说，对于这样一种正确的知识的强调，并通过利用这种知识，一个富有献身精神的团体将为群众政治活动铺平道路——表明了这一时期贯穿毛泽东的政治活动和著作的一大主题。

本章关心的是从1923年到1927年毛泽东在意识形态方面的发展，因为在他投身共产主义之后，意识形态因素在毛泽东的思想中显得越来越突出。阶级斗争、无产阶级政党、帝国主义、以俄为师，所有这些概念框架取代了毛泽东在“五四”时期更加具有普遍性的、关于“人应当如何生活”和政治权力的性质是什么的思考。虽然毛泽东一直秉持着接受马克思主义之前的政治价值，但他从“优秀活动家”到“优秀干部”的发展过程，涉及根本的政治和思想方面的调整。当五四运动的乐观主义被证明是空中楼阁之后，毛泽东所关注的政治焦点就由变幻莫测的无政府主义革命及其短命的催生婆——人民的呐喊，转向了更加有限和可行的方案。早先对于一个不可测度的变革时刻的预期，既不需要一个革命组织，也不需要一个行动战略；只有一个简单的任务，那就是对大众的启蒙，让那些被唤醒的民众都知道这个好消息：权力属于他们所有。对迅速而毫无痛苦的权力移交的希望破灭之后，大众革命开始被看做是必要的革命活动过程的最终产物。此时，一场长期的斗争被认为是不可避免的，这场斗争涉及在革命前的环境中设立有限的目标，并获 34

得累积性的成果。

战略意识形态和政治组织的新意义，直接建立在革命事业新增的时间维度的基础上。带着这种认识，毛泽东加入了这个列宁主义组织，一个以科学的革命战略为指导的有纪律的政党。一直到1927年后，由于根据地面临着防御的形势，而农民中持续蕴涵的潜力要求他这么做时，毛泽东才把具有他自身革命活动特色的空间维度添加进来。从1923年到1927年，毛泽东的政治活动和思想，在这个不断创造并不断等待革命机会的意识形态政党的列宁主义范式中得以塑造。

因此，本章所考察的这一时期毛泽东在政治思想上的创新，主要是意识形态和组织方面的创新。第一个重大变化是毛泽东逐渐融入共产党的活动框架。既然这是一个复杂而持久的过程，那么让我们着重于第一章中未曾强调过的毛泽东的政治学的一些主题。毛泽东在这个列宁主义组织当中的第一个贡献是他的政党联盟理论。毛泽东关于联盟的立场是非常灵活的，但它确实为国民革命的政治纷扰和北伐战争提供了一些基本原则，最终它变成了统一战线逻辑的一个关键组成部分。毛泽东对这个列宁主义革命政党在政治上的最大贡献是，把农村革命的问题与党的合法性问题结合在一起。在1926年北伐战争中所涌现出来的乐观主义和种种机会中，毛泽东强调大众革命（必然包括农民在内）的潜力，而不仅仅强调党派成功的机会，这使他的基本政治价值得以浮现。面对着革命性突破的可能性，革命组织（或至少是真正的革命组织）必须服务于它的目标而不是仅仅服务于它自身。毛泽东致力于一种平民主义经验论的政治方法，而不是中共中央委员会的城市取向，这使得他与党的领导人发生了严重的冲突，1927年国共合作的破裂也只是使这种冲突部分地得到解决。由于1927年之后毛泽东在遥远的根据地为了生存而进行战斗，所以他在1926—1927年间的农民运动中所看到的对革命合法性的挑战，得以发展成为一种新的农村政治—军事战略。

毛泽东的马克思主义的发展 35

毛泽东的政治风格发生了变化，这在《〈新时代〉发刊词》中可以看得很清楚；他的政治责任也发生了变化，这包括他前往上海并在中国共产党党内（后来还在孙中山的民族主义政党——国民党党内）谋取高位。这些变化的根源可以追溯到毛泽东政治活动的最初时期。毛泽东与蔡和森在1917—1918年间组织了新民学会，其原因与创办《新时代》杂志的原因相似：它将成为一个以致力于民族救亡任务而著称的团体。该团体对中国社会问题的思考入木三分，对最佳解决办法的探寻也力求广泛。[2]如果我们想到在1918年对于革命的期待尚未被五四运动所唤醒，这些相似性就不那么令人惊讶了。到了1923年的春天，由五四运动的热潮所带来的湖南大范围的骚动最终寿终正寝。新民学会发挥了一种领导核心的作用，根据它自己的政治取向和湖南政治活动所呈现的种种机会，把多种多样具有单一目标和广泛基础的团体组织起来。[3]最初，学会的政治活动源于小资产阶级的理想主义和爱国主义，但是它通过不断适应日益激进化的政治运动，使自己维持了湖南革命领导核心的角色。毛泽东投身于共产主义的发展历程就发生在这样的政治和意识形态背景之下，而这个背景本身也在经历着持续的变迁。

想描绘出毛泽东理论发展的确切轨迹是不可能的，因为要确立他的思想与各种思潮间明确的关系，在文本上的证据都是不充分的。虽然毛泽东对诸多思想家和政治事件都表现出浓厚的兴趣，但他并没有动力去从事综合性或批判性的理论化工作。在他的朋友当中，他更以一个活动家而非理论家著称。李维汉，新民学会的创始人之一，回想起一句简短而精辟的话："（蔡）和森是理论家，润之（毛泽东）是实际家。"[4]正如李维汉马上承认的那样，这种概括对于毛泽东的理论兴趣和能力而言是不公平的，但很明显，在当时毛泽东既不自认为也不被他人认为是一个哲学教师。同样明显的是，从毛泽东早期著作推理的独立性和完整性来看，他在理论问题上不 36

是任何人的信徒。在处理他所写到的实践问题时，毛泽东会追根溯源，但他不会离开主题去讨论这种刨根问底的努力所涉及的那些普遍性的问题。毛泽东是一个明达的读者和小心翼翼的实用主义者，而不是一个在一般理论问题上的教师或信徒。

然而尽管如此，由于在五四运动期间和此后发生了政治和意识形态上的骚动，所以要投身于富有活力的平民主义政治，就要面临对涌现出来的各种意识形态立场的基本选择。毛泽东在1920年春他的第二次首都之行中，在北京大学亲历了这一过程，他经过大量的阅读和讨论之后，初步决定投身于马克思主义。一回到长沙，毛泽东除了忙于文化书社的活动和湖南自治政治以外，又和新民学会一起帮助成立了俄罗斯研究会[5]，不久之后他们还建立了社会主义青年团和中国共产党的湖南支部。

在与此同时进行的平民主义和政党初期的活动中，可以表明毛泽东意识形态立场的一个风向标就是，毛泽东与一场发生在马克思主义者和修正主义者之间的激烈争论的关系，这场争论使在法国工作的新民学会的成员分裂了。法国支部在7月召开了长达五天的会议，企图就一个“改造中国与世界”的政治方案做出决定，结果未获成功。马克思主义者由极富辩才的蔡和森领导，他后来成为20世纪20年代主要的共产党刊物《向导》的编辑。修正主义者的领导是萧子升[6]。两派领导人都呼吁毛泽东亮出他的观点，这既显示出毛泽东在朋友中的声望，又表明他还没有准备好认同其中一派或另一派。毛泽东对这场争论的回应在分别于1920年12月和1921年1月所写的两封信中表达出来。这些信现在尚存，但我只能找到夹杂着原文摘录的一些评论。[7]在这些摘录中，毛泽东通过指出教育与资本主义社会其他部分的相互关系，提出强有力的理由反对把教育当作社会改造的充分的手段。最终，他对于无政府主义、绝对自由主义，甚至平民主义（兑莫克拉西）的怀疑都建立在同样的基础上：虽然它们在理论上足以令人满意，但在现实中却难以实现。因此毛泽东表明他热烈赞同蔡和森的马克思主义观点，而他“并未
37 表示赞同萧子升团体的劝告”[8]。编者在这里谨慎的措辞暗示出，

毛泽东对于修正主义者的抨击被此处未引用的段落弱化了。尽管如此，与毛泽东“五四”时期的著作相比，可以说，由于不满于早期更具有无政府主义色彩的期待，再加上越来越多地接触到马克思主义理论，毛泽东意识形态的重心已经转向了马克思主义。

在认定出色的政治理想不现实之后转而接受了共产主义的，并非只有毛泽东一个人。20 世纪 20 年代早期新成立的中国共产党并没有抛弃无政府主义的理想，但他们确实质疑了它的现实性。正如一位作者在 1921 年所说的：“（无政府主义者）想打倒一切统治阶级，颠覆一切旧社会的组织——但最终什么是更聪明的计划呢?”[9]虽然该作者同意共产主义理想不像无政府主义那么深刻，但他宣称，任何迈向无政府主义的进步都必然要经过共产主义阶段。顽固的社会恶势力，要求工人阶级起来专政。当一个人濒临饿死时，不能因为他梦想着山珍海味就可以把手边的粗茶淡饭丢到垃圾堆里。

另一方面，毛泽东对于在 1924 年重组前的国民党的激烈批评，着重强调了它在意识形态上的缺乏，以及它在追求政治目标时依靠军事协定而不是群众运动的倾向。这两个因素被看做是相互关联的，因为对国民党的战争来说是必需的、与军阀和帝国主义者的工作关系——国民党还没有一支自己的军队——限制了他们的宣传，因而也限制了激进意识形态的发展和传播。在中国革命政治的新精神之中，一位国民党的评论家陈述道：“一个依赖于民族反帝宣传的革命党能够变成一股伟大的力量……一支真正的革命军队只能利用这种宣传来造就，而这支军队将毫无疑问远远超越于任何北洋军阀的雇佣军之上。”[10]

共产主义明显的实用性有许多方面。首先，马克思主义对于经济是政治的基础的强调，在一些人看来似乎是合理的，这些人看到五四运动后中国的统治阶层稳固了自身并在某些情形下（最著名的是在湖南）采取了民主的外观。第二，布尔什维克党人在巩固一个新的革命秩序方面的成功，非常具有说服力。1911 年中国人也推翻 *38*
了一个传统的专制政府，但这一事件进步的方面很快就消失了。[11]很明显，一个具有献身精神的政治组织对于取得革命的成功并保持其胜利果实来说是必需的。第三，这样一种共产党人的概念，即作为一个工人阶级先锋队的政党要始终面向群众，在五四运动当中被证明是有效果的，同时它还通过集中关注一个关键性的现代阶级，并创建一个职业的革命政党，保证了更大的稳定性和有效性。共产主义的第四个具有吸引力的地方是它的条理清晰和批判深刻的意识形态，但人们对它最初的理解很糟糕。这一意识形态提供了一套可信的关于国际动力的描述，并为国内的阶级分析提供了框架。[12]列宁主义对于反帝斗争的强调——以及这种斗争的前提，即帝国主义是资本主义最后的和最高级的阶段——似乎尤其适合于中国。[13]在反帝斗争中，民族主义就是国际主义，反之亦然。

毛泽东越来越多地卷入湖南的共产主义活动，证实了他在一种特定意识形态的信仰上的发展。考虑到中国共产党早年尚未强调集中的特点，毛泽东卷入这些活动不应被误解为是绝对服从上级命令的结果，因为中国共产党当时并不是一个建制完备的组织。中国共产党从一开始就是一个在意识形态上具有调和色彩的团体，但是关于其早期运作的个人描述（比如张国焘的）[14]，表明党的主要地域支部的领导人（上海的陈独秀，北京的李大钊，长沙的毛泽东）在本地事务的处理上，有相当多的个人裁断。另外一个需要记住的特征是，早期的湖南共产党的成员，主要来自毛泽东的那些积极分子朋友的圈子，尤其是他在新民学会的同事。这样，新的政党忠诚的建立，部分说来，只是一种标签的转换和一种全国性联系的建立。即便如此，毛泽东越来越多地卷入政党活动，是他从前从事的平民主义政治的一个基本转变——相对于他在公共文化建设方面（比如文化书社和湖南自修大学）不曾间断但日渐减少的努力而言，也是一种转变。中国共产党在 1923 年 2 月 7 日（从这一天开始一直到 4 月份毛泽东从湖南被驱逐出境，共产党一直遭到打击）吴佩孚对铁路工人进行大屠杀前的基本任务，是把无产阶级组织起来。在湖南，这意味着在省内大型的采矿经营部门中、在铁路工人当中以及
39 在长沙的各行各业当中，形成联盟并号召罢工。[15]毛泽东和他的同事们（包括李立三和刘少奇）在所有这些相关的努力中，都取

得了非常大的成功；1922 年 9 月的铁路和煤矿工人大罢工是其高潮。

毛泽东的政党政治的理论创新体现在他对于阶级划分是社会的基本事实这样一个观念的接受和他对于无产阶级利益的献身。这两种创新都不是没有先例的：毛泽东在《民众的大联合》中对于工人、农民、妇女以及其他人所遭受的共同压迫的长篇累牍且充满同情的描述，呼吁各式各样的群体要对自己所受的压迫有一种共同的觉悟，虽然毛泽东的民主政治的理想目标是全体湖南公民，但他所能影响到的大多是那些城市里的和受过教育的人群。尽管如此，这些变化还是重要的。党之所以关注无产阶级，并不是要在许多人当中建立一个“小联合”，而是试图把一个具有特殊历史特点的群体组织起来。压迫不是仅仅被看做少数人的高压统治，而是被看做资本主义剥削。这种压迫的直接对象将成为革命的先锋。革命活动仍然被看做大众整体的代言人：它仍是一种**反对**（against）特殊利益的革命，而不是一种**寻求**（for）特殊利益的革命。但大众的观点倾向于被建构成领导者和受益者的观点，而共产党人又企图担当领导者的领导者。这种革命关注点层层转移的功效，意味着在非常环境下集中关注少数人的事务。在湖南的实际情况中，阶级政治不是平民主义政治，虽然它与一种更具有普遍性的取向并不矛盾；而且它不是能达到从前那种努力程度的本省政治，因为党的活动是在全国的基础上加以协调的，不像在利用当地的机会时那么灵活。对于湖南来说，“二七惨案”的令人同情的经历所产生的破坏性影响，证明了全国联合的重要性。毛泽东在湖南的政党活动的全国性意义，使得他在从湖南被驱逐后转向上海的党的工作。

在共产主义的范式中，毛泽东的政治活动的国际框架也变得更加显著和特定。最明显的例子就是俄国范例日益增长的重要性。随着李大钊的理论——该理论把中国描写成为处在帝国主义秩序中的 40
世界无产阶级的一部分——的出现，中国革命预期的世界意义变得更加独特，虽然不是根本上的不同。[16]

中国共产党的革命任务

具有讽刺意义的是，一旦变成了职业革命家，凭其自身的资格，毛泽东在政治上却不再积极主动了。这在很大程度上也是巧合，因为离开湖南意味着既离开他教师的职业，也离开了他的各种政治关系。毛泽东从抵达上海开始，一直到中国共产党第三次全国代表大会召开期间，都是在为中央委员会工作。中共三大于1923年6月在广州召开。由共产国际发起的、要求与国民党建立民族革命统一战线的提议，是这次大会的主要议题。因此，毛泽东的主要任务是协调中国共产党和国民党的策略。从统一战线的提议被通过，一直到它在1924年1月召开的国民党一大上正式实施，其间的6个月时间里，毛泽东为《向导》撰写了几篇文章。这些文章在视野上有限，但它们表明了毛泽东新的政治角色与他的政治取向之间的相互关系。

在某些方面，毛泽东政治活动的这个新阶段，与他在“五四”的各种希望破灭之后集中关注省内政治相类似。这基本上是从政治活动的一个较大范围撤退到这样一个框架内——在此框架中，一些当下的、实践性的改造社会的工作能够得以实施。这种在取向上由一个地域性单位到一个具有献身精神的革命者团体的转变，原因之一是毛泽东对人民的冷漠的不满。毛泽东在一篇文章的开头就对这样一种情形表示沮丧——对一部牺牲了中国在一个战略要塞（位于山东省东北角的威海卫）的主权的中英条约，竟然没有公众的抗议。另一篇文章对湖南军阀赵恒惕冒充湖南宪法捍卫者的事件进行了带有悲苦意味的讽刺，赵恒惕的这一行径正是对湖南那些反应迟钝的民众的羞辱。[17]当时的一位作者抱怨说，1923年民众的精神比清王朝被推翻之前更为低落。[18]党内普遍认为需要一场群众运动，以便革命的力量从中萌生，但这却与人民的低觉悟和低组织度相矛盾。革命政党将成为消除这种紧张关系的行动力量。

41 党不是一个规模虽小，但仍可自足的社会自然单位。事实上，它是由这样一些成员组成的团体，这些成员在改造社会的目标上是一致的。因此这个革命团体是一个根本上非自足的社会实体，它所以存在是为了影响一个更大的实体。只有在这样一种情况下，即当它的存在能够有利于更大的实体时，它才拥有正当的自我利益。毛泽东在地方上有限的努力，只有在这样一个同心圆的连续谱上才能得以正当化：首先是湖南，然后是中国，最后是世界。一个时间上的连续谱为党的行动提供了意义的基本结构——为了在将来造成一种革命的形势，现在能够做什么？在这种由直接面向群众的政治，到一个革命团体的间接面向群众的政治的转变背后，是一场长期的政治斗争的假定。

作为革命的先驱者，党必须在革命前的形势中生存下来并利用这种形势活动。为了达到它的政治目标的策略工具，是与其他政治利益组织合作来争取可以共同获益的特定目标，以及通过群众组织和宣传，对它自己的政治基础进行部分动员。这两种活动的特定领域，使党日常的政治决定获得了某种灵活性。既然作为革命的工具，那么党就可以正当地寻求那些直接谋取它自身组织利益的政策。但深谋远虑与机会主义之间的界限很容易变得模糊——因为肯定会有这样的倾向：用“革命”党的狭隘的团体利益，去替代作为政策的真正决定因素的革命目标。就毛泽东而言，以政党为中心允许有相当大的政治灵活性，但这种灵活性从未与群众革命的最终目标相冲突。

革命团体的政治活动也会集中关注意识形态的正确性。一种明确的意识形态是必要的，因为基本的政治行动不再是对自由的普遍吁求，而是为自由构筑前提条件的特定活动。党的政治活动是工具性的行动，而不是自我正当的群众自发性活动，它建立在关于社会动力的明确模式的基础上，并通过这种模式在实现革命目标上的成功，来获得自身的正当性。既然党的活动包括关于什么是当前社会实现解放的障碍，以及这些障碍应该如何加以去除的共同理解，那么就必须有一个明确的范式——普遍命题的一个框架，这些命题把对政治事件的解释与针对党的一般性目标的政治行动所作的提议联

系起来。关于实现革命远期目标途径的意识形态公式，作为决定政
42 策的参数代替了目标本身，而战略与目标之间的实际关系，倾向于成为革命理论专家的领域。可以说，这种意识形态建构了革命团体的语言游戏[19]，但只有在下面的规定下才可以这么说，即对于共同概念的一致同意是以确信它们的客观正确为基础的。这种共享的语言游戏（被圈外人看做行话）是这个团体的一个建构性因素，但无论是一般说来还是就其特殊性而言，这个因素最终还是受制于对它与现实间关系的具体判断。

这种对于党的观念，在毛泽东于上海所写的著作中并不明确，因为他的职责不包括对意识形态进行一般性的系统表述；但是在他确实承担的各种各样反帝的社论工作中，这种观念成为前提预设。体现毛泽东新的政治取向的最好的例子，是《北京政变与商人》[20]。既然这明显是为 1923 年 7 月 11 日那一期的《向导》所写的指定题目——这期杂志全部都在致力于分析曹锟篡权的政治影响——那么我们就不应该在这个题目的选择上赋予任何特殊的重要性。乍一看，这篇文章似乎是毛泽东的平民主义政治的继续：在上海商人反对曹锟政变之际，他劝告商人们联合起来反对军阀的厘金（对贸易征收的国内税）以及被帝国主义者强制实行的低关税。[21]他宣称“商人在国民革命中应该担负的工作较之其他国民所应该担负的工作，尤为迫切而重要”[22]。对该文进行仔细的分析就可以看出，这种呼吁表明了政党政治新的灵活性，而不是超阶级的平民主义的继续。在毛泽东早期的著作中，这样一种呼吁所指向的对象不会排除商人，但是也不会特别针对商人。商人被认为是重要的，其原因在于“历史的必然和目前事实的指示”——大概意味着国民革命的资产阶级民主的特点，以及当时还没有任何其他阶级能够组织起有效的反抗。下文表明了在毛泽东的思想中党的新角色到底是什么：

> 我们知道半殖民地的中国政治，是军阀外力互相勾结箝制
> 43 全国国民的二重压迫政治，全国国民在这种二重压迫的政治下
> 自然同受很深的痛苦，但是很敏锐很迫切地感觉这种痛苦的还

要以商人为最。大家知道厘金和关税是商人的两个生死关，商人之迫切要求裁厘加税，是他们利害切肤的表示；但裁厘加税并不是容易做得到的事，因为裁厘有损于军阀的利益，加税又有损于外国帝国主义的利益。[23]

这段论证除了包含文章的要点之外，还有一个有趣的结构，而这种结构在毛泽东更早时期的政治著作中不曾出现过。在所有上一章分析过的著作中，除了为工人夜校所作的广告是部分例外，毛泽东都努力使自己等同于他的读者以便说服这些读者，但在这篇文章中，他所与之等同的参照群体不是商人。在上述引文中，“我们知道”中的“我们”分享了一个特定的意识形态框架——发生在半殖民地的双重压迫——这是共产党人和后来的国民党的观点（孙中山的“次殖民地”的比喻），但一般来说不是商人的观点。在另一篇文章中，毛泽东认为自己对于中国政治中的帝国主义，“我们的”分析是正确的。[24]对比来看，“大家知道”的东西就显而易见得多，也没有在一个意识形态框架中予以陈述。这里的要点不是毛泽东故意选择了这些代词来强调中国共产党专有的知识，而是他的表述方式是一个明确的征兆，表明意识形态革命团体对于他的政治活动具有新的重要性。这种在“我们”和“大家”之间的断裂乃是我们（革命者）和商人间的两分法的基础，这种两分法贯穿全文始终，并在作者和文章所指对象之间拉开了距离，该对象对于毛泽东的著作而言还是新出现的。文章对商人的革命潜力用第三人称的口吻加以解释，但商人们早先对于政治的回避则遭到了讥笑。当文章的结尾处提到商人时，正是老练的革命的“我们”警告那些在政治上幼稚的商人们：革命是艰难的，革命包括民主化。隐藏在毛泽东的平民主义使命背后的自然的精英主义，已经从“五四”的关于启蒙使命的假定，转换到以政党为中心的关于知识和献身的假定上来了。

毛泽东坚持要求商人们在他们的反抗中寻求大众的、公开的政治，这种要求是在他的早期政治活动与他的政党策略之间的一个明确的连接。陈独秀在当时所写的一篇论述资本家的主导政治作用的 44

文章，缺乏对这种在革命统一战线内、阶级间动力的重要性的承认。[25]毛泽东对于公开的和民主的政治运动的持续偏好，也许在某些方面可以解释为什么他能够迅速适应重组后的国民党的政治活动，因为孙中山的三民主义原则（民族主义、民主主义和民生主义）[26]与毛泽东早期从事的政治活动的风格非常相符。但毛泽东在湖南所从事的没有阶级色彩的进步的政治活动的失败的个人经验，再加上国民党的有污点的历史，这些都确保毛泽东加入国民党乃是联盟的政治活动而不是完全的献身。

联盟与国民革命

在 1927 年与国民党破裂之前，中国共产党的运作所依凭的战略规则都是国民革命（或民族革命）。国民革命被认为是有两种指向的一场革命：反对帝国主义和反对封建主义（这通常意味着反军阀），其中主要强调的是反对帝国主义，在当时这个目标甚至被国共联盟之外的集团所共有。[27]国民革命固有的对象——买办和军阀——或者被看做直接依靠帝国主义的群体，或者被看做帝国主义干涉中国的影响的体现。因此，可以号召成立一个各阶级人民的联盟来争取国民革命的胜利，而资产阶级和无产阶级政党——国民党和共产党——可以加入到一个统一战线中来。国民党倾向于否定阶级斗争在中国的重要性，而共产党则希望在以后发动一场反对资产阶级的无产阶级革命，这两者与统一战线的目标都非直接相关，因为正如陈独秀所说：“中国的经济现状，军阀阶级已与资产阶级显然分开，而资产阶级与无产阶级之分化，尚未到截然分离的程度。”[28]

国民革命作为这种革命进程——一个有限但可能的革命——的下一个步骤的理念，是一个重要的列宁主义概念。这个概念的认识基础甚至在马克思最早期的著作中也有所陈述，即在革命的进程中会存在一些重要的阶段。资产阶级民主和社会主义革命的概念，经
45 过在孟什维克和布尔什维克之间有力的辩论后得以提炼。列宁通过

在其分析框架中——该框架把帝国主义看做一个世界资本主义体系——运用革命阶段的概念，把民族革命规定为殖民地半殖民地国家激进政党的当务之急。民族革命是所有不依赖于封建主义和帝国主义的阶级都感兴趣的。民族资本家想要摆脱依赖帝国主义的限制；而对无产阶级而言，民族革命则是对世界资本主义体系的迎头一击。因此，适合于民族革命的政治战略，就是建立所有民族主义政党的统一战线。

在中国，共产党对于国民革命的解释，由陈独秀在 1923 年 12 月发表的一篇文章《中国国民革命与社会各阶级》表达了出来。[29] 文章的基调（对于中国共产党的领导人来说是罕见的）是为资产阶级辩护，还批评了那些提议共产党应对农民、知识分子或无产阶级发挥领导作用的人们。他注意到资产阶级正在苏醒的政治觉悟，强调经济发展将无情地导致与帝国主义的对抗；不管小资产阶级、工人和农民有多么重要，资产阶级都被期待在国民革命中发挥领导作用。他还推论说，作为一个阶级的无产阶级的发展一定不可避免地落后于其雇主[30]，他在大多数中国工人的封建思想中找到了上述论断的证据。这篇文章毫无疑问是企图在宣布建立国共统一战线的前夕抚慰一下国民党。只有在文章的结尾处，陈独秀才对新联盟表示了担忧：民族革命的胜利者必然是资产阶级，但接下来会发生什么还不清楚。他指出，一个优秀的范例就是 1917 年 3 月俄国爆发资产阶级民主革命，但紧随其后就爆发了十月社会主义革命。

回头来看，陈独秀对中国共产党参与国民革命的理解，表明了他在 1927 年的危机中相当被动地依靠国民党联盟的理论根源。把领导地位归于资产阶级，使得陈独秀与汪精卫在 1927 年 4 月的《联合宣言》中的第一句话成为必需：“此时我们的国民革命，虽然得了胜利……所以我们的团结，此时更非常必要。”[31] 但陈独秀的加以限制的国民革命概念，并不是唯一可能的概念。国民革命的概念
回答了从哪里开始的战略问题，通过暂时性的视野收缩，它拓宽了 46
政治策略和可允许的战略同盟的范围。国民革命可以被看做一个持续的革命进程中实践的第一步，而不是由经济参数所限定的前无产

阶级革命阶段。

毛泽东在1940年的著作《新民主主义论》中第一次系统阐述了自己关于国民革命的看法[32]，这种关于国民革命的不同见解，帮助解释了毛泽东参加第一次国共统一战线之谜，在那次统一战线中，他既是一个热情的合作者又造成了（在1927年）严重的问题。《新民主主义论》还集中关注了毛泽东对于联盟的观点，毛泽东曾在几篇他于1925年为国民党撰写的但通常被忽视的文章中，对这个主题进行过细致的思考。这些关于联盟的思考，是毛泽东的联盟政治原则的首次表露，它们不仅是他的统一战线战略后来取得发展的原因[33]，而且在根据地的内部动员逻辑上也发挥了关键的作用。

毛泽东在重组的国民党的第一次全国代表大会上表现积极，被选为国民党中央执行委员会候补委员。1924年的大部分时间里，他都是国民党上海执行部的组织部秘书。这很明显是一段令人沮丧的经历，因为毛泽东在1925年年初以“脑疾”为借口而辞职回到湖南的家中，一直待到1925年夏天。他一回来就被任命在汪精卫手下负责中央宣传部，以此名义，他从1925年12月开始为国民党编辑《政治周报》。[34]联盟的政治活动的目标是有限而即时的，这样一种观念的重要性，在毛泽东写给该报的稿件中体现得很明显。

《政治周报》与作为一种政治力量的国民党有关，在这种意义上它是政治的。《政治周报》特定的目的，就是通过陈述事实和提出反驳，来反击关于广东政治形势的错误信息。毛泽东在他最初的编辑要旨中承诺：“《政治周报》的体裁，十分之九是实际事实之叙述，只有十分之一是对于反革命派宣传的辩论。”[35]但毛泽东自己的
47 投稿却绝大部分是反驳性的文章，一个主要的例外是《中国国民党之反奉（奉天）战争宣传大纲》，这是一份由毛泽东起草的官方评估报告，后被国民党中央委员会所采纳。这篇著作对在中国北方军阀中进行的一场主要斗争进行了分析，并评估了这场斗争对于国民党外交的意义。

如果说毛泽东关于联盟的思想有两个原则的话，那么它们就是：联盟应当尽可能广泛；形势的紧迫性加剧了人们之间原有的敌

意，并使之分化成为两个阵营，而且没有中间地带。就第二点而言，毛泽东指出，那些走中间道路的人们，他们的立场在风平浪静的时期是相当不错的，但是当敌对的两大阵营开始相互攻讦时，所有的枪口都会对准处于中间位置的人。[36]和平主义，即压制冲突并指责极端，最终不能代表一种第三选择。和平主义之所以被嘲笑，不是因为它们是温和的，而是因为它们企图回避斗争的不可避免性。

当革命力量相对弱小时，如果要赢得政治胜利，联盟就是必需的。既然目标是取胜，那么联盟就应当在利益平衡允许的范围内尽可能地广泛。政治环境为联盟提供了温床——在由范围较大的、临时性的协定所构成的框架下进行有限的、长期的组合。关于这种情形的一个例证，是明确体现在《中国国民党之反奉战争宣传大纲》中的联盟战略。在战争中反对张作霖的奉系军阀的一个主要联盟，是吴佩孚和孙传芳的直系军阀。实际上，那确实是他们之间的战争；而国民党仅仅是一个感兴趣的局外人。国民党不顾两大阵营的帝国主义背景（美国支持直系，日本支持奉系，英国虽然在当时支持奉系，但最终是要支持最后的胜利者）而与直系结盟。国民党以奉系为敌而以直系为盟的原因是，“五卅运动”[37]的直接斗争目标——英国和日本——已经联合起来支持张作霖，以感激他对上海群众运动的镇压。虽然在以前的这种军阀斗争中，公众一直是冷漠的，但在这次，奉系在上海的行动使大众的情感正当地与他们相对抗。但是，既然直系与奉系基本上是同类的军阀势力，那么国民党卷入其中就会有两个重要的限制。第一，这是与直系的军事力量结盟，而不是与它的帝国主义、买办和地主的后台结盟。因此支持直系的政治派别（研究系、新外交系，等等）遭到谴责。此外，反奉战争的联盟也不是直系胜利的支持者。宣传中将要强调的是，直系不应简单地取代奉系。 48

因此可以推论说，反奉战争（从国民党的立场上看）只是反奉反直斗争的第一阶段。[38]这很明显可以从下一个阶段与冯玉祥的国民革命军（简称国民军）的联盟当中看出来，冯玉祥的集团没有从帝国主义者那里得到任何支持。因此，国民军是一个真正的盟友："故人民于友敌之分辨，全看其与帝国主义有无关系。无论何人何时一与帝国主义发生关系，人民即不认之为友。"国民党与国民军的关系要密切得多，因为国民军有潜力去反对奉系和直系的帝国主义后台，因此可以期待它成为国民革命当中的一个直接的合作者。但所有这些对于国民军的善意，都没有顾及这样一个事实，即"此时因策略上必需（国民军）尚未与张作霖决裂"。

最后的联盟——在国民党与人民之间的联盟——似乎是不可分离的。"真正人民的领袖，乃中国国民党。真正人民的政府，乃广州国民政府。"由于这个宣传纲要是毛泽东以他作为宣传机构负责人的资格为国民党的干部们所写的，并且得到了国民党中央执行委员会的认可，所以国民党的这种姿态是可以期待的。但是毛泽东确实指出，国民党与人民之间的亲密关系取决于人民："被压迫的中国全体民众，乃一切中国问题的主宰。此次反奉战争，人民应该是总指挥。"[39]因此，国民党的声望不是盲目依靠它的领导地位，而是依靠这种领导地位对于人民利益所负有的责任。毛泽东的平民主义政治的基础——他对最终的政治权力属于人民的信仰——作为联盟政治最后的试金石在这里出现。国民党致力于当前形势的原则，是建立一个代表人民的政府和召开一个代表大会来解决不平等条约的问题。而且，集会、言论和结社的自由将得到保障。

49 毛泽东在同一期的《政治周报》中进行了哲学探讨：

> 现今世界上的东西，无论是那动物（如人之类）或静物（报纸之类），不必看得太拘板。因为现在"革命""反革命"分了家，那些动静物件，可以今天在这家，也可以明天在那家。[40]

这是对从 1925 年冬天孙中山逝世[41]，一直到 1927 年夏天共产党人最终被驱逐这一段时间内的中国政治，尤其是国民党政治的恰当描述。1925 年"五卅运动"反帝情绪的高涨特别有利于中国共产党，这使得国民党右翼更加担心统一战线的“赤化”。而且，随着国民党在 1925 年年底统一广东，一些临近的军阀开始考虑把他们的力量加入到革命队伍中来。唐生智，这个军国主义者曾帮助毛泽东的旧敌赵恒惕成为湖南的省长，并曾于 1923 年挫败了由国民党支持的谭延闿重掇湖南的努力，也在 1925 年秋天皈依了三民主义原则。

由于政治认同如此地变化不定，联盟的问题也就相应地变动不居。但毛泽东的著作指出了联盟政治与机会主义之间的一种区别。联盟是为了一个目标而开展的合作。正如我们在关于反奉的那一篇文章中看到的，目标越有限，联盟就越广泛。机会主义是为了眼前利益而牺牲了目标。当批评右翼的国民党西山会议派企图把国民党合作的基础转向当时由军阀段祺瑞控制的北京政府时，毛泽东把他们的基本政策描述为“能在军阀帝国主义面前公开的开会”[42]。这种政策使他们的反帝反军阀的口号丧失了任何可能的意义。正如毛泽东所解释的那样：

> 一个真正的革命党，他的党的组织与会议在敌人势力之下完全是秘密的，他的主张和宣传则是公开的。在敌人势力之下要将党的组织党的会议公开起来，那必须先得敌人的谅解，就是至少有某几点是于敌人有利才能得到他的默许或者还能得到他的保护。……这只能是敌人的朋友，不是要革敌人的命的革 50
> 命党。[43]

这一论述是毛泽东对那些试图破坏广东国共联盟的反共右派分子所作的部分反击，但它努力通过对照真正的革命党的责任来辨识伪善和机会主义的做法，引入了一个主题，该主题很快将在毛泽东论述农民的著作的非常不同的背景下变得重要起来。

农民与国民革命

从 1925 年到 1927 年，毛泽东越来越强调农民对国民革命的重要性，不论在思想上还是在政治上，这对共产党人参加第一次国共统一战线都是重要的。随着1927年中期中国共产党与国民党的决裂，以及共产党人寻求控制城市区域的各种努力的失败，毛泽东在1926—1927年间政治活动的农村取向，为建立第一个游击根据地的农村战略做了必不可少的过渡。毛泽东关于农民的观点的独特之处长期以来被过分强调[44]，但从1926年到1949年，毛泽东的革命政治活动以农民为中心是毫无疑问的。

在“五卅运动”爆发的时候，毛泽东正暂时隐居在他湖南乡下的家中。毛泽东这6个月的引退不仅是他成年以后在乡下度过的最长的一段时光，而且也为他观察反帝浪潮的国内影响提供了一个独特的、有利的切入点。正如毛泽东向埃德加·斯诺（Edgar Snow）所说的一段回忆：

> 原来我没有完全意识到农民当中的阶级斗争的程度，但在“五卅惨案”发生后，以及在随后的政治运动的巨大浪潮中，湖南农民变得非常富于战斗性。我离开了家，我一直在那儿休养，然后开始了一场农村的有组织的运动。在几个月内我们就已成立了二十多个农会，并且激起了地主的愤怒，他们下令逮捕我。赵恒惕派军队抓我，我就逃到了广州。[45]

51 据说毛泽东早在1921年夏天就进行过农村调查[46]，张国焘也回忆说早在1923年6月的中共三大上，毛泽东就强调了农村的重要性，但毛泽东在1925年夏天关于农村的激进主义（activism）的经验，对他的农民观无疑是重要的，根据张国焘的说法，“毛泽东的发言是强调农民革命的重要性，进而指出中共不应只看见局处广州一隅的国民党，而应重视全国广大的农民。”[47]虽然张国焘认定毛泽东当时是主要的、正式的农民的拥护者（三大是第一次严肃考虑农民问题的党的大会），事实上其他人也关注到了农村的状况。1922年9月彭湃就在海陆丰的农民当中开始了他的工作，1923年7月陈独秀发表了对于农民的细致的阶级分析。[48]但最早的也是最令人感兴趣之一的、中国共产党论述农民的文章，发表在 1921 年 4 月的《共产党》上。[49]

最早的共产党人论述农民的文章包含了许多毛泽东后来研究的主题，那位匿名的作者坚持认为，城市激进派们不理解中国农民的苦难以及蕴藏在他们身上的革命潜力，他们“的困苦，并不减革命前俄国底农民的”[50]。他详细描述了由他自己观察所总结出来的农民遭受的种种压迫，并且在结束全文的时候，向农民发出平等的呼吁。这一呼吁是如此激动人心，以至于从 1927 年到 1949 年它都可以被农村的组织者们用作演讲的开场白。作者还指出，为了社会革命的胜利，农民和党彼此都需要对方：

> 设若他们（农民）有了阶级的觉悟可以起来行阶级斗争，我们底社会革命，共产主义，就有了十分的可能性了。所以，他们既有了这种趋势，我们与其听他自然地慢慢进行，不如用点人为的方法来促进他，使他们早有一天阶级自觉，早晚一天痛苦。[51]

但陈独秀在 1923 年 7 月的《中国农民问题》中详细阐述的共产党官方的立场，比起这篇早期的丰富有力的言论来说要谨慎得
多。他一开始便说明，较之俄国，由于大部分中国农民都是土地拥 52
有者，所以他们很难组织起来。他发现中国农民的困难更多是由进口货物和军阀混战的破坏导致的价格压力所造成的，而较少由于地方精英的压迫所致。[52]虽然陈独秀对农民的阶级分析的结论是建议建立各种各样的农民组织，但整篇文章的基调还是与他对资产阶级领导地位的普遍强调相一致。

这些 1925 年前共产党人对于国民革命的群众基础的讨论，绝大部分都是理论上的假设。1925 年早期只有 950 名共产党员。[53]直到“五卅运动”的浪潮过后，这个数字翻了 10 倍，加上国民党在广东政治军事力量的统一已经使得北上进军北京成为可能，农民政策才变成一个实践的问题。毛泽东在 1926—1927 年间对农民的强

调，使一个城市无产阶级政党面临着把分散的和落后的乡村居民组织起来的必要性。毛泽东用这个不会对当时的政治—军事斗争做出任何直接贡献的阶级的难以实现的极端要求，向一个渴望全国胜利的政党联盟发出挑战。毛泽东并不是突然变成了空想家。他通过自己的经验和对农民运动的分析，已经确信，一个有意义的、持久的胜利取决于改造农村中的各种关系，反过来，农村中又蕴涵了潜在的、将使胜利成为不可避免的革命力量。

1925 年夏毛泽东在湖南的第一手经验后来被证明是他政治思想上的一个分水岭。他重新熟悉了农村的状况，成功地组织农民响应各种全国性事件，并感受到军阀作为地主利益保护者所起的作用——所有这些都为从根本上重新思考国民革命的目标和动力，提供了实践的基础。但是这一基础没有被马上加以利用。毛泽东抵达广州的主要任务是负责国民党的宣传部，这一机构在其名义上的领导人汪精卫，及其更为直接的领导人汪精卫的侄子陈春圃的管理之下一直陷于瘫痪。正是以此名义，他于 1925 年 12 月创办了《政治周报》。毛泽东作为一个农民问题专家而声名鹊起。1926 年 1 月和
53 2 月，他在头两期《中国农民》上发表了两篇概要论述农民的文章。1 月召开的国民党二大，对国民革命所需要的农民方面的支持，给予了极大的强调。结果是，农民部获得了所有部门中最大的预算，每月 18 000 元。毛泽东被任命为广州农民运动讲习所所长，每月有 5 000 元的预算。[54]1926 年从 5 月 5 日到 10 月 10 日的第 6 届讲习所就是由他主办的，并且是到那时为止讲习所规模最大和最集中的一次培训。[55]一共有来自 20 个省份的 320 多位学员参加。其教学方法极能使人想起湖南自修大学。学员们被要求进行独立研究，最后的研究成果也被汇编成书，书名叫做《中国农民问题》，这是第一部从国民革命的视角对全国农民进行的实证研究的文献。

毛泽东论述农民的第一篇文章是《中国农民中各阶级的分析及其对于革命的态度》[56]。这篇文章的目的是为革命的“我们”详细说明一个农民战略。一个农民战略取决于对存在于乡村中的革命的赞成和不赞成；毛泽东宣称在中国所有的乡村都存在着共同的阶

级。文章所建议的战略直接源于对各阶级的描述——也就是说，组织起小资产阶级、半无产阶级和无产阶级来要求地主放弃土地，但要准备好斗争和击垮最恶劣的分子，并通过寻求对失业问题的解决之道鼓励“游民”参加革命。最终，毛泽东这个战略中的描述性分析，是对中国乡村“不同种人”的典型的经济、社会和心理状况的介绍，以及对处在每一种状况中有多少人的评估。这样一个调查中所涉及的所有结论、其相应的阶级描述都是非常准确和非教条主义的。毛泽东对于从自耕农到游民的每一个阶级特有的苦难的描述都非常出色。即使小地主也会偶尔感到来自大地主和军阀的压迫，因 54
此也会有一些反抗的情绪，但作为一个阶级，他们与农民有一种剥削关系。绝大多数自耕农感受到日益变坏的经济条件的压力，而那些逐步变穷的人们则剧烈地感受到他们所遭到的相对剥夺：“这种人在精神上感的痛苦比一切人大，因为他们有一个从前与现在相反的比较。”[57]农村中的半无产阶级——那些耕种部分租来的土地的农民（半自耕农），那些拥有工具却没有土地的农民（用谷物交租的佃农），和那些完全受他们的地主支配的可怜的农民——占了中国农村人口的一半，他们在每况愈下的境遇中纯粹为了求生而过活。作为最基本的农村劳动力，农村无产者的境况，在工作时间、报酬和待遇方面比工人还差。在名单最下面的是游民无产阶级：军人、土匪、盗贼、乞丐、妓女。“他们乃人类中生活最不安定者。”为了把他们争取到革命事业中来，他们特定的问题，即失业问题，必须被当作中国最严重的问题之一。

这种描述风格让人想起了《民众的大联合》一文的中间部分。共同的苦难是最基本的主题，这个主题又与革命觉悟的潜力密切相关，而这两者都建立在该阶级的经济关系与条件的基础之上。既然提出这种描述所借助的阶级框架比“五四”那篇文章的“小联合”的框架更具有一般性，那么作为一个全国性革命政党的政策参数，它就更为有用，也更少受制于完全不受妨碍的自发性。应当指出的是，那个关于不平等的特定主题（占人口 x%的地主拥有 y%的财富）在这里消失了。最重要的主题变成：乡村社会里的直接压迫，不断恶化的经济条件，以及在穷人中缺乏生存下去的必需品。

地主是农民的敌人更多是由于压迫而不仅仅是因为占有：

> （大地主的）利益建筑于对自耕农，半自耕农，半益农，贫农，雇农五种农民的严重剥削之上。其剥削方法分为五种：第一种重租，自百分之五十至百分之八十。乃对于半自耕农，半益农，贫农的剥削，此种剥削极其普遍而惨酷；第二种高利贷，月息自百分之三至百分之七，年息自百分之三十六至百分之八十四，也是对于半自耕农，半益农，贫农的剥削，这种剥
> 55 削之惨，有时较重租更甚，往往有因借债累息，数年即完全破产者；第三种重捐，乃用一种压力强迫自耕农半自耕农按亩出捐以充团防局经费。此团防局（或名民团）乃地主阶级的武装，为镇压农民暴动维持地主阶级剥削制度之必要的设备；第四种为对于雇农的剥削，即剥削其剩余劳动。但中国尚少资本主义的农业，大地主多不亲自经营土地，故此项剥削小地主较多，大地主较少；第五种为与军阀及贪官污吏合作在本年包缴预征田赋，而来年索取重息于完粮之农民。合这五种剥削加于农民的惨苦，真是不可形容。所以中国的大地主是中国农民的死敌，是乡村中真正统治者，是帝国主义军阀的真实基础，是封建宗法社会的唯一坚垒，是一切反革命势力发生的最后原因。[58]

反抗这种压迫的农民运动，不能仅仅是城市反帝运动的遥远的回应，农村有其自身激烈的阶级斗争，斗争的直接目标就是具体的当地地主。农村阶级斗争与国民革命的关系在于，地主作为由军阀和帝国主义者组成的更大的压迫体系的基础所发挥的作用。[59]因此农民不仅仅是国民革命的同盟军，它还是反封建主义、反帝国主义斗争的独特的群众基础。真正的革命党的领导责任，是毛泽东在这篇文章中描述的领导机遇所固有的。

毛泽东的下一篇文章，《中国社会各阶级的分析》[60]有些奇怪，

因为它继《中国农民中各阶级的分析及其对于革命的态度》一文之后刊载在《中国农民》上，然而在字面上完全重复了上一篇文章对于大多数农村阶级的描述（虽然对大地主阶级的描述被省略了）。《中国社会各阶级的分析》一文的新内容是它的导向，特别是它的前言和结论，以及它把城市各阶级包括进来的部分。在导向上的不同是重要的，而内容上的重复由毛泽东向斯诺所作的回忆得以解释：那是因为该文原是为《向导》写的，但陈独秀拒绝予以刊登。

这篇文章在结构上以“谁是我们的敌人和谁是我们的朋友”这个问题为中心，毛泽东认为该问题对于正确的策略来说是最基本的。文章的主体是引入阶级分析作为对国民党第一次全国代表大会宣言的评注。* 在分析了农村和城市各种各样的阶级的人数及其对待革命的态度之后，毛泽东回到朋友与敌人的问题上来，建议需要把被压迫阶级——3 亿 9 500 万（全国总人口是 4 亿）真正的朋友——团结起来。毛泽东把自己的策略与陈独秀和其他中共中央执行委员会成员的策略很明显地放在一起比较，坚持认为不必集中精力争取中间阶级（小地主和民族资产阶级）。事实上，争取中间阶级这样一种策略可能只会使真正的朋友感到迷惑。

这篇文章比起上一篇来是一个重要的进步，因为它完成了对中国的阶级分析并揭示了阶级分析与革命政党的政策之间的关系。在这篇文章中，这个策略问题“谁是我们的敌人和谁是我们的朋友”，是检验真正的革命党的身份和合法性的试金石。这一检验的前提也是毛泽东早些时候批评西山会议派的前提：“分不清敌人与朋友，必不是个革命分子。”然而在这种情况下，问题不在于通过描述一个真正的革命党的有原则的行动来揭露一个伪善的团体，而在于提醒革命党它的真正使命是什么。革命党的责任、合法性和最终的政治权力在于联合大众起来革命，反抗压迫者。毛泽东感到有必要提醒“革命党”（大概是广东的国民党和中国共产党）关注这个基本的要点。毛泽东的提醒是北伐政治活动不断加剧的漩涡的一个征兆；陈独秀拒绝在《向导》上发表这篇文章证实了它的适时性。毛泽东用严厉的话语提出了这个问题：

* 这一宣言的相关段落如下：“中国以内，自北至南，自通商都会，以至于穷乡僻壤，贫乏之农夫，劳苦之工人，所在皆是。因其所处之地位，与所感之痛苦，类皆相同，其要求解放之情，至为迫切，则其反抗帝国主义之意，亦必至为强烈。故国民革命之运动，必恃全国农夫工人之参加，然后可以决胜。盖无可疑者。国民党于此，一方面当对于农夫工人之运动，以全力助其开展，辅助其经济组织，使日趋于发达，以期增进国民革命运动之实力；一方面又当对于农夫工人要求参加国民党，相与为不断之努力，以促国民革命运动之进行。盖国民党现正从事于反抗帝国主义与军阀，反抗不利于农夫工人之特殊阶级，以谋农夫工人之解放；质言之，即为农夫工人而奋斗，亦即农夫工人为自身而奋斗也。”见 *KMT Documents*, pp. 81 - 82。

> 中国革命亘三十年而成效甚少，并不是目的错，完全是策略错。所谓策略错，就是不能团结真正的朋友，以攻击真正的敌人。……我们都是革命党，都是给群众领路的人，都是群众
> 57 的向导。但我们不可不自问一问：我们有这个本领没有？我们不至于领了群众到失败的路上去么？我们一定可以成功吗？要有“不领错了路”和“一定成功”的把握，不可不致谨于一个重要的策略。要决定这个策略，就要首先分清楚谁是敌人谁是朋友。[61]

一个革命政党基本的正当性是它对革命的促进。这就要求知道谁是群众和谁是群众的压迫者；革命党要代表前者的利益来反对后者。政党策略的灵活性是为了一个目标的灵活性。党不应被其特殊的政治角色所误导，以至于认为自己可以自我获致正当性，或者认为革命不过是自己能收放自如、反复不断的努力。“革命党是群众的向导。”因此毛泽东对革命群众进行了描述，回答了真正的敌人和真正的朋友的问题，并且简要说明了“不领错了路”和“一定成功”的关系。这条道路是对现实情况和群众利益的认真调查，而成功的必然性可以由此推出：对于绝大多数人民的严酷剥削造成了革命的潜力。这篇文章从最初的基本问题开始展开论述，到结尾处则体现了对于革命的自信：“三万万九千五百万人团结起来！”

在《中国社会各阶级的分析》一文中所使用的更具普遍性的阶级分析框架，使得毛泽东可以讨论一些未在《中国农民中各阶级的分析及其对于革命的态度》一文中提及的基本要点。在作为具体的阶级描述的序言的两段文字中，他讨论了阶级分析的一般性理论，以及中国各阶级与其他国家各阶级的可比较性。他对阶级划分理论的描述相当奇怪：

> 无论那一个国内，天造地设，都有三等人，上等，中等，下等。详细分析则有五等，大资产阶级，中产阶级，小资产阶级，半无产阶级，无产阶级。[62]

三种自然划分和五种阶级之间的关系不可能断然确定，因为毛泽东没有指出区分上、中、下三个阶级的方法。但具体的阶级分析 58
一般是一分为三，在这些情况中，这样的划分形式上是以经济状况为基础的，巧合的是，这种划分也区别了对于革命宣传的接受能力。毛泽东认为，中国各阶级对待国民革命的态度，与资本主义国家各阶级对待社会革命的态度几乎完全一致，这是由世界革命的统一性决定的：

> 因为现代的革命本是一个，其目的与手段均相同，即同以打倒国际资本帝国主义为目的，同以被压迫民族被压迫阶级联合作战为手段，这是现代革命异乎历史上一切革命之最大的特点。[63]

从《中国农民中各阶级的分析及其对于革命的态度》一文到《中国社会各阶级的分析》，毛泽东对农民的强调大大增加了。在第一篇文章中对农民的关注和对大地主的批判更为明确，但这种分析的普遍意义却含糊不清，未加说明。农民政策是否是一个可以加以利用的机会，就像反奉战争那样，只是许多政策中的一个，与商人政策和海外华人政策并列？抑或它是一个更根本的政策？在第二篇文章中，农村革命的特定主题被弱化了，但有力地强调了革命党代表被压迫阶级的中心地位。《中国社会各阶级的分析》一文发表 7 个月后，毛泽东又写了另一篇概论性的文章：《国民革命与农民运动》[64]，该文是农民运动的重要性和群众的责任这两个主题的顶点。在这 7 个月间，北伐已经开始，长沙经历了被与国民党有关的唐生智的军队夺取、丢失到再次夺取的过程，而农民运动讲习所在毛泽东的指导下已经完成了对农民运动干部的一次集中的培训计划。

这篇文章宣言一般的气势在它开头的几句话中体现得很明显：

> 农民问题乃国民革命的中心问题；农民不起来参加并拥护国民革命，国民革命不会成功；农民运动不赶速的做起来农民

> 59 问题不会解决；农民问题不在现在的革命运动中得到相当的解决农民不会拥护这个革命：——这些道理，一直到现在，即使在革命党里面，还有许多人不明白。[65]

在这一段和贯穿文章的第一部分，毛泽东着重表明政党合法性的试金石——代表被压迫者——必须包括领导农民与地主作斗争。必须与农民打成一片；而不能仅仅与他们建立联盟。限制农民运动就将限制国民革命的基础。在广东的国民党的经验基础之上，毛泽东确信农民问题具有中心地位，他把彻底根除陈炯明敌对政府归功于陈炯明统治区农民运动的兴起，尤其是海丰农民运动。农民协会不仅在军事上削弱了陈炯明的地位，而且还在乡下造成了一种新的、激进改革的氛围。从这个成功的事例中，毛泽东推导出一些经验，从而有说服力地重新系统阐述了国民革命：

> 因此，乃知中国革命的形势只是这样：不是帝国主义军阀的基础——土豪劣绅贪官污吏镇压住农民，便是革命势力的基础——农民起来镇压住土豪劣绅贪官污吏。中国的革命，只有这一种形式，没有第二种形式。全中国各地都必须办到海丰这个样子，才可以算得革命的胜利，不然任便怎么样都算不得。全中国各地必须都办到海丰这个样子，才可以算得帝国主义军阀的基础确实起了动摇，不然，也算不得。……因此，乃知凡属不重视甚至厌恶农民运动之人，他实际上即是同情土豪劣绅贪官污吏，实际上即是不要打倒军阀，不要反对帝国主义。[66]

强调地方势力的压迫是革命力量的目标和导火索，是这一段文
60 字的关键要点之一。乡村一级的革命斗争并不是以抽象的词汇来进行的。农民运动是一种个人的、地方性的与已知的压迫者的对抗，它的力量来自仇恨和求生的本能。每个乡村阶级条件的相似性使得对乡村斗争的协调成为可能；而地主处于第二级和第三级剥削者体系的基础地位，他们是作为直接剥削者发挥作用的，这使得运动具

有了更加广泛的、反军阀和反帝国主义方面的内容。在这种背景下，党的领导与其说是控制，不如说是在群众自己的运动中唤起他们最大的力量和最多的参与。任何其他的态度都意味着对农民运动的怀疑，而怀疑的态度只适用于运动的斗争目标。这一段的最后一句话是武断的，因为许多对农民运动保持冷漠的人都是积极的反帝国主义者。这是一个具有辩证法特征的逻辑[67]：因为与中国更主要的剥削形式存在密切的关系，所以反帝国主义不能是一个为了它自身可以牺牲其他一切的政治目标。有效地反对帝国主义必须首先反对地主。毛泽东抨击了买办与地主是同等重要的目标的这样一种说法，同时解释了为什么他要说地主是帝国主义的基础。在毛泽东的模式中，军阀是地主的“代理人”，而地主较之买办是更加无所不在的，在经济上也更重要。地主利用买办使帝国主义站在他们的一边。

毛泽东并不企图超出他对农民运动在国民革命中的作用所作的有力辩护，而为农民积极分子提出一个全面的方案。虽然彭湃在海丰的农民组织的经验，有力地表明了农民运动可能获得的成功，但这个模式显而易见不足以为农民革命抽象出一个一般性的战略。毛泽东余下的研究任务是对全中国农村的条件做一个全面而细致的研究。而在实践方面的任务则是在尽可能多的地方发动农民运动。他对理论问题典型的解决之道是直接而彻底的：他在1926年夏天农民运动讲习所的课上的一个主要任务是写作《农民问题》，这本书包括对每一省农村条件的全面调查、对农民运动的研究以及一些关于外国经验的材料，特别是俄国的经验。[68]《国民革命与农民运动》 61
一文是为这本书写的序言。在实践方面，毛泽东着重建议有更多的干部参加到农村运动中来，虽然他警告说，这种在注意力上的转换不应有损于对工人、学生和中小商人的组织。但是没有一个对农村工作的全面计划，农民运动如何能够被组织和领导起来？毛泽东对这个问题的回答是群众路线的第一个明确的原型：

> 跑到你那熟悉的或不熟悉的乡村中间去，夏天晒着酷热的

> 太阳，冬天冒着严寒的风雪，搀着农民的手，问他们痛苦些甚么，问他们要些甚么。从他们的痛苦与需要中，引导他们组织起来；引导他们向土豪劣绅争斗；引导他们与城市的工人学生中小商人合作，建立起联合战线；引导他们参与反帝国主义反军阀的国民革命运动。[69]

毛泽东的政治活动并没有由于北伐的骚动和前景而回归到“五四”的平民主义。明确区分党和群众，并且对它们之间的关系保持自觉，表明具有奉献精神的革命者团体已经变成毛泽东的政治思考的起点。毛泽东期待在农民自己的斗争组织和党的全国政策之间出现一种和谐，这显示出他对于自己的普遍政治范式的正确性的自信。在这个意义上，这时的理论比在他的早期政治活动中发挥了更为显著的作用。另一方面，毛泽东在这段最早论述“群众路线”的文字中所描述的党与群众的互动，与作为单向传送带的列宁主义的鼓动概念相差之远，就像它与简单的平民主义一样的不相干。遵循毛泽东的建议的干部假定党的利益与农民的利益最终是和谐的，但他没有假定他知道农民的眼前利益是什么，也不知道在某些意义上，这些利益对于他的鼓动性努力来说具有根本的重要性。毛泽东还假定干部将是农民中最早从事政治的人，而不是既定的政治利益的破坏者。动员农民革命潜力的途径，要从认识到有责任关心农民
62 的眼前需要开始。值得注意的是，这个关于毛泽东的乡村政治活动的基本原则——1934 年在 6 年游击经验的基础上，他有说服力地重述了这一原则——早于毛泽东对组织农民的密切参与，并且是他早已确立的思想和政治风格的一个直接后果。

在他 1926 年论述农民的文章中，有许多特点都让人强烈地想起毛泽东在接受马克思主义之前的政治活动。他在农民运动中所发现的热情和大众取向，在精神上更接近他在“五四”时的政见而不是他 1923—1925 年著作的精神。毛泽东还表现出对问题刨根问底的冲动，这种冲动除了在联盟理论和宣传中作为一种系统化的力量以外，在他后来的文章中是不显著的。同样基本的特点是，毛泽东

回归到对绝大多数人民所遭受的苦难的自由的同情和理解上，他相信这种苦难可以通过动员而转化成一种不可战胜的革命力量。苦难，而不是经济学，是毛泽东的阶级分析的基本标准，尽管这两者事实上是紧密联系的。从这种回归中可以推论，毛泽东被受压迫者数量上的优势所深深吸引，他仍然相信"最广大的联盟"会取得胜利。在《中国农民中各阶级的分析及其对于革命的态度》和《中国社会各阶级的分析》两篇文章中，毛泽东深深地被争取游民无产者、土匪、盗贼、乞丐、妓女和军人参加革命的问题所困扰。他坚持认为，他们的失业问题与农民的贫穷问题是同等重要的，虽然很明显游民的革命潜力并不与之相当。这种强烈的关注表明，毛泽东的群众政治活动不简简单单是数量的问题，它以下层阶级为取向也不仅仅是因为下层阶级是算术意义上的重心所在：毛泽东的群众政治活动从最底层开始——也就是说，从那些最不幸的人开始——建立起它的压倒性的多数。

体现毛泽东政治思想连续性的另一条重要的线索是，他在构建他的新观点时对实践调查的依赖和他在不充分的材料基础上总结一个行动计划时的谨慎。对社会条件的系统而彻底的研究，显然是他的平民主义经验论的一个关键因素。但毛泽东的社会科学不是旨在揭示社会生活永恒不变的规律的一种超然的努力。相反，它致力于说明社会的革命潜力，并为党的政治行动创造环境。正如 S. M. 米勒（S. M. Miller）已经指出的，投身政治并不排除对客观性的关 *63*
心[70]；毕竟，行为的客观结果会对运动发生实质性的影响。因此，致力于一项政治事业，可以矫正意识形态方面的扭曲或自鸣得意。对毛泽东而言，研究是对政治资源的调查，而不是企图揭示普遍规律。这种研究方法不是对潜在特性的客观研究，而是对革命运动参加者的觉悟和革命运动经验的认同和理解。虽然它具有指导的性质，但调查不是革命行动的开端而是从斗争中生发出来的。毛泽东抱怨缺乏关于农民运动的信息，并解释了原因：

这种材料的搜集自然要随农民运动的发展才能日即于丰

富，目前除广东外各地农运都方在开始，所以材料是异常贫乏。[71]

湖南农民运动

海丰农民运动在驱逐陈炯明和在随后广东全省农民协会的迅速扩展方面所体现出来的重要性，同时引起了国共两党的注意。由于期待农民运动在北伐的推进过程当中发挥重要作用，国民党中央执行委员会大幅度增加农民部的资金并拓展了它的活动，虽然消灭地方独裁者只是 1926 年 1 月国民党第二次全国代表大会宣言中描述的国民党计划的最后一项内容。就共产党方面而言，它在 1926 年 7 月的中央委员会扩大会议上通过了一项关于农民运动的决议[72]，这个决议是极其温和的。经济上的要求是农民应获得不少于 50%的收成，贷款的年息不应超过 30%，以及不应提前征税或过度征税。政治上的要求是享有农民集会和建立农民组织的自由，以及县长通过选举产生[73]和禁止民团逮捕和审判农民。共产党向农民建议的政策是，建立一个广泛得足以包容中小地主的联盟。中国共产党仅仅反对臭名昭著的大地主的这项政策，比起毛泽东在《中国社会各阶级
64 的分析》一文中所暗示的政策，激进程度要小得多。根据张国焘的说法，这项决议遭到了广东区委的反对，后者要求对农民运动给予更大的支持。国民党在其 1926 年 10 月的“政治讲习班”上所表述的土地政策，至少在一点上要比共产党的政策更为激进：他们要求贷款的年息至多 20%而不是 30%。[74]但是在现实中，许多有亲属在农村的国民党进步分子面对农民运动的迅猛发展，以及农民的要求在经济和政治上可能达到的后果，正在变得恐慌起来。这种情形可以从写给《向导》的一封信——这封信要求农民运动避免“流血事件”——的一段摘录当中得到说明：

我的同乡某君颇富革命性，对于农民运动尤其热心，今年六月农会减租时，他就给信他的父亲说：“现在减租之说，普

遍广东，潮流所趋，实不可遏止，父兄大人日观农人终日辛苦，对于农会减租布告，应照实行。”他的父兄接到信后，怒气冲天拍案捶胸大骂道：“读什么书，革什么命，读到这样，想革我的命！”马上即拍十二万火急电，给他的儿子，大概说：“希儿接电后，着即返家。我不能继续接济汝读书费，倘汝再逆命；即断绝接济。”于是乎！这位革命青年接到此电，怏怏不安，不能在校继续读书，即候轮返家。[75]

共产党对控制农民运动的关心是更加间接的。党内普遍对于群众革命运动的这个新的组成部分的迅猛发展，以及农民运动对于北伐进程在国内革命方面的贡献充满热情，但是中国共产党（以及共产国际）关于国民革命的资产阶级性质的概念，使得维系统一战线成为最重要的考虑。陈独秀在 1923 年所表达的观点说明了优先考虑统一战线的原因：

一切工人运动农民运动学生运动，都不能离开政治运动，因为政治上的自由是一切运动所必需的。例如曹吴的势力不倒，民主政治不能确定，铁路工会和全国学生总会除广州外何处可以存在？[76]

张国焘则更加简洁地表达了同样的观点：

农民势力要能巩固，土地问题要获得解决，最主要的还是要有拥护农民利益的政权为之保障。[77]

农村地区的政治事件越是逾越国共合作关于联合各阶级反对帝国主义的规则，中共中央委员会越是感到应当尊重涉及广东国民党、后来是武汉国民党的团体的利益。* 这种态度在许多方面类似于西山会议派与毛泽东在前一年批评过的段祺瑞之间的关系，虽然其政治内容完全不同。“真正的革命党”的群众革命目标，由于要维

* 张国焘对于鲍罗廷（Borodin）在农民政策上的摇摆不定的描述，在这方面是有启发的：“鲍罗廷对农民土地问题所表现的主张，大体是以中国的政治气候为转移的。1924 年年初，他曾向孙中山先生提出没收地主土地和土地国有等主张，未为孙先生所采纳。1925 年，国民政府成立后，鲍罗廷的全部注意力就集中在中共与国民党左派密切合作，巩固广东的革命专政这一问题上。再也没有提过甚么土地革命了。1926 年 5 月 15 日，国民党二中全会以后，他对于国共合作前途已不感乐观，又重新强调土地革命。……广东区委的主张［认为中共在 1926 年 7 月的土地决议太过温和而加以反对］就曾获得他的支持。1926 年年底，他到达武汉以后，他所注意的是反蒋阵线的形成，因而又不重视农民土地问题了。”张国焘：《我的回忆》，第 2 册，212 页；英文版见 Zhang Guotao, *Autobiography*, vol. 1, pp. 600 - 601。

系与国民党和共产国际的党派关系，而被逐步牺牲。早在 1926 年 9 月，中央委员会就开始对农民运动的“过分”发出谨慎的批评[78]，认为最终的原则是联盟。在受到中央委员会的控制的状况下，共产党变成了联盟的党而不是群众的党。

国民党控制区农会组织的迅猛发展，迫使共产党的农村政策从 1926 年中期缺乏自信的模糊不清，迅速发展到 1927 年春天对农民的过分行为感到愤慨和失望。农民协会的成员总数由 1926 年 6 月的 981 442 人，急剧增长到 1927 年 6 月的 9 153 093 人。当农民运动在北伐军的翼护下发展时，共产党的注意力由广东存在较久的农民协会转向湖南、江西和湖北迅速增长的农民协会。当然，从 1926 年秋直到 1927 年秋的秋收起义，湖南一直都是农民运动的希望和焦虑的最主要的焦点所在。

66 作为先驱的广东农民运动的成功，到 1926 年年底已经在该省引起了一股有力而残酷的反革命力量的镇压，虽然迟至 1927 年 1 月农民协会还在继续发展[79]，但运动专注于乡村斗争的这种新的更严苛的方面。“农村中流血惨事，几无地无之……现时全省农民运动，可谓已暂时陷于困难地位。”[80]从 1926 年 6 月到 1927 年 6 月，湖南农民协会的成员数目由 38 150 人上升到 4 517 140 人；在广东这个数字由 647 766 人上升到 700 000 人——大概估算的会员数字以及在后来的统计中明显缺乏的详细信息，这些都是情况恶化的不祥征兆。[81]1927 年地主武装对农民协会的反击在江西发生，之后是湖南。由于江西农民协会的成员在 10 月里由 6 000 人猛增到 50 000 人，该省地主武装针对农民和布尔什维克的反击行动，随着 1927 年 1 月国民党省代会第三次会议的召开而开始。国民党省政府与方志敏领导的农民运动之间日益尖锐的冲突，随着对农民运动的压制以及从江西驱逐共产党人的命令的发布而在 6 月份达到顶点。[82]在湖南，农民运动的发展更加有力，相应地对它的压制也更加严酷。1927 年 5 月 21 日，长沙的一位军队的指挥官残酷镇压了中共湖南省委和设在长沙的农民协会总部。在最初的武装报复计划被陈独秀的调解努力所阻挠之后，地主武装在整个 6 月里攻击农民协会，造成了上万人的死亡。[83]地主对共产党领导的农民协会的激烈反对，最终为反共的国民党的“新军阀主义”提供了武装政治基础。

湖南农民运动是毛泽东在1926年年底和1927年期间主要关注的事务。但这种关注绝不是一种狭隘的、以本省为中心的视野。期间，毛泽东继续担任共产党和国民党的高层官员，甚至承担了主持设在武汉的中央农民运动讲习所以及组织全国农民协会的新任务。[84]作为农民运动的希望和忧虑，湖南是全国关注的焦点。湖南有全国最大的农民协会，并为农民的激进主义活动提供了有利的环境。危险的一面是，绝大多数支持武汉国民党的军队，他们的亲属都在湖南，而这些老家的人是与受惊的乡村精英，而不是与农民站 67
在一起的。正如我们早些时候所看到的，毛泽东在1925年夏天卷入他家乡周围的几个县的农民组织当中。1926—1927年之交，他在12月积极参加了湖南全省农民第一次代表大会，花了1月份整整一个月的时间调查了5个县的地方情况，并于2月和3月向在武汉的许多团体发表了他关于湖南调查的书面和口头的报告。像张国焘这样的中央委员会的官员，怀疑湖南农民运动以及中共湖南省委的激进主义是受到毛泽东的倡议的鼓励，他们的这种怀疑毫无疑问是正确的。

在毛泽东于1926年12月前往湖南期间，《湖南全省农民第一次代表大会宣言与决议》在他的亲自指导下写作完成。[85]这个宣言表现出由一个委员会草拟而成（或改写）的明确特征，从而与它的代表性的特点相一致。它的主张比毛泽东其他任何论述农民的著作都要保守得多，结构也更加松散。最初的主题是帝国主义及其工具军阀给中国农民带来的伤害。剥削导致人民起义，但直到孙中山之前，这些起义都缺乏足够的组织。现在农民运动已经为北伐做出了巨大的贡献，尤其是在巩固后方防线以及击垮土豪劣绅方面。这些活动是重要的，因为乡村一级的剥削是军阀势力的真正基础。在这个已然曲折的论证上还附加了三点辩护。第一点表明，农民的解放将使全国受益；第二点论证说，城市的混乱是由于战争而不是农民协会；第三点主张，农民在反对土豪劣绅时所使用的未经法律许可的手段，由于斗争的紧迫性因而具有正当性。最后一点显示了对农民“过分”的辩护，而这一辩护处于《湖南农民运动考察报告》的论证的中心地位。不过这里的辩护方法略有不同，因为它的中心是批评党的官员的胆怯的和平主义：“若是骇怕‘纠纷’，采怀疑或反对的态度，这不算是革命党。”[86]而《湖南农民运动考察报告》强调的则是，那些在远离乡村的城市看来似乎过分的农民行动的客观必
68 要性。《湖南农民运动考察报告》的中心隐喻是：“矫枉必须过正”[87]。在这个宣言中，毛泽东第一次使用了他的另一个同样有名的比喻：“这时候，不是东风压倒西风，就是西风压倒东风，怎能不严厉一点？”[88]

《湖南农民运动考察报告》

与《湖南全省农民第一次代表大会宣言与决议》形成强烈对比，《湖南农民运动考察报告》（以下简称《湖南报告》）体现了毛泽东个人的风格和雄辩的说服力。[89]它成为毛泽东最有名的文章，但是即使在一开始，它也是一篇重要的和有争议的关于农民运动的分析文章。据称，由于与它的第一部分存在政策分歧，陈独秀不许该报告的第二和第三部分在《向导》上发表[90]，但是这个报告很快就以手册和其他期刊的形式，在不同的完整程度上得以重新发表。[91]在1951年该报告的官方版本中，以及在《毛泽东选集》优雅的英文翻译中，绝大多数的修改只是文体风格上的修改[92]；而官方校定中唯一真正有倾向性的一系列改动，是在适当的地方插入“共产党”字样。

《湖南报告》是针对统一战线所面临的大多数关键问题所作的一篇具有非凡政治说服力的著作。通过北伐战争的胜利来实现政治变革的潜力，似乎与由农民协会所证实的社会变革的潜力发生了冲突。形势把那个对于中国的激进分子来说是长期存在的问题，以一种特别尖锐的形式摆在了领导者面前：走哪条路？毛泽东对这个问题的回答是令人着迷的，这既是由于他的具有说服力的独创性，也

是因为由此我们可以洞察到他的政治思考。

依靠他在湖南农村长达一个月的调查之旅，毛泽东通过假定不存在上述困境，从而支配了关于政治和社会目标之间可能的妥协的讨论。毛泽东坚持认为农村社会革命是一股无法压制的力量，他无情地使“革命同志”[93]面对这样的选择，即在乡村斗争中要么领导广大的革命群众，要么站在地主们的后面。通过在农民运动中树立起他的战略主张，毛泽东简单忽视了像陈独秀这样的领导人的谨慎 69
考虑，陈独秀是从北伐战争的胜利和统一战线的维系这样的双重前提来进行思考的。这种忽视的关键一步就是判断“农民过分”的性质。毛泽东把“过分”的问题解释为在乡村中是否发生了不必要的权利侵害，他正确地指出，城市里听到的关于种种暴行的流言蜚语是由逃走的地主带有偏见的叙述引起的。但乡村正义的问题，对中央委员会对“过分”的担忧来说，并不是最主要的。从武汉领导人的观点来看，任何有损国共联盟或危及北伐军队的活动都是过分的。毛泽东并不专注于这种过分的概念，因为这样做会减弱他的主张的说服力——更重要的是，因为他不相信一个正当的革命团体可能会与群众的激进主义相敌对。

毛泽东在第一段中把《湖南报告》的基本信息和态度简明有力地表达出来。这一段写得非常好，以至于对此段作一个全面的分析就是该报告的最好的导论：

> 我这回实地考察了湘潭、湘乡、衡山、醴陵、长沙五县，从一月四日起，至二月五日止，共计三十二天，在乡下，在县城召集有经验的农民及农运同志开调查会，仔细听他们的报告，所得材料，颇为不少。许多农运的道理，与在汉口、长沙从绅士阶级听得的道理完全相反。许多奇事，则见所未见，闻所未闻。我想这些情形，全中国无论何省都有；所以各种反对农运的议论，都必须迅速的矫正；革命当局各种对农运的错误处置，必须迅速变更。这样才于革命前途有所补益。因为目前农运的兴起是一个极大的问题。很短的时间内将有几万万农民

> 从中国中部、南部及北部各省起来，其势如暴风骤雨，迅猛异
> 70 常，无论什么大的力量压抑不住。他们将冲决一切束缚他们的罗网，朝着解放的路上迅跑。一切帝国主义军阀贪官污吏土豪劣绅都将被他们最后葬入坟墓。一切革命的党，革命的同志，都将在他们面前受他们的检验而决定弃取。站在他们的前头领导他们呢？还是站在他们的后头指手画脚批评他们呢？还是站在他们的对面反对他们呢？每个中国人对于这三项都有选择的自由，不过时局的命运将强迫你迅速的选择罢了。兹将我的考察和我的意见，逐段写出，作为革命同志的参考。[94]

这一段的论点由两个对称的部分组成。前半部分体现了《湖南报告》中最少的信息和内容：毛泽东的调查表明人们已接受的、关于农民运动的描述是错误的，而那些由这种错误观点所造成的政策应当得到纠正。后半部分提供了最多的信息：毛泽东的意见是把农民运动看做主要的政治力量，因此农民运动的需求是衡量革命行动的标准。两部分之间的关系非常紧密。前半部分陈述了乡村状况的现实，后半部分描述了乡村的动力；前半部分建议，应当调整政策以便与事实达成一致，后半部分建议，应重新调整革命的态度以适应当前的潮流。第二部分的论点更缺乏一些不证自明的性质，因为它是对农民运动潜力的一个评估；它的政策结论更加激进，因为它需要党以及个人的全身心的投入，需要他们保证运动相对自主的动力。这两个部分之间的关系不是现实与解释的对立，而是表面与根本的对立。二者对于革命者如何理解农民运动来说，都是至关重要的。类似地，每一部分内部的观察与建议之间的关系也相当紧密。根据对于形势的更好的理解，党如果不调整自己的政策将是不理性的，对于可预期的农村革命的压倒性力量的描述，确实预先决定了在接近这一段报告的结尾处所提及的“选择的自由”。

在这一段中同样值得指出的，是毛泽东与党的关系，以及毛泽东与农民运动的关系。毛泽东是在以农民运动专家的资格在说
71 话。[95]在文章的三个部分各自的起始处，以及在那个重要的小节

“糟得很和好得很”里都曾提及，长期的实地调查赋予了他在论述农村状况时所具有的权威性。由个人经验而产生的自信，是《中国农民与国民革命》中没有的因素。富有经验的“我”面对着一个相当不确定的群体——这个群体的变动范围，可以从纠正政策错误的上下文中的“革命权威”，一直到提出基本政治选择的上下文中的“每个中国人”。首先，毛泽东向他的“革命同志”讲话。对于领导、跟随还是反对的决定，毛泽东是以个人而非党的话语来表述的——这不仅是由于国民党和共产党的领导人对农民运动所表现出来的冷漠，而且还因为，即将到来的革命和自发的群众组织（尤其是村一级的农民协会）的起义暗示出，革命政治即将走出它的以政党为中心的准备阶段，现在需要的是对群众革命进行领导。报告的主题——农民运动——被描述为广大被压迫群众的自发起义，毛泽东所使用的多种比喻表明，农民运动是一股不可抗拒的自然力量，关于这股“迅猛异常”的力量的报告不是提出一个案例以供判断，而是要描述历史的必然性。领导、跟随还是反对的选择，就其革命内容而言，不仅仅是被预先决定了的，就其在历史上的生存而言，它们还是在未来潮流、无足轻重和自取灭亡三者之间的选择。

刚刚分析过的这个导言性的段落，构成了《湖南报告》的第一小节：“农民问题的严重性”。“农民革命”一节其余的部分，详细阐述了农民协会的组织发展及其政治活动，并抨击了那些批评农民运动的观点。农民协会的发展被划分为两个时期：从 1926 年 1 月到 9 月，以及从 1926 年 10 月到 1927 年 1 月。在第一个时期，农民协会规模很小并处于地下状态，特点是组织先于政治行动，乡村中的斗争尚未出现，在政治上的主要活动就是辅助北伐。第二（以及此后）时期是革命行动阶段。早期的组织使湖南中部和南部的许多个县，能够进行重大的和成功的农村革命，其结果是，在四个月的时间里，1/3 的湖南农民被组织起来，“一场史无前例的革命”[96]正 72
在进行。关于农民运动的突然兴盛，更为重要的原因是北伐军攻占了湖南。虽然毛泽东没有提及这次攻伐，但这些事件对于他的读者来说是闻所未闻的。

革命的基本目标在每一个村子里都是个人性的目标：从前的压迫者。农民协会此时在他们的村子里享有全权，人们怀着巨大的兴趣来追捕这些压迫者。随着这种压迫的倒转，支撑地主的文化也受到攻击。在听逃到城市的乡村地主诉说他们的遭遇时，人们能够特别强烈地感受到，农民运动的“新世界”最终会带给现存社会秩序以威胁。根据毛泽东的说法，那种关于可怕的乡村状况的概念是如此四处弥漫，以至于甚至具有革命思想的人也只能说这种状况在革命中是不可避免的。毛泽东的任务是表明，为什么甚至农民运动的暴力也是“好得很”。在宣称推翻土豪劣绅、不法地主是国民革命的真正目标之后，毛泽东断言“一切革命同志须知：国民革命需要一个大的农村变动。辛亥革命没有这个变动，所以失败了”。在目前的国民革命中，他估计城市居民和军队的成就是30％，而农民的成就是70％。如果所有的革命者都拥有毛泽东的经历，那么就不会有认为农民运动可怕这样的问题了：

> 你若是一个确定了革命观点的人，而且是跑到乡村里去看过一遍的，你必定觉得一种从来未有的痛快；无数万成群的奴隶——农民，在那里打翻他们的吃人的仇敌。[97]

《湖南报告》的第一部分以讨论另一种对农民运动的批评来结束：“所谓过分的问题”。这实际上是中间道路的立场，因为它承认
73 农民协会的必要性，但却批评它们过分了。毛泽东不否认有非常事件，事实上，他给出了例子来说明什么可以被认为是极端的行为。但现在人们所批评的农民行为并不是过分的行为。首先，恶名昭彰的农民行动是反对恶名昭彰的压迫者，他们不是随意乱来。毛泽东的第二个论点，即革命需要这样的行动，有说服力地表述了他的革命观点：

> 革命不是请客吃饭，不是作文章，不是绘画绣花，不能那样雅致，那样从容不迫，文质彬彬，那样“温良恭俭让”。革

命是暴动，是一个阶级推翻一个阶级的权力的暴烈的行动。农村革命是农民阶级推翻封建地主阶级权力的革命……[98]

为了使地主惧怕农民，“过分”是必要的。既然农民协会寻求在乡村中改造社会和政治，他们就必须拥有绝对权力。地主的声望或权力不能有任何残存。因此，批评农民的“过分”就是一种维护地主利益的立场。

一般来说，《湖南报告》第一部分的任务是描述农民运动的背景，并利用对于农村状况的明达的、革命的理解，来反对城市中盛行的批评农民运动的态度。农村革命的关键特点是：它将取得胜利，它是几千年的封建压迫的正当的和最后的解决办法，它必须是彻底的革命。而中间派对农民运动进行无条件谴责的特定错误在于，它忽视了农民运动的历史使命。他们对“过分”行为进行批评的特定错误在于，他们忽视了革命的性质。

第二部分——“革命先锋”——分析了乡村中蕴涵的农村革命的动力。革命动力的基本因素是贫农，他们构成了农村人口的70%；与之相对应的反革命理论是，运动是由地痞流氓领导的。*

乡绅反农民的态度的根源是农民的反乡绅活动。这些反乡绅活动的发生，是因为村一级的农民协会是由贫农来管理的，而这些活动是农村革命的基础。因此贫农是革命的先锋和英雄。“若否认他们便是否认革命，若打击他们便是打击革命。他们革命大方向始终没有错。”[99]为了支持这个论点，毛泽东对乡村农民进行了阶级分 74

* 关于农民协会的“痞子理论”，是由受人尊敬的历史学家和国民党左派人士 Tang Leang-li 提出的：“为了理解中国的土地问题，对于乡村的社会分层进行分析就是必要的。与其他地方一样，简言之，中国的农村人口由地主、农民和无任何职业的游民组成。由于中国的家族体系的特殊性，一个家族里既有非常富裕的也有非常贫穷的，富裕的成员是地主，贫穷的成员过着一种游民的生活。家族里的富者有责任资助他们贫困的兄弟，但后者仅仅过着刚够糊口的生活。正是这些地主的穷弟兄们构成了游民阶级。他们与自己富裕的兄弟们有着同样的想法和见解。现在（1927—1930）共产党的土地政策仅仅配合这些游民的利益，而不是那些在田间耕作的农民的利益。农民整体上不能阅读和理解共产党的鼓动的含义。另一方面，那些游民更有文化，是未来的绅士，对于他们来说，土地没收政策有一种特殊的吸引力。对于大多数真正的农民来说却不是这样，他们从中不能得到任何东西，但他们一定会由于整个系统的瓦解而遭受痛苦。”见 *Inner History*，pp. 272－273。

析。他的阶级描述的内容，与他一年前的著作的相关内容基本相同。但这次，农民被划分为三个阶级：富农、中农和贫农。贫农包括半自耕农和那些更加穷困者。这种一分为三的方便之处在于，三个阶级分别对应了对待农民协会的不同态度。富农是敌对或冷漠的，中农是犹豫不定的，贫农则是革命的主要支持者。正如他们被轻视是因为他们在农民起义前的悲惨状况，贫农令人畏惧则是因为他们作为乡村一级起义的领导人所表现出来的暴力。毛泽东对贫农的强调成为他的乡村政治活动的基础，但在1927年之后，他对中农和富农的看法有相当大的改变。在《湖南报告》中，富农被描述为对运动不友好，但并不是敌人。中农则由于他们的犹豫不定而被革命抛弃。但后来在根据地时期更加激烈的阶级斗争中，争取中农的积极参与成为主要的政策重心，而富农则变成了乡村革命的对象。

只有在提出对乡村革命形势的普遍掌握以及对乡村中革命动力的理解之后，毛泽东才能在最后一部分详细说明农民与农民协会的关系，并且列举了14条主要成就。在这最后一部分的完整的报告中，毛泽东通过描述农民协会在政治、经济和改造方面的努力，补充了前面两部分的内容。政治和改造方面的努力数量众多，令人印象深刻；相比之下，经济方面的要求看上去显得温和。根据毛泽东的说法，农民在毁坏地主声望方面非常得力，但他们没有要求重新分配土地。对没有提出土地问题的一个解释是季节方面的——因为农民在冬天是消费者而不是生产者，他们采取不许粮食运出村外的手段能获得更大的眼前利益。而且，由于共产党还没有形成土地政策[100]，所以在农民协会中相应地缺乏这种要求，这可以被看做中央政治领导在决定运动方向上具有重要性的一个标志。回头来看，
75 《湖南报告》中最不成熟的部分是对农民军事力量的讨论。虽然地主的军事力量已经被推翻，但他们的武装队伍仅仅把其效忠对象转向了农民协会。一支新的、纯粹的农民军事力量已经诞生了——也就是梭镖队，单单一个县就有10万支之多——但毛泽东更加强调有关的群众动员以及这些梭镖队对地主的震慑效应，而不是它们的

军事效用。

《湖南报告》最后呼吁：要认真地担负起革命的责任并支持农民协会的成就。毛泽东用一个最切题的典故谴责了革命的空谈：

> 嘴里天天说唤起民众，民众起来了又害怕得要死，这与叶公好龙有什么两样！[101]

毛泽东在《湖南报告》中所描述的农民运动与他在前一年对农村形势的预测非常相符。乡村中严酷的阶级斗争正在农村地区引起一场政治和社会革命，这场革命正在粉碎地主统治的传统封建结构。但是，农民运动成为在与张作霖及其他军阀的斗争中取得胜利的关键，在这样的意义上，农民运动并不是国民革命的主要问题。毛泽东指出，在湖南，组织先于革命。农民运动的力量直到国民党军队攻占湖南之后才有力地涌现出来。农民问题的重要性以及湖南农民运动的意义，在于它对革命的合法性——对于北伐的目标——以及对随后的政权的稳定具有中心地位。对辛亥革命的提及是有教益的。这一革命表面上是成功了，但其实仅仅是用另一种形式的压迫性政府代替了原来的压迫性政府。农民运动在军事上的职能是关于保障后方地区安全的不太紧迫的任务，而军事挺进在政治上最终的合法性在于扩大可以实施政治改革的地区。

毛泽东对湖南农民运动的乐观估计，对于国民党和共产党来说都明显不足以令人信服，这或者是由于叶公好龙，或者是由于对农民力量的一种更悲观的观点。确实，1927 年的政治事件似乎支持了 76
怀疑者的看法。5 月的大屠杀对于农民运动的自信和声望都是一个巨大的打击，而秋收起义的失败则使人们完全看清了农村组织作为政治和军事力量的无能。当农民运动的政治和军事背景由友善转向敌对时，它被证明是难以恢复活力的。对这种毫无准备的大部分责难都被归于中共中央委员会——当联盟日益恶化时，中央委员会还狂暴地阻止群众运动作任何防卫性的调整。不过从《湖南报告》中还可以找到农民运动失败的重要的结构性原因。

农民运动主要的结构性缺陷在于，毛泽东新发现的群众政治活动的发起者所提出的要求与既有各党的利益相矛盾，而他恰恰希望能够从这些党派那里获得支持和领导。对属于国民党左翼的城市的和拥有土地的激进分子以及共产党的劳工和世界主义革命者而言，毛泽东对乡村“新世界”的革命见解简直就是不可能实现的。这样一种理念，即一个没有无产阶级存在的敌对阶级的世界，与两个革命政党的基本意识形态相冲突，这种理念自发的发展对于两党的合法性而言都是一种威胁。具体地说，乡村地区的社会革命威胁到了北伐多方面的军事局势，因为那些只为分享北伐的战利品才在最近加入国民党的军阀，是武汉国民党的主要力量。以下这些矛盾基本上作为一种被抑制的张力，在报告中体现得很明显。在现有的态度和毛泽东所提议的态度之间的差异，在乡村的农民协会和县一级的各种组织之间的差异，在不妥协的乡村政治活动和适度的乡村军事与经济政策之间的差异——所有这些方面在《湖南报告》中都没有得到充分阐述，但它们可以被视为农民运动的阴暗面。

对这些方面存在的紧张关系的抑制，导致了1926—1927年间农民运动的阿喀琉斯之踵。正如中国共产党一样，农民运动在政治上和军事上都依赖于国民党，因此在发生冲突事件的时候就必然任由其摆布。在1927年下半年，当冲突变得不可避免，这一弱点便明显体现出来了，这时候，向独立求生的重新定位就成为党主要的领导任务。

77 看上去似乎很奇怪，毛泽东的平民主义经验论——也就是说，为以群众为导向的政治行动寻求真正的潜力——被证明是如此悲惨地误导了农民运动的力量。但事实是在特定的环境背景下发生的，背景的改变可以使明显有事实根据的预期变得不合时宜。毛泽东之缺乏先见在于，他对农民运动发展的乐观推断，以及他没能看到农民的成功将导致反农民力量的有力联合。他的过于乐观与他在1919年寄希望于“民众的大呼”的功效相类似，但当时他的希望不与事实相悖。毛泽东的经历证明了他将在10年后的《实践论》中所讲的一点：“人们对于在各个一定发展阶段上的具体过程的认识只具有相对的真理性。”[102]更重要的事是对这个新阶段以及政策的重新定位作一个迅速而准确的评估。1928年在井冈山，毛泽东表明他胜任这项工作。

结论

1923—1927年期间，毛泽东的著作和政治活动最重要的特色，在本质上与他投身于中国共产党有关。毛泽东到此时已经不再是一个“五四”激进主义分子，而是一个革命干部。与他早期的工作相比，组织——无论是意识形态上的还是政治上的组织——都发挥了显而易见的有时是主导性的作用。毛泽东“五四”时期的著作直接着眼于实践的特点——那些著作用非理论的、一般性的号召进行表述，从而唤起民众的行动——被淹没在平凡的政党事务中，这种情况一直持续到北伐高潮的来临才有所转变。即使在1926—1927年期间，毛泽东在湖南对群众政治活动的回归，也并不是对他早期政治风格的回归。农民运动的重要性是建立在马克思主义阶级斗争的范畴之上的，农民协会的政治活动必须顺从于党的权威。

但引导毛泽东加入共产党的平民主义革命目标，作为革命合法性的最终标准，仍保持了它的重要性。毛泽东与当时中国共产党的关系是两种关系的混合体，只不过一直被压抑罢了。一方面，毛泽东承诺毫无保留地献身于共产党；另一方面，他又试图抓住共产党对于大众革命的功用。因为毛泽东的阶级分析把国民革命的主要潜力定位于受压迫的农村阶级，所以他强调“真正的革命党”的责
任，与他强调怀疑农民的态度具有反革命的特征一起，成为他对当 78
时共产党领导方向的间接而严肃的批评。反过来，毛泽东相对缺乏对北伐政治活动的关心，再加上他集中关注于农村革命的举动，对于他的许多同事来说，这必然是毛泽东不成熟的表现。但毛泽东在1926年和1927年早期对于中央委员会不断的疏远——以陈独秀拒绝发表毛泽东的《中国社会各阶级的分析》一文为标志，并在张国焘对这一时期的叙述中说得很清楚——并没有导致他与党的决裂。

共产党，特别是在其理想化状态下作为真正的革命党，已经成为毛泽东的革命行动的关键性框架。

毛泽东对共产党的态度的独特之处，在与其他革命组织理论的对比中可以最明显地看出来。让我们把毛泽东的立场与三位杰出的欧洲马克思主义者——乔治·卢卡奇（Georg Lukacs）、卡尔·柯尔施（Karl Korsch）以及安东尼奥·葛兰西（Antonio Gramsci）——的观点相比较。对布尔什维主义的接受在中国和欧洲是相似的，因为十月革命在实践上的成功是其吸引力的关键所在。[103]但列宁主义在欧洲的兴盛发生在一种根本不同的政治背景下，因为大型的官方马克思主义政党和社会民主党在欧洲的存在，使得革命合法性的问题在普遍的马克思主义框架中成为各党之间争论的原因。对布尔什维主义的拒绝（由于权威主义和无政府主义的唯意志论的痕迹）成为德国社会民主党新的整体化的意识形态[104]，而激进分子的挫败加上既有的工人政党的机会主义，则使他们提倡列宁的“革命的权力政治”(Realpolitik)[105]。

形式最优雅、逻辑最连贯的列宁主义政党观点是由卢卡奇在他1922年的论文《关于组织问题的方法论》中提出的。[106]卢卡奇强调革命理论、政党与阶级之间的辩证关系，并以政党的实践活动作为主要的调解环节：

> 在一个客观的革命形势中，革命的马克思主义的正确性要比仅仅是一个理论的“普遍”正确性大得多。恰恰由于它已经变成完全现实的、完全实践的，所以理论必须变成每一个单一的日常步骤的指导。但是只有理论完全放弃它纯粹理论上的特点而变成纯粹辩证的，这才是可能的……从而在实践上克服理
> 79 论与实践之间的每一种对立。[107]

党对实践革命任务的集中关注，要求党员具有高度的素质和高度的奉献精神、坚强的纪律以及策略的灵活性。只有革命的机会是不可避免地由历史呈现出来的；革命本身是无产阶级及其先锋队的自由

行动。为了把危机发展成为革命，无产阶级必须赢得那些非无产阶级的其他受压迫阶级的支持，或至少让他们保持中立。因此联盟的问题就是一个关键的策略问题：

> 既然无产阶级只有通过摧毁阶级社会才能解放自身，它就被推动代表所有受压迫、受剥削的群体去为自由而斗争。但由于他们不明确的阶级意识，在个别的战役中这些（其他的群体）将站在无产阶级一边还是站在敌人一边，或多或少是“偶然的”。它……在很大程度上依赖无产阶级革命政党的正确的策略。[108]

实践的辩证的取向，灵活性以及联盟的重要性，这些主题与毛泽东对共产党的观点是相近的。他与卢卡奇开始产生重要分歧的地方是卢卡奇这样的信念，即党的实践使命将使它免受错误的妨害，以及与此相关的卢卡奇对于党的领导作用的自鸣得意。[109]卡尔·柯尔施，欧洲马克思主义最杰出的凶事预言家（Cassandra）之一[110]，认为党能正确地领导无产阶级这一点是大有疑问的，因此他比卢卡奇更加重视领导的民主机制。柯尔施一生对于工会的兴趣，都来自这种对党的代表作用的生命力的关心。柯尔施同毛泽东一样，认为理论与实践的关系问题不是一个政党内在的、策略的问题。他对无产阶级与共产党之间的真正联系的关心，首先导致了他与斯大林主义的决裂，后来又在他投身马克思主义的过程中导致了严重的紧张关系。柯尔施的批评中暗含的是一种非常经验性的方法，即探讨无产阶级的需要以及马克思主义理论发展的经济和历史根据。

安东尼奥·葛兰西关于政党的作用和诱惑的观点，无论比柯尔施还是卢卡奇都要政治化得多，而在这一方面他更接近毛泽东的立 80
场。他的主要著作的名称，“现代巨头”（The Modern Prince）[111]，已经表明了对于政治权力的现实和结构的尊重。葛兰西把共产党当作更大的政治和文化局势的一部分来进行分析，结果是他的分析没有假定共产党与普遍的政治疾病和盲目相隔绝。他强调了对于准确的形势分析的需要，以及在次一级的领导中避免官僚主义僵化的需要。与意大利政治背景相一致，他意识到建立一个北方无产阶级与南方农民之间的联盟的必要性：

> 无产阶级能够成功地创建一个阶级联盟体系，从而使它能够动员大多数劳动者反对资本主义和资产阶级国家，在这样的意义上，无产阶级能够成为领导和统治阶级；在意大利这意味着，在意大利现存的各种现实关系中，在它能够成功地获得广大农民群众的同意的意义上，无产阶级能够成为领导和统治阶级。[112]

葛兰西对于农民贡献的分析，在两个重要的方面不同于毛泽东1926—1927年间的著作。第一，在毛泽东的分析中，无产阶级的优先性不是那么明确。葛兰西是都灵（Turin）工业无产阶级的领导人，而毛泽东作为中国农民协会运动的代言人，则可以期望他在工会运动中的同事们来维持无产阶级的首要地位。第二，也是更重要的一点，葛兰西对农民问题的分析主要是对他们的政治领导的分析。虽然他不是在提倡与作为农民代表的南部意大利知识分子结成联盟，但他似乎也没有假定——如同毛泽东所假定的那样——共产党有一种作为农民的直接组织者和领导者的自然角色。虽然葛兰西超越了在卢卡奇对“没有明确阶级意识的阶级”的描述中所隐含的教条式的轻蔑，但农民看起来仍是革命的一个外部联盟。

毛泽东与这些欧洲激进理论家们所共有的基本原则由卢卡奇简洁地表达出来：“一个革命政党的组织问题只能从一个革命理论中有机地产生出来。”[113]不过，虽然这个命题在欧洲马克思主义的背
81 景下是富于挑战性的，在中国它却是马克思主义毫无疑问的起点。毛泽东在1926—1927年间与中央委员会的意见分歧的中心在于，什么应当成为战略和策略决定的指针。在这一点上，前述欧洲思想家的立场更加含蓄但仍是可以辨别的：对于卢卡奇来说，是党的客观的革命利益；对柯尔施来说，是无产阶级的革命意志；对于葛兰

西来说，是对革命潜力或无产阶级的优点的细致分析。毛泽东对农民的压倒性的数量以及对他们的苦难所意味着的政治潜力的强调，看上去似乎比上述观点更少一些马克思主义的特点，而更多一些淳朴的意味，但它是对中国较少分化的政治形势的一种恰当的反映。在党的列宁主义理论和修正主义理论之间的巨大差别面前，毛泽东同卢卡奇、葛兰西和柯尔施一样，坚定地站在革命的一边。但毛泽东的平民主义经验论要求中国革命的合法性应当建立在包容所有大众的革命领导方式上，因此农民问题成为他的政党政策理念的中心问题。

正如毛泽东早期的政治态度和中国政治环境的特点影响了他对党的作用的理解一样，它们也塑造了他对马克思主义意识形态的理解。马克思主义的阶级分析方法为毛泽东的革命观点提供了一个有力的新范式，但他采取这一范式是为了面对群众的激进行动。毛泽东的阶级分析方法主要不是对经济或政治结构的研究，它们是为了详细说明国民革命在群众革命方面的潜力的。去寻找能被动员起来的那种人，并坚定地期待这些人将从底层阶级中牢固地集结起来，这种做法与毛泽东早期的平民主义在方法上存在一种基本的不连续性，但这种做法又体现了他在政治上最终的抱负与动机方面具有一种甚至更为基本的连续性。对于毛泽东一直坚持的、在接受马克思主义之前就具有的政治目标来说，马克思主义并不是只具有一种简单的工具性作用，更确切地说，马克思主义是塑造毛泽东理解政治现实的框架。但是在毛泽东发现农民运动的过程中，很明显的是，他应用和发展马克思主义的动机是推进群众革命。直到共产党参加北伐的失败把毛泽东赶进山区之前，他的政治活动并没有超出用平民主义的视角来看待马克思主义的阶级分析。正是在乡村地区政治—军事生存的独特问题，促进了他自己的政治范式的发展。

从五四运动到北伐战争，这种背景变化上的重要性和复杂性，使得追踪毛泽东思想的特定发展和连续性的任务变得非常困难。毛泽东早期观点的矛盾极少[114]，而 1919—1922 年毛泽东在湖南的政 *82*
治活动，与他在 1926—1927 年间回到湖南从事的政治活动之间的相似性，可能是表面上的。一般来说，毛泽东在接受马克思主义之前的主要发展乃是实践—政治的发展，随后时期的主要发展则是理论—组织的发展。毛泽东在区分复杂的政治形势和制定适当的政策方面已然被证明的能力[115]，促进了两个主要的理论进展：联盟理论，和在《中国农民中各阶级的分析及其对于革命的态度》与《中国社会各阶级的分析》两篇文章中创新的阶级分析。也许更重要的是，马克思主义的阶级观点用群众革命斗争取代了毛泽东早期政治吁求中的平民主义的普遍主义。“齐声一呼”的乐观主义与群众联盟的组织弱点，被一种专为长期艰苦斗争而设计的政治战略和机构所取代。

这一时期的主要特点是国民革命的战略概念，这一概念在毛泽东的著作中所经历的变化是非常重要的。毛泽东 1923 年在上海所写的著作中，国民革命所发挥的作用是充当当时的中心任务。作为革命成功第一步的国民革命——这个有限概念的背后是这样一些理念，即妥协的革命政治、分步骤实施的政策，以及当前目标与最终目标的对立。毛泽东强调要在革命前的形势中尽可能地有所作为，在某种意义上，这种类型的政治是他把这种强调应用于实际的结果。在 1925 年年底所写的那篇关于“反奉”战争的文章中暗含的联盟理论，比起《商人与北京政变》中所提出的机械的步骤有了相当大的改进。反奉阵线所嵌套的联盟明显与一个特定的目标相关。更重要的是，这一方案不允许为了短期协约的成功而牺牲长期联盟的利益。关于国民革命概念最重要的变化，发生在毛泽东论述农民的那些文章中。在这些文章中，国民革命从指称可能立即实现的政治目标到指称可能立即实现的群众革命，经历了一个微妙的再定义的过程。两者之间的联系就是毛泽东那个持续的假定，即动员起来的群众拥有最终权力，以及由该假定所得出的推论，即任何忽视群众的政府或革命都缺乏足够的基础。辛亥革命的教训——1919 年毛泽东在同样的背景下也曾进行过分析——表明仅有政治上的革命只
83 是表面的革命。在这种对于国民革命的再定义（或至少是重新说明）的过程中，毛泽东也把阶级政治的焦点转向了在数量上具有压

倒性优势的农村群众。在《农民问题与国民革命》中很清楚的是，农民不应再被视为仅仅是国民革命的一种资源，建立在封建和帝国主义剥削基础上的乡村斗争乃是中心问题。用这种既定的理论视角来看，毛泽东在《湖南报告》中对于村一级农民协会的称赞就容易理解了。

一方面是北伐的绝大多数政治和军事力量要进行到底的精英斗争的既定游戏，另一方面是对贫农的动员所预示的农民要求的激进化，在这两者之间有一种既无法调和也无法抑制的紧张关系。北伐最终获得了成功，并且在日益具有反共、反群众色彩的组织的领导下，北伐的胜利得到了巩固。几乎对中国每一支政治和军事力量都具有敌意的农民运动，作为国民革命的一个独立基础遭到了失败。这一事件可以用以下两种方式来看待：或者证明了毛泽东的命题，即没有积极的群众支持的胜利是无意义的胜利；或者证实了中共中央委员会的抱怨是有道理的，即相对无防备的农民运动应当等到全国胜利以后再提出他们的要求。总之，尽管遭到未曾预料的失败，毛泽东关于农民政治活动的看法还是比当时共产主义政策的其他方面更富有远见。在全面失败之后，当生存成为主要关心的问题时，毛泽东再一次站在了农村政策的最前线，但那是处于极其不同的环境之中。

第三章

农村革命（1927—1931）

84 1927 年后半年，第一次国共合作破裂了，国民党破坏了共产党在城市的绝大部分力量。相应地，毛泽东所关心的事情由国民革命的取向问题，转向了在一个敌对环境的乡村罅隙中艰难生存的问题。回头来看，这种把回到革命力量起点的损失惨重的退却，转化为一种新型农村革命的开始，和一种新颖的、对中国的条件来说是唯一适合的领导方式，可能已经成为毛泽东对中国革命的主要贡献。毛泽东新的政治范式，是从他在湖南和江西两省交界的山区为了生存而进行的斗争中开始形成的。这一范式本身不会用 10 年之久来予以阐述，但是形成了该范式内容的成功的政治实践，是对生存问题的创造性的回答。

毛泽东发现对于生存来说必不可少的运动是一种综合性的政治、经济和军事方面的努力，这种努力以对农民的有效动员作为其主要的关注所在和首要资源。毛泽东为了一场长期的、自足的农村斗争而准备的战略，虽然与马克思主义以及中国的先例有关，但是在这两大传统的范围内又都具有了重大的创新。对中国传统的主要贡献是造成了乡村的经济、社会和政治结构的转型。这是一项与原子分裂相媲美的社会成就，因为二者都是最复杂、最基本并能释放出最大能量的工作。毛泽东对马克思主义最突出的贡献就是提出了一个足以胜任这项任务的领导理论，这个理论建立在灵活地联系群众和最有效地进行动员的原则基础上。

毛泽东在井冈山建立的第一个游击队根据地，而不是任何其他地方，被当作中国革命的诞生地而得到应有的纪念。中国革命以 22 85
年后中华人民共和国的建立而告终。虽然导致了长征的 1934 年的惨败，正如第一次统一战线的失败一样对于共产党是灾难性的事件，但是 1935—1942 年间主要的政策变化，却不像 1928—1934 年期间所发展出来的政策那样具有创造性和基础性。研究者倾向于夸大叙述后来时期（延安时期）的独创性，因为正是在那时，毛泽东全面而权威性地阐述了他的政治范式。但是，正如毛泽东在理论中所声称的那样，在他自己的政治发展的现实中，实践上的创新先于理论上的概念化。毛泽东政治思想的基础是他在延安之前的政治经验。

在根据地早期，毛泽东的政治活动遵循了一条与前面所说的第一次统一战线时期非常不同的发展轨迹。1923 年毛泽东从湖南被驱逐出境，这使他的视野转向全国的政治，从而更加注重组织和意识形态的问题。在第一次统一战线的进程中，毛泽东的政治思想从政党政治的问题发展到国民革命的理论与实践。1927 年，共产党参加北伐的失败迫使毛泽东的政治视野缩小到一个地区的周围，在那里他和他的追随者可以作为一支革命力量而生存下去。随着这些早期努力的成功，毛泽东的政治学从自我生存的问题发展到从理论上证实根据地的革命意义以及对维持根据地力量所必不可少的组织和领导方法。

本章的任务是描述根据地早期毛泽东在实践上的首创工作，并分析它们内在的基本原理。虽然牢记其他共产党领导人在其他根据地面临着相似的问题这一点是重要的（他们当中有贺龙、张国焘、刘志丹和方志敏），但我并不试图把他们的努力与毛泽东的努力相比较，因为在根据地早期毛泽东的政策发展是相当自主的。但是，对各个早期根据地进行认真的比较，其有趣和复杂程度将足以值得另辟专文予以探讨。[1]集中关注毛泽东对他自己的根据地的观点，不可避免地要扭曲对共产党在这一时期活动的一般描述，因为这种
描述应当包括多个根据地的活动以及从未间断的地下城市工作。但 86

我们关注的焦点是毛泽东的政治活动的发展，而为了努力完成这项工作，我们必须陪伴他进入游击战争的相对隔离的状态。

根据地早期分为两个主要的阶段：从1927年到1929年毛泽东在井冈山根据地的活动，以及1927—1931年间江西根据地的创立。随着中央委员会在1931年迁到江西根据地，以及根据地重新命名为中华苏维埃共和国的中央苏区，毛泽东开始了他政治活动的新阶段，而这个阶段将是下一章的主题。

政治发展概要

在1927年夏天，对中国共产党党员来说变得越来越明显的是，陈独秀的克制的政治活动不是在维持与武汉国民党的统一战线，反而是在阻止为一场不可避免的武装斗争所作的准备工作。他企图阻止农民运动自发的激进化，这种举动对于更为激进的普通党员来说尤其令人苦恼。当谭平山——在武汉担任部长的三名共产党员之一——于1927年7月辞去他的政府职位时，他为自己不能“纳农于正轨”而表示遗憾。[2]对陈独秀的不满随着“八七会议”的召开而达到顶点，这次会议任命瞿秋白指挥全党，并通过了给全体党员的关于严惩前任领导人的一封长信[3]，开始了武装斗争反抗国民党的计划。毛泽东被交付的任务是，通过一场农民起义——后来被称作“秋收起义”——来为共产党人夺取湖南。[4]

在起义者的军事行动遇到困难和共产党的力量处于孤立无援的情况下，毛泽东对“秋收起义”的领导是一个教训。在最初的几次胜利之后，起义几乎彻底溃败。毛泽东的四个团，由那些已经与共产党人站在一起的北伐部队、湖南的农民和矿工以及当地的土匪组成，三个团惨败，另外一个团在战斗中投敌。9月底，毛泽东集合了他的不到1 000名士兵的残余部队，并给每一个想要离开部队回到乡村的人，发放五元钱作为路费。[5]10月，他把那些决定继续跟着他的人重组为中国工农红军第一方面军第一师第一团，率领他们抵达了位于湖南和江西两省交界的井冈山地区，并开始建立革命根

据地。幸运的是，在湖南，国民党为了分配战利品而发生的战斗， 87
分散了这一地区的主要军事力量。[6]毛泽东通过夺取位于湖南境内的茶陵县而扭转了他的厄运，并且在那里据守了40天，但是从1928年开始，他的关注点最终转向了维持和扩大他的井冈山根据地。1928年4月，在朱德、陈毅和林彪领导下的其他几支撤退下来的军队来到井冈山，共产党军队的数量增加到至少10 000人，5月，第一次反共“围剿”战役被击败了。

对毛泽东来说，从1927年年底到1928年所发生的那些混乱的事件，被他与瞿秋白对党的领导之间的紧张关系搞得更加复杂。虽然瞿秋白“八七会议”对陈独秀的批判，相对于从前家长式的压制异见的做法来说是一个受欢迎的转变，但很快就变得明显的是，这个新领导人念念不忘的是号召起义和归咎过失。由于秋收起义的失败以及党内过于依赖军事力量而不是农民的热情的思想，毛泽东退出了政治局。在井冈山最初的日子里，他受到责难是因为他在损害无产阶级的情况下集中关注农民。瞿秋白自己的农民政策是“革命的恐怖主义”政策，目的是“使小资产变成无产，然后强迫他们革命”[7]。这一政策的意图，是为瞿秋白连续起义的努力提供最大的农村方面的支持，但这个政策必然被那些在根据地的人们视为不可行而加以反对。1928年夏天，井冈山遭到来自各种各样的上级相互矛盾的指示和批判，毛泽东的领导地位被一位特使所取代，结果此人几乎同时丢掉了根据地和军队。像这样的一系列事件，导致根据地领导人和党中央之间处于一种普遍的对立状态：前者把后者视为教条主义的领导，并且不了解正确的信息；后者企图控制那些机会主义和非无产阶级的下属，但遭到了失败。

1928年7月在莫斯科召开的中共六大所通过的决议使形势大为缓解。大会支持了瞿秋白对陈独秀早先的机会主义的谴责，但也抛弃了瞿秋白对农村革命“远非深刻的”判断。[8]它宣布中国仍然处
于民权革命的阶段，这种判断允许毛泽东在土地分配政策上进行实 88
验。虽然这次大会依旧强调武装起义，并预言反动派之间的矛盾将很快达到一个新的、脆弱的危机点，但它对农村形势更为现实的看

法以及它用李立三取代瞿秋白的做法，保证了根据地和党中央之间能够存在一种较好的关系。

但是根据地与党中央更密切的合作，被 1929 年的军事发展和李立三自己——结果证明他比他的前任更极权和更强调以起义为导向——所阻挠。1928 年 12 月，井冈山根据地的 15 个县遭到一支大型国民党军队的威胁，毛泽东和朱德跨过江西，在江西和福建的边界建立一个新的根据地。1929 年的大部分时间里，毛泽东都在这两省连续作战，与中央完全失去了联系，以至于共产国际宣布他已牺牲。[9]但不幸的是，这种并不引人注目的形象没能保护他避开李立三专横的注意。因为毛泽东对自己的游击战争的方法和根据地政策越来越自信，所以他在意识形态战线上与不适当的中央指示的斗争也变得越来越激烈。他反对李立三在 1929 年下达的使红军分散开来的悲观命令。1930 年，当大约 15 个根据地的建立改变了李立三的政策倾向之后[10]，毛泽东参加了李立三最后一次大规模的城市起义行动，但他已经形成了一种与中央根本上不同的战略，并在起义前几个月写给林彪的一封信里描述了这一战略。

企图夺取长沙、南昌和武汉等大城市的斗争，从 1930 年 7 月一直持续到 9 月中旬。随着第二次攻打长沙的惨败，李立三失去了他对中央委员会的控制权，毛泽东和他的部队回到了他们位于江西的根据地，对共产主义在中国的命运感兴趣的各方——中共中央、共产国际和蒋介石——的关注点最终都转向了乡村。毛泽东与李立三在土地政策上的斗争——李立三的政策有利于富农——在江西仍在继续，并在 1930 年 12 月 8 日血腥的“富田事变”中达到顶点。随着城市中革命形势的继续恶化，中共中央委员会决定迁到江西根据地，江西根据地在 1931 年年底被改造为中华苏维埃共和国中央苏区。中央委员会的到来既重新命名了根据地，又促成了毛泽东的
89 领导角色的根本改变。作为中华苏维埃共和国的主席，毛泽东负责几乎所有的民政管理事务，这促使他在理论上和革命政府的技术上取得了重要的进展，但反过来又造成了他与党的领导人的新的冲突。

生存的空间维度

为了生存而重新适应环境，对毛泽东的政治思想产生的普遍影响，可以被最简单地理解为它在空间维度上的转型。毛泽东在《湖南农民运动考察报告》中还确信一场社会革命即将来临，到现在他已经认识到必须防止有组织的革命力量被全部消灭，这种转变使他对于革命的时间维度的看法也遭到了严重的打击。但是到那时，毛泽东在空间上对于革命的看法取得了最重要的发展。在一个武装对抗的环境里，根据地圈定了直接的革命活动的范围。在这种背景下的政治活动，就是动员现有的资源以便扩展革命活动的范围，并逐步建立其他的根据地。在 1920—1923 年间湖南的活动中，毛泽东就是在有限的空间范围内进行工作，但是那种限制仅仅是指普遍接受的、可能发生政治影响的范围，而不是这样一种防御性的边界，在边界内毛泽东可以进行控制，边界外都是敌方的军队。在考察过毛泽东的乡村政治活动的空间维度之后——这种维度最早在 1928 年的两篇著作中提出——我们将根据它的中心—边缘逻辑和空隙策略，对它进行更抽象的分析。最后，我们将回到毛泽东在 1930 年对他的根据地战略的充满自信的重述。

毛泽东在 1928 年的著作

在分别写于 1928 年 10 月和 11 月的两篇著作中，毛泽东用惯有的直率论及了生存问题。虽然它们关心的是同样的主题，但由于面对不同的读者，这两篇著作在强调重点上有重要的区别。第一篇著作《湘赣边界各县党的二次代表大会决议案》，在《毛泽东选集》中被称作《中国的红色政权为什么能够存在?》[11]，其目的是向井冈山的干部们解释他们的生存的革命意义。第二篇著作《井冈山前委对中央的报告》，在《毛泽东选集》中被称作《井冈山的斗争》[12]， 90
其表面的目的是向共产党在上海的领导人报告和解释这种生存方式，事实上这个报告间接的、政治上的目的是为毛泽东政策的正确性进行辩护，并反对党中央早先想要支配根据地领导人的企图。

虽然第一篇著作是在井冈山根据地取得胜利的时候所写的，但是毛泽东在评估他们的生存机会时，还是有足够的理由保持清醒。许多在1927年年底成长起来的、由共产党人控制的地区已经被完全击败，包括彭湃在海陆丰的农民苏维埃政权。井冈山根据地本身在1928年曾两度被白军蹂躏（在毛泽东离开后，还将于1929年被再一次侵占）。在写作这篇著作的时候，封锁正在实行，国民党军队正准备发动针对根据地的第三次“围剿”战役。干部们由于认识到红军的相对弱点，以及军阀和国民党的政治活动存在难以预测的混乱状态，因而有充分理由可以怀疑红旗还能打多久。

在解释共产主义在根据地继续生存的意义时，毛泽东表示了此刻他自己对于革命转向乡村的担心。基本的悖论是：一方面，由于中国政治上层建筑的特点——也就是说，中国的统治阶级的各种地方化的势力之间存在长期的敌对和战争，所以共产主义在根据地的生存是可能的；另一方面，毛泽东的马克思主义分析框架，强调全中国（更抽象地说，是全世界）的经济条件以及由此导致的政治形势之间的统一——同样的被压迫阶级与同样的压迫者阶级进行斗争。毛泽东的农村战略是一种军事上的必要；但对于红色政权的生存来说是必需的地方主义，由于几乎完全依赖最具有局限性的阶级——农民阶级，所以从一种正统的立场出发，这种地方主义必须被看做具有历史倒退性。毛泽东对革命转向乡村的重新定位缺乏自信，但他并不害怕革命会受到农民的腐蚀，而这种担心在瞿秋白、后来是李立三的中央指示中是很明显的。

统治阶级处于分裂状况的特定好处之一——组成有利的联盟的可能性——在这篇文章中扮演的角色，比它在1925—1926年间所扮演的角色要小得多。但是，毛泽东对有原则的联盟持开放态度，这一点仍然是明显的。当然，与帝国主义、军阀或国民党的“新军
91 阀”结盟是不可能的，但毛泽东对汪精卫“反帝国主义、反军阀、反买办”的重组努力所取得的进展，进行了充满同情的介绍，并与国民党其他的派系问题区分开来。不迟于1930年1月，共产国际

已经禁止共产党与任何国民党派系结盟[13]，但是关于有原则的联盟这个始终如一的概念，似乎从毛泽东早期的著作中跑到这篇文章中来了。这个概念还在《抗日统一战线的三个条件》（1933 年 1 月）中被再次提出，并最终在 1935 年 1 月的《遵义会议决议》中明确阐述出来。

在这篇文章中，毛泽东的目的是调和国民革命在 1927 年的目标与革命的新起点之间的关系。这种重新定位所要求的理论调整，对毛泽东来说比对他的同事们来说要少得多；正如我们在前一章所看到的，从 1926 年开始，毛泽东就一直坚持认为，反对军阀和帝国主义的革命必须在这个剥削体系的农村基础上进行。在这篇文章中，毛泽东的思想发展的创新之处在于它所总结的生存方面的实践经验，以及这种新的经验所要求的战略重构。

这篇文章最重要的特征是，毛泽东对于允许红色力量出现和生存的条件进行了全面分析。在这五个条件中，第一个也是最基础的是必需的综合环境，第二个和第三个是更为特定的地点上的条件，最后两个是对于幸存者来说组织上的先决条件。

与中国统治阶级的共同利益相敌对的一小股革命力量如何能够生存？毛泽东回答说，中国地方化的和彼此分割的政治经济状况，使得统治阶级要维持统一的行动是不可能的。军阀们天生难以驾驭，还受到了帝国主义势力间接的殖民政策及其相互竞争的鼓励。*

一方面，统治阶级不能统一起来；另一方面，他们又在镇压共产主义者上拥有共同利益，这两个方面的紧张关系产生了一种在两个时期之间左右摇摆的战略形势——其中一个时期是统治阶级的相对凝聚时期（因此可以协同进攻红色地区），另一个时期是意见分歧时期，所以白军无法组织起相互配合的进攻或防卫。在毛泽东写作这篇文章的时候，他的中国读者们已经对他所提到的各式各样的掌权者之间的混乱的斗争有了丰富的体验。自从近 20 年前清朝统治被推翻以来，中国政治的特点一直是一系列无休止的派系斗争。这些斗争是由地方掌权者、帝国主义势力和政客们所玩的一种全国性的抽奖游戏。虽然赢家经常变换——尤其是在中间一级和更低的

*我的解释强调军阀间的分裂而不是帝国主义者之间的分裂，这与约翰·基廷斯（John Gittings）提出的更强调以帝国主义为取向的观点相当不同，见 John Gittings, The World and China, 1922—1972 (London: Eyre Methuen, 1974), pp. 35 - 51。我们两个的解释并非完全不同——对于我、毛泽东和基廷斯来说，中国的军阀主义和帝国主义现象是紧密相关的。但是在我看来，基廷斯认为毛泽东 1928 年的观点与他在 1936 年所作的更具有全国性取向的讲话是完全一致的，这是错误的。毛泽东 1928 年的基本问题是在军阀政治活动中生存下去，军阀政治活动的反复无常与帝国主义者之间的分裂间接相关，但并不能从后者推导出来。军阀政治的领土状态导致了毛泽东关于生存的空隙战略。

层次上[14]，但这个系统——或反系统（antisystem）——却一直存在。分裂将激发建立新的统一全国的联盟；而这个联盟的成功，又将诱使它自身瓦解成为朋友和敌人的一种新的结盟。与他在1926年对军阀势力的乡村基础的分析相一致，毛泽东把这种统治阶级力量的永久分裂，归因于中国地方化的农业经济以及帝国主义者划分势力范围的政策。

毛泽东接下来讨论了第二个和第三个条件，详细说明了在什么地方和什么时候可以建立起一个有生存能力的革命团体。这个革命团体必须建立在民众已经参加过资产阶级民主革命的地方，同时，具备一点点群众革命的觉悟和组织是必要的。但是，这并不是暗指经济发达的地区。毛泽东后来向林彪解释了为什么他更喜欢把江西作为根据地，其原因与江西相对隔绝的和封建的政治经济状况有关。而且，根据地必须成为全国革命形势不断向前发展的一部分。在这里明显的是，毛泽东对根据地获得成功的评价，与根据地对全国共产主义胜利的贡献直接相关。所有这些因素都强调了根据地对一个更大的革命背景的依赖。它们空间上的位置取决于它们受到的革命影响，它们出现的时机取决于普遍的革命潮流。毛泽东在这个问题上的观点与列宁对布尔什维克革命最初的观点相当类似，列宁的观点是：十月革命是迈向一个更大的（世界）革命的伟大胜利，但如果没有在工业化国家中的胜利，十月革命的胜利就不能维持下去。无论对于列宁还是对于毛泽东来说，他们最初的革命范式都是从一个与他们的实际革命形势不相符合的角度来加以阐明的。在这两种情况中，冲突最终都以有利于现实的方式得到解决。

第四个和第五个条件——相当力量的红军的存在以及“共产党组织的有力量和它的政策的不错误”——分别是适当的军事和政治
93 组织的条件以及领导能力的条件。强调党要制定正确的政策，是毛泽东最常用的说法之一，有时这似乎暗示了对过去和现在党的政策的批评。

最后这两个条件的实际意义在《井冈山前委对中央的报告》中得到更充分的阐述，该文写于“决议案”的一个月之后。这个写给在上海的中央委员会的综合性报告，分为两个主要的部分：对井冈山根据地的成功的叙述性说明，和对根据地所面临的主要问题的调查。“决议案”阐明了红色区域的革命环境，而“报告”则全面分析了在这种新的背景中，第一年所做的工作。

关于历史事件的叙述是报告的一个关键部分，因为1928年许多领导人的变换，以及与之相应的共产党人的成功与失败，充分证实了毛泽东的论点，即他和朱德的领导是正确的。用毛泽东的简洁陈述来表达就是，这段历史包含了“客观事实的教训”[15]，从而导致了根据地现在的政策和领导。毛泽东一定喜欢讲述这个故事：在由党所派来的两名不同的特使进行领导的情况下，红军几乎遭到了毁灭性的溃败，而两次都是毛泽东在逐步明朗的环境下接任领导职位，带领红军走向胜利，使根据地不断扩大。

毛泽东的历史分析的理论框架，是对他的五个条件和两个战略时期的重述。这里提出的五个条件是：有很好的群众；有很好的党；有相当力量的红军；有便利于作战的地势；有足够给养的经济力。这个列举清单与前面的“决议案”存在区别，其原因可以解释为读者的不同。“决议案”的主要目的是阐明和统一井冈山干部们的战略思想。在一个相对统一的地方领导环境中，最紧迫的问题是阐明他们的使命的全部意义。统治阶级的分裂状况，确保了他们能够得以生存不是出于偶然。而且，强调与全国革命形势的不断发展的关键联系，是提醒干部们在战略上服从全国革命计划的必要性。中央委员会不需要这样的提醒，它需要被告知的是根据地的实际条件。大多数在这里重新阐述的条件，都可以被看做对党中央政策的隐含的批评：有很好的群众（在“报告”中给出的湘南起义失败的 94
原因之一，就是没能使那里的群众参加起义）；有很好的党（主要的反面例子就是那些由党所派来的特使）；有相当力量的红军（党所派来的特使的错误领导的部分表现，就是留下守卫根据地的部队太少）；以及有利于作战的地势（这是反对党中央的这样一种不变的倾向的一个论据：把井冈山培养的军事力量，转移到他们认为可以发挥更大效用的一些地方去）。关于敌人在彼此凝聚和相互冲突的两个战略时期进行摇摆的论述，在“报告”中扮演了更为重要的角色，因为那些带来灾难性后果的中央委员会的特使们，完全错误地解释了（或忽略了）这些内容。

中心[16]和边缘的辩证法

毛泽东的策略和形势分析在它们的实际政治活动中显得如此明智，以至于很容易忽视这些分析对他的思想发展的意义。它们给他的政治活动所添加的空间维度是复杂而多层次的。毛泽东的农村革命战略不是简单地把革命地方化，但是地点（location）在军事、政治与经济的辩证关系中是一个基本的环节。

毛泽东思想的空间维度，首先是作为一种军事上的必要性而展开的。由于失去了联盟，以及不能取得全国革命的胜利，在哪里和如何生存的问题变得紧迫起来。基本的解决之道是找到一个地方（井冈山），在那里，剩余的军事力量加上当地的支持，将比当地的白军更为强大，然后逐步扩大地方革命者控制的范围，直到力量的均衡使得向国民党统治发出最后的全国性的挑战成为可能。虽然毛泽东自己没有使用这两个概念，但中心和边缘的概念对于分析这一战略的逻辑是有用的。[17]这些概念可以从两种意义上进行说明：首先，它们使中国既定的城市权力中心与农村的穷乡僻壤形成对照；其次，它们是指在主要的组织中心与可以控制的分散的区域之间存在的任何关系。

毛泽东的根据地战略，在根本上不同于军阀的领土政治。随着大清王朝的瓦解以及企图恢复北京的主导地位的失败，中国各种各样的政治—军事力量实现了他们自己的权力自主，成为与重新建立一个有效的中央政权相敌对的次级中心（subcenter）。他们的“自
95 治”[18]是地方精英想要避免屈从于一个中央精英的努力。毛泽东的根据地不是一个次级中心，它是一个敌对中心（anticenter）。在其边界内，根据地推翻了那些属于军阀和国民党政权的共同基础的社会关系。表面上根据地最直接地威胁了周边的军阀，但事实上它的主要目标是国民党。毛泽东利用他的军事力量挑战当权政府控制的

边缘地带，从而建立起他的敌对中心；之后，通过当地的社会革命和政治教育，他赢得了一批支持者，他们将支持他进一步的军事和政治扩张。毛泽东所依赖的这些支持者——中农和贫农群众——是中国政治真正的边缘，是乡村社会结构中生产性的然而又是被动的客体。在中国，对他们的动员创造了一股新生的政治力量，这股力量把中央控制的边缘变成了前线。农村中最朴素的反抗形式是禁止谷物运出农村地区，而这在 1926—1927 年期间是普遍的行为。但是这种自发朴素的反应（Luddite response），现在被一种农村革命战略所取代，该战略把当权政府对农民的冷漠转化为农民运动的力量之源。“农村包围城市”当然一直作为一种地理上的事实而存在。但是要扭转统治的方向就是一项历史成就。

中心—边缘的关系对于分析毛泽东的政治形势的其他方面也是有用的。虽然毛泽东忙于在乡村创建革命中心，但是同党的领导人相比，他处于边缘，而党的领导人反过来又要服从于共产国际。等级制权威的向心性似乎共享了一些特点，而不管它所涉及的是既定的中心、革命的中心还是次级中心。一个中心就是一个系统的组织身份，这个系统的成功取决于它同自身的环境之间的关系。如果中央在捍卫它所在系统的某个特殊理念时过于积极，那么它的指令就会变得僵硬、不合时宜，并且只能被部分地传达。而全面负责的领导人很容易夸大系统内部规则的重要性。这些人所处地位的唯一好处在于能够观察系统的全部运作，但是他们距离系统运作的边缘也最远。中央倾向于过度控制的反命题是，下属不愿屈从于它的裁断。下属可以一直有倾向性地解释中央的命令，但他们反过来却受制于中央的人事制裁。中央的权威与边缘的经验之间的矛盾，可能导致政策斗争、派系纷争以及组织瓦解。 96

毛泽东对中央委员会领导人存在的既服从又紧张的关系，在他几乎所有的早期根据地的著作中都是明显的。这种关系在“报告”中最为明显，这篇文章开始叙述了由外来干涉导致的惨败，并在结尾提出了一个有些介于请求和挑战之间的要求：

> 以后兄处对此间的指示，务请参考我们的报告，切不宜单依据巡视员的片面报告。[19]

中央对根据地所传达的信息做出的错误评估，与它给根据地下达的指示的不适当的风格正相配合：

> 又兄处以后对于此间军事行动的指示，千万不要太硬性。中央来信要我们依环境自加决择，有回翔余地，最为妥当。[20]

在井冈山度过第一年后，毛泽东通常在认为必要的时候给自己留出机动的空间。有时他创造性地运用中央的指示，而这在指示的发布者看来一定是不适当的——比如当他接受了“极端民主化”的批评之后，接着解释说，对它的治疗是更好的中央领导。[21]由于意识到他们对根据地缺乏控制力，李立三的中央委员会两次下达紧急命令要求毛泽东来上海，但毛泽东强调了路途遥远，于是这些命令就被晾在一边。[22]

毛泽东的空隙策略（Interstitial Tactics）

毛泽东对军阀间敌意加以利用的方法，与他的边缘逻辑——这种逻辑决定了他在1927—1930年间的空间战略——同等重要。这种方法的基本前提是：虽然根据地对所有的军阀都是一个威胁，但军阀之间的权力竞争限制了他们运用更大的军事力量去反对一个共同
97 的敌人。毛泽东通过寻找军阀领地空隙的策略，来利用这种形势。井冈山崎岖的地形在军事上是有利的，但它位于湖南和江西两省交界的位置也同样重要。毛泽东的部队只有在根据地变得很强大时，才能蚕食邻近军阀控制的中心地带。军阀在边界地区消灭革命者的战役受到限制是出于两方面的考虑：如果完全扑灭边界地区的革命者，将需要侵入另一个军阀的领土；而如果一个军阀的力量被他与共产党人的战斗大为削弱，他可以预料自己将会在与其他军阀的持续的权力斗争中遭到失败。这些考虑通常导致军阀们成立针对根据

地的地方联盟，但只有当军阀之间没有更大的争斗的时候，这样的联盟才是可能的。在不同的军阀之间进行协调的努力无论如何都是困难的——而如果胜利似乎就在眼前，或者如果很可能造成军队的损失，那么这种努力经常被证明是过于脆弱的，从而难以持续。通过分析军阀之间的矛盾，毛泽东评估了自己扩张的机会，以及那些针对他的军阀协定的弱点。

毛泽东的空隙策略对他的空间战略有重要的影响。一方面，这些策略决定了根据地的位置；另一方面，根据地的位置依赖于周边势力所构成的环境。这样，毛泽东对于领土的投入也是相对的，虽然放弃一整块根据地的代价非常巨大。

这一时期毛泽东的游击策略既反映了中心—边缘的逻辑，也反映了空隙的逻辑。对他的策略原则最完整的表述，出现在 1929 年 4 月 5 日他写给中央的一封信中：

> 我们三年来从斗争中所得的战术，真是和古今中外的战术都不同。用我们的战术，群众斗争的发动是一天比一天扩大的，任何强大的敌人是奈何我们不得的。我们的战术就是游击的战术。大要说来是："分兵以发动群众，集中以应付敌人。""敌进我退，敌驻我扰，敌疲我打，敌退我追。""固定区域的割据，用波浪式的推进政策。强敌跟追，用盘旋式的打圈子政策。""很短的时间，很好的方法，发动很大的群众。"这种战术正如打网，要随时打开，又要随时收拢。打开以争取群众， 98
> 收拢以应付敌人。三年以来，都是用的这种战术。[23]

城市中心对农民边缘控制的弱点，使得共产党人可以通过唤醒群众起来革命而使自身得到发展。但共产党人军事力量的相对弱小则要求其军事上具有灵活性，以便利用地点和时间上的有利条件——而灵活性则要求职业军事力量的集中。这些策略的前提是，为了军事利益可以牺牲领土，因此下面的事情是毫不奇怪的：毛泽东向一个新近夺取的地区的指挥官建议，鉴于民政制度取决于红军的保护，应该特别重视建立独立的游击部队，因为可以期待这些部队成为革命运动的永久资产。[24]在同时运用空隙的逻辑和中心—边缘的空间逻辑时，毛泽东把定位用于更大的目标。

由于国民党在20世纪30年代早期巩固了自己的权力，所以空隙政治在决定根据地的位置方面变得不那么重要，而中心—边缘的
99 思想则变得更加突出。尽管如此，既然国民党统一的主要方法是地方军阀之间的合作，那么矛盾就没有完全消失。空隙策略在决定长征的路线方面发挥了重要的作用，而全国权力结构中的矛盾，在1936年的“西安事变”中惊人地展现出来。

生存的经验

1930年毛泽东给林彪的信（在《毛泽东选集》中名为《星星之火，可以燎原》）的主题是“对于时局的估量和伴随而来的我们的行动问题”[25]。在理论与实践的最终关系这个话题上，毛泽东运用了他3年游击生活累积的经验和信念。这封信不只是对过去的总结。对过去经验的系统重述为根据地赋予了新的意义——根据地为毛泽东在1930年夏攻打长沙、南昌失败后，转而集中关注苏维埃的政策和管理问题设定了理论背景。

这封信基本上论证了那些毛泽东已经发现并在实践中获得成功的政策和战略，以及它们的必要条件——根据地——对于中国革命的本质意义。在这封信中，毛泽东第一次展开了这样一个命题，即根据地是长期的、以农村为中心的革命的真正所在地。这一论证是必要的，因为林彪和许多党的领导人都对共产党控制区的未来抱有悲观的态度。毛泽东的信对于李立三的农村政策是一个直接的挑战，它激起了李立三强烈的敌对的反应。毛泽东愿意在根据地的政策上对抗中央，既表明了他的自信，也表明了他的相对自主。[26]悲观主义者赞成机动游击战的“比较轻便的”战略，那样就不存在长久维持根据地或建立地方政治势力的负担。他们对于根据地的效用缺乏自信，这部分可以由井冈山的失败来加以解释，还有部分原因可以归于党的领导人不断坚持俄国城市革命的模式——结果是，他

们对于红军所具有的农村的非无产阶级的特点持有怀疑，对红军的根据地甚至更加怀疑。毛泽东为批判这种观点所进行的论证，首先直接指向悲观主义者的城市无产阶级革命的理论假设，之后又指出悲观主义者对于革命的客观条件的低估。第一点论证的基础是重新阐述了中国的半殖民地地位的战略含义。第二点论证的基础是毛泽东在评估客观力量方面所具有的成功经验，他长篇引用了自己早先写给中央委员会的信以证明这一点。

毛泽东的第一点论证，再次提出了他最早在1928年的“决议案”中提出的条理分明的观点，认真努力地使中国共产党的战略思想中国化。毛泽东指责李立三忘记了中国独特的半殖民地的地位，接着，他从这种地位所暗示的统治阶级的相互争执中，提出了一条完整的战略路线。毛泽东详述了他关于统治阶级的分裂状况的命题，并断言分裂的强度和范围一直在增大。随后，毛泽东重述了他在井冈山和江西根据地所实施的那些原则的母体——农民的巨大的重要性，以及红军和游击战争与根据地的关系。毛泽东总结道：

> 必须这样，才能树立对全国革命群众的信仰，如苏俄之于全世界然；必须这样，才能给统治阶级以甚大的困难，动摇其 100
> 基础而促进其内部的分解；也必须这样，才能真正的创造红军，成为将来大革命的重要工具之一。总而言之，必须这样，才能促进革命的高潮。[27]

这一段总结性的话，揭示了毛泽东的根据地理论中两个相互关联的问题的发展。更为一般的发展是这样一种理念，即他的战略对于当前的革命阶段来说是必不可少的。以前，他仅仅主张这些条件对于根据地的生存来说是足够的。一个更加特定的创新，包含在第一个“必须这样”的从句中——也就是说，根据地作为红色势力的典范所发挥的功能、红色力量的成功将是对中国民众宝贵的宣传材料。孟子关于借助优秀典型进行宣传的概念，已经成为毛泽东政治思想的一个方面[28]，但这是毛泽东第一次声称中国的红色地区能够成为普遍的政治模式。这是毛泽东自己对于地方化的共产主义势力的实质性评估的一个重要发展。它对于毛泽东的战略思想的影响，可以从他提议把攻占江西省作为一个直接的革命目标当中看出来。“一省或几省的胜利”是李立三提出的一句流行的口号，用来推动夺取城市和城市起义新高潮的到来，但毛泽东对江西的关注则源自非常不同的原则。江西不是一个小中国，而是一个大根据地。毛泽东关注江西的原因在于它落后、薄弱以及相对远离帝国主义。[29]李立三赞成夺取中心地带，如重要城市长沙、南昌和武汉，而毛泽东主张在边缘地带建立革命势力。尽管毛泽东在写完这封信几个月之后，就参加了李立三最后一次大规模“夺取城市”的战役，但毛泽东自己的思想已经为长期斗争的战略建立了基础，该战略以共产党统治区，而不是以针对城市的起义为中心，不管这起义以何种可能的手段来进行。

在为根据地的重要性做出辩护之后，毛泽东开始了他的第二点论证，反对林彪在前途上持普遍悲观主义的态度。这一论证把毛泽东的乐观的行动主义（optimistic activism）所特有的命题与客观调查的必要性结合起来。毛泽东把林彪的意志消沉归因于由革命力量的规模小所引起的主观错误，以及由盲动主义所导致的失败。根据
101 毛泽东的说法，客观形势是非常有利的：“星星之火，可以燎原。”

当毛泽东对有利的全国景象进行描绘时，出现了一个重要的概念创新：

> 帝国主义争夺一迫切，帝国主义与整个中国的矛盾和帝国主义者相互间的矛盾，就同时在中国境内发展起来……[30]

毛泽东最早在1928年的“决议案”中使用“矛盾”这个术语来说明两个集团之间在观点、利益或政策上的对立[31]，在这里，他对“矛盾”进行了详细阐述，使它对于中心—边缘分析和空隙分析来说，成为一个关键的概念。毛泽东曾经在不一致的或混乱的贬义意义上使用过“矛盾”概念[32]，但是在这些情况下，该词语描述的

是一个政治团体而不是关于一种形势的动态。在这篇文章中，“矛盾”的用法不如恩格斯或斯大林所指称的内在的对立概念那么复杂（毛泽东在《矛盾论》中的用法），但它成为毛泽东的政治分析的重要工具，并在《正确处理人民内部矛盾（1956年）》一文的使用中达到顶峰。但是，“矛盾”这个概念仅仅是辩证法在毛泽东的思想中所发挥的作用的次要方面。在这一部分中，毛泽东对于中心与边缘在本质上的相互依赖，以及对于地方生存与全国背景之间的相互联系的强调，反映了他对事物的相互依赖性的认识，这种认识可以追溯到他最早时期的著作中。

革命领导的问题

在一个敌对环境中，生存的外部条件同它的内在前提一样，不够新颖和重要。随着根据地的建立，共产党承担起了政府管理和军事方面的全部职责，这些职责在1928年以前事实上是不存在的。这些问题对中国的共产主义而言是新的问题，因为没有任何一个马克思主义政党在它找到对这些困难——包括战术上的弱点、在斗争的革命运动中缺乏公共合法性——的解决办法之前，曾经面临过在统治区域内进行巩固和建设的政治问题。毛泽东提出动员政策、指导和控制政策以及领导政策——这些政策与他所面临的问题同样新 102
颖——从而回应了根据地的实践挑战。毛泽东努力在一个地方化的、乡村的背景中维持马克思主义的革命运动，在这个过程中，他逐步强调了正确的领导，这种领导将发展成为对共产党的政治活动和马克思主义理论的根本性贡献。在上一章中，我们讨论了毛泽东关于革命合法性的观点，并且把这些观点与乔治·卢卡奇、卡尔·柯尔施和安东尼奥·葛兰西的观点作了比较。领导问题在根据地产生之后，它就是一个与革命合法性相关的，但远为根本性的问题，相应地，我们对于领导问题与马克思主义的关系的评论，一定要回到马克思和列宁以及他们通过政治活动把理论和实践联系在一起的努力那里去。在评论了毛泽东关于马克思主义的立场之后，我们将更细致地看待根据地领导的中心问题——有效动员的问题。最后，我们将考察毛泽东对领导过错的批评，这些过错成为正确的领导内容的“反面教材”。

毛泽东、马克思主义与领导问题

马克思主义宣称是科学的社会主义，这要依赖它能够在当前社会结构的矛盾中发现历史的方向。正统的马克思主义领导人把自己想象成为无产阶级的科学的代表，也就是说，作为无产阶级在革命中的历史的—结构的角色的认识者，因此也作为他们的向导。正如马克思在《共产党宣言》中所说的：“共产党人为工人阶级的最近的目的和利益而斗争，但是他们在当前的运动中同时代表运动的未来”[33]。这一段宣言所表明的是，马克思倾向于强调经济对历史的决定作用不是要回避领导的重负，而是借用了革命事业无情发展的说服力。但是这种视角也允许把领导问题看做细节问题，而不是实质性的社会结构问题。

到19世纪末20世纪初，欧洲的马克思主义在修正主义者和激进主义者之间发生了分裂，前者坚持认为，至关重要的一点是代表无产阶级的利益，尽管这些利益结果证明是非革命的利益；后者仍然相信党的使命就是促使革命发生，而不必顾及一些工人具有的自发的机会主义倾向。[34]因此，马克思天真地认为科学领导和工人利
103 益有着完美的结合，其实不然，马克思的观点无疑分裂为两部分：一方面是被动代表工人阶级的利益；另一方面是革命领导主要在宣传和鼓动方面受到无产阶级的约束。后面这个列宁主义的无产阶级先锋队的概念，允许有相当大程度的领导灵活性，但相应地，由于这个概念体现了无产阶级政党的合法性，所以它严重依赖马克思的结构预言的科学正确性。布尔什维克党人在组织上致力于成为关于社会的正确观点的真正信徒，这使得他们在政策争端的解决上陷入了对马克思主义教条神学式的依赖。领导问题被看做策略问题，可以通过分析当前的革命阶段，并对现存的政治力量做出必要的妥协来求得解决。错误的领导意味着对正确路线的背离。

虽然毛泽东既没有批判无产阶级的重要性，也没有批判马克思主义的历史唯物主义的重要性，但是在根据地的建设方面，所有这些概念对他都没有用。在根据地政治活动的微观层面上，通过对实际情况的调查来进行阶级分析，对政策决定是根本性的。但对于这一时期的毛泽东来说，马克思主义的社会科学是为革命领导服务的。党中央想要扭转这种关系的努力是不适当的，而且有害于根据地的生存。

毛泽东的农村战略甚至包括使共产党与任何类型的阶级基础保持更大的隔离状态，但同时它强调要与被压迫群众建立起积极的关系。在井冈山，“无产阶级专政”与根据地的生存是矛盾的，但农民并没有取代无产阶级作为共产党所代表的阶级对象，即使它变成了共产党主要的支持来源。尽管毛泽东在 1928 年向中央委员会呼吁更多的无产阶级的参与，并建议收集有关苏联对富农政策的详细叙述，但是由形势所造成的领导问题，不可能通过经济分析或参考苏联经验就可以得到解决。毛泽东没有回避这个独特的领导问题，而是提出了关于党的领导的新的政治见解和道德规范，但直到 20 世纪 40 年代，有关的理论才得到明确的叙述。但是，这种领导问题自从它在根据地产生开始，其特点就是通过动员群众把领导的灵活性与密切联系群众结合在一起。对毛泽东来说，“正确的”政策不是简单的阶级政策或教条主义的效忠政策，而是适合于它的应用环境的政策。

毛泽东相信，要制定正确的政策是困难的，但还是可能的。在追求这种正确性并鼓励下属积极效仿的过程中，他的身体力行促成 *104*
了一种领导方法，这种方法强调在群众中进行调查、客观评估形势并避免精英的习气。由于看到了这些领导领域的问题所在，毛泽东，还有后来的中国共产主义，超越了正统的马克思主义而认识到了领导的结构性缺陷。20 世纪 40 年代早期很著名的“整风运动”，不是要清除不得人心的干部，而是要认真地改变他们的领导风格。“整风”文献的原型是 1929 年 12 月的《古田会议决议》。由于毛泽东认识到要实行正确的领导在形势上所具有的困难，所以他并不容易屈服于欧洲马克思主义曾经在罗伯特·米榭尔斯（Robert Michels）的手下——当他揭示出马克思主义政党的寡头政治倾向时——所感受到的那种严重的困窘。[35]毛泽东在1929年已经与这种倾向进行过抗争。另一方面，毛泽东对领导偏差所作的理论阐述，仍然强调这种偏差的阶级原因。[36]但是政治教育，甚至经验的严厉的教训，都可以纠正领导的错误。毛泽东的目标是有效的领导，在大多数情况下这与有效的群众动员是同义的。

动员与政策整合

如果把动员宽泛地定义为为了一个目标而引发的合作，那么动员就是社会组织的基本任务。合作可以通过以下手段来加以激励：使之认同一个组织并有参与组织目标的愿望，对参与的行为进行奖励，或对不合作的行为进行制裁。这些激励当中的任意一个——认同、奖励和制裁——都有它在结构上的含义和局限性。引起对公共目标的认同可以降低动员的资源成本，但认同要求更多的合作性努力，也要求有可接受的目标。组织及其目标必须贴近于人民，否则他们就将逃避自己的那份责任，或者对最后的结果漠不关心。如果一个组织对参与行为进行奖励，资源成本就会上升，最高领导人就会获得对组织目标更大的控制权，角色规范就变得明确。依赖制裁进行控制也是昂贵的，还限定了服从的标准。所有这些都包含在毛泽东的动员努力中，它们被不同程度地加以运用。

通过利益认同进行动员最令人印象深刻的例子之一是红军本
105 身，因为在第一年里，大部分红军士兵是在战争中被俘的雇佣军。毛泽东想把这些封建军国主义以前的仆从改造成为一支革命军队，他的努力既包括对苏维埃、地方势力和军队的整合，也包括对党和军队的整合，但整合是以军队自身的民主结构为中心的。这对于吸收和鼓励新分子来说是最重要的：

> 尤其是新来的俘虏兵，他们感觉得前日的营垒中与今日的营垒中完全是两个世界。他们虽感觉红军的物质生活比较不如

白军的好，但精神得到解放，所以尚能相安。同时一个兵，前日替敌军打仗不如今日替红军打仗之勇敢，乃是这种民权主义的影响。红军象一座火炉，俘虏兵过来马上熔化，这是一种事实。中国不但工农群众需要民权主义，军队需要民权主义更切。[37]

红军的民主（照字面的翻译是"民权主义"）的内容是平等主义实践和民主主义实践的完整的混合体：

官长不打士兵，官兵穿吃一样，待遇平等，士兵有开会言论之自由，繁缛礼节之废除，经济之彻底公开，士兵代表审查决算，伙食由士兵管理，虽每日五分钱，仍能分得点伙食尾子作零用（每人每日约分得六七十文）。[38]

1928年红军的群众政治活动与它的经济平等主义同样有趣。建立在连、营和团一级的士兵委员会有责任监督军官、代表士兵的利益、参与对士兵的管理、在军队里执行政治训练，并在人民中指导群众运动。这时（与后来的实践相反），毛泽东认为有了士兵委员会，在军队中这些相应的级别上就没有必要建立政治部了。事实上，政治部已经被证明是有害的：没有它们，每个人都做政治工作；但是有了它们，每个人都把政治工作留给专门的人去做。 106

在乡村中通过利益认同进行动员，最初是通过强调那些对乡村群众有明显利益的目标来完成的。虽然土地改革在很大程度上依靠党对它的速度和步调的指导，但它对贫农和雇农有明显的好处。领导人不仅可以在执行这样的政策时依靠积极的合作，他还能够利用通过分配政策建立起来的共享利益，来为那些不太直接的计划——比如说为红军招募士兵——进行辩护。

但是短期的、有明确结果的计划最容易唤起热情。作为人民的和为了人民的领导，保持可信性的问题是建立群众参与和群众政治活动渠道的问题。由于控制地方领导人以及公开的政治斗争，对于乡村来说都是全新的事物，所以地方苏维埃政府很容易陷入超然和专断的封建模式之中。这些傲慢的习气产生了“脱离群众”的非常严重的过失，同时导致了群众的消极被动和动员潜力的丧失。脱离群众最严重的表现是“强奸民意”[39]，这是一种地方政府官员形成排他性的小圈子并滥用其权力的倾向。

在为了共同利益而奋斗的潜力方面，中农的潜力比贫农要小，因为他们在经济上更加独立。土地改革后，不能期望他们参与任何进一步的分配计划。但是，他们也是封建社会结构的受害者，他们欢迎解放，倘若他们拥有的土地利益不受到更加激进的土地政策的威胁，他们就会极大地认同根据地政府。努力提高产量和降低交易成本是特别有益的，而保卫根据地则意味着维持他们得到改善的地位。对于许多中农来说，参加革命的一个主要吸引力，一定来自那些由富农和地主空出来的、拥有权威和声望的地方职位。[40]但是，
107 在个人的机会主义成为担任乡村领导的动机的情况下，密切联系群众的动员要求，将不可避免地与想象中的公职的特权相冲突。

强制制裁的对象是富农和地主阶级的残余分子。不应该用制裁来对付贫农和中农。但是，许多地方苏维埃利用强制手段履行它们的地方职责，这种习惯既被视为封建残余，又被看做脱离群众的表现。

由于上面描述过的形势基本上一直维持到中华人民共和国的成立之初还没有变化，所以根据地的动员问题与解放后的各种运动是有关的。施坚雅（Skinner）和温克勒（Winckler）在20世纪50年代推导出一个似是而非的关于农村动员的发展周期，这一周期强调农村动员有一种在意识形态阶段、强制阶段和有利可图阶段之间发展的连续性。[41]由于各种各样的原因——外部的压力、领导方面的变化、政策的迅速演进——井冈山和江西根据地农村政策的波动，不能被强行塞进后来所说的服从周期（cycle of compliance）的框架。既然施坚雅和温克勒是从阿玛太·伊兹奥尼（Amatai Etzioni）的复杂组织理论当中而非从一个对农村服从的具体分析中推导出他们的服从模式（compliance model），那么他们将从江西的研究上空

手而归。但是，贫农在意识形态上的服从会导致更大的利益，中农的服从也具有更加有利可图的倾向——加上在这两者之间存在的严重的紧张关系——这在江西已然是重要的生活事实，由此带来的复杂性使毛泽东的农村调查成为必要。毛泽东的农村调查将在本章的后面部分以及下一章中加以描述。农村的政策波动在长征之前就已存在，这些波动受到贫农和中农的矛盾、意识形态目标和生产目标的矛盾的影响，但是并没有出现关于服从的运行周期。我的印象是，主要针对贫农而言的动员的服从周期、针对领导错误以及顽固或落后的团体而言的调整巩固，以及针对生产性的个人和团体而言的物质福利，在延安时期逐渐形成了人们的一种预期，如果说还没有形成一种政策的话。施坚雅和温克勒注意到，在他们对具体运动的描述中，各个阶级的反应是有差别的[42]，但阶级不是他们的模式中不可或缺的部分。如果把阶级要求考虑进来，那么这个服从周期的起因和实际运行会变得更加清晰。

在1935年以前的时期，毛泽东在组织上的主要发现是群众动员，而一个强调政策整合的战略，对于动员实现最大的有效性而言 108
是必不可少的。一般说来，被运动所鼓动起来的激进分子最好能够被分配到有意义的任务。在井冈山，生存的艰难对每一个人来说都是显而易见的，同时还要求在军事上做出最大的努力，但是如果由红军专门负责防务，则这种兴趣会通过一些志愿者极其微弱的渴望表达出来。不过实际情况恰恰相反，党和群众被武装起来：各种各样的地方军事和准军事单位都被组织起来，民众对于军事努力所负有的义务的重要性也得到了强调。这一政策承认为军事努力提供最大支持的金字塔结构[43]，它还允许其他工作借防卫问题的紧迫性来刺激它们自己的努力。但是，政策整合在相当大程度上束缚了中层干部和地方干部的领导能力，因为它要求他们的特定任务与总体政策之间存在一种积极的相互联系。

领导错误

在1928年“报告”的后半部分和在1929年12月的《古田会议

决议》[44]中，毛泽东对领导错误提出了广泛的批评，这些批评详细说明了领导错误的对立面，从而给出了关于正确领导的具体描述。“报告”批评了地方苏维埃的非民主的工作方式，《古田会议决议》则处理了在党内和军中发生的意识形态背离的问题。

在这个报告中，毛泽东赞同地描述了军队当中的状况，但对政府组织的状况却进行了非常严厉的批评：“各级民众政权是普遍地组织了，但是名不副实。”毛泽东的批评不是说苏维埃政府不是真正的权力组织，而是说它们没有成为苏维埃政府应该成为的那个样子。基本上，它们缺乏民主集中主义的新精神，自身也脱离群众。苏维埃政府仍然在权力源于上级的封建原则下进行运作：

> 许多地方无所谓工农兵代表大会，乡、区两级乃至县之一
> 级，苏维埃执行委员会，都是用一种群众选举的。一哄而集的
> 群众会，不能讨论问题，不能得到政治训练，又最便于知识分
> 子或投机分子的操纵，这是不懂得什么叫做苏维埃，不懂得工
> 109 农兵代表是固定的最高权力机关，执行委员会只是代表会定期
> 会议闭幕时候的一个处理各事机关……一些地方有了代表会，
> 亦仅认为是一个对执行委员会的临时选举机关……[45]

这种基本的组织上的错误，导致在执行委员会的行为中也发生了相应的错误：

> 没有代表大会，或没有健全的代表大会作依靠的执行委员会，其处理事情，往往脱离群众的意见，对没收及分配土地的犹豫妥协，经济的滥用与贪污，对白色势力之畏避，或斗争不坚决，就到处发现出来。[46]

这种恶习很明显是从前的政府管理经验的惯性使然：“封建时代独裁专断的恶习惯深种于群众乃至一般党员的头脑中，一时扫除不净。”最高官员“遇事贪图便利”，就是下命令。这样，执行委员

会取代了代表会，常务委员会取代了执行委员会，受雇佣的官员取代了常务委员会——党取代了苏维埃政府。这种任意的活动的层层压缩必然造成脱离人民，它通过削弱苏维埃政府的大众革命的特点，降低了政府的军事支持活动的有效性。这种旧式的政治风格存留的原因，首先是缺乏关于新的政治系统的宣传和教育，但更为重要的原因是，还有一种更为基本的需要，要求民主集中主义在斗争中来证明自己：

> 民主集中主义之应用于群众组织，一定要在革命斗争中显出了他们的效力，使群众了解这种组织方法最能发动群众力量，是最利于斗争的，方能普遍的真实的建立起来。[47]

倘若井冈山能够迅速发展，毛泽东很快就会有机会用经验来获得这种证明。

与后来的著作相比，毛泽东在这里没有把对苏维埃政府的批评指向政府中的敌对阶级分子，即使他注意到，最初是小地主、富农 110
和知识分子接管了苏维埃，特别是乡一级的苏维埃（当时的最低一级苏维埃），而被压迫阶级——贫农则无人代表。

在《井冈山报告》和《古田会议决议》之间的那一年里，毛泽东所处理的领导问题完全不同于刚刚描述过的地方政府的问题。在1929年几乎全年，朱德和毛泽东所领导的红四军都在赣南和闽西与各种各样的地方势力机动作战。直到1929年8月根据地才建立起来，它后来变成了江西苏维埃，最后又成为中央苏区。《古田会议决议》——作为鉴别红军的意识形态问题的全面努力——是对来自中央委员会的一封批评信的答复，但它也是重建红军士气和凝聚力的一种努力。

经过一年的艰苦战斗和离开井冈山所造成的失去方向的影响之后，新的江西根据地的建立要求对军事力量重新进行政治化，自觉地对不同人群的要求作出反应，并发动一场斗争反对刻板的例行公事和小团体认同——这些恶习是在军队通过经验获得专业化的过程中累积形成的。但这些问题并不是全新的问题。这些问题中的大多数与在一个军事框架中进行动员和政策整合的任务有关。毛泽东试图通过把问题暴露出来，从而纠正这些“错误思想”，并提出特定的补救办法——这是毛泽东努力进行意识形态整顿的最早的例子。他在这种最早的努力中所形成的关于错误的术语表，已经成为一张关于意识形态缺陷的不朽的（虽然是不完全的）名单。这些方面的错误——“单纯军事观点”、“极端民主化”、“非组织观点”、“绝对平均主义”、“个人主义”——值得比较详细地加以介绍，它们既是毛泽东的领导理论的发展，也揭示了红军所处形势的历史意义。

毛泽东对“单纯军事观点”的分析最为著名，原因是他提出了关于红军的目的的政治概念：

> 红军之打仗，不是为打仗而打仗，完全是为了宣传群众，组织群众，武装群众，帮助群众，建设政权才去打仗的，离了
> 111 对群众的宣传组织武装政权等目标，就是完全失了打仗的意
> 义，也就根本失了红军存在的意义。[48]

“单纯军事观点”是一种脱离群众的态度，这直接导致了其他方面的曲解：过于重视战斗的胜负，要么夸大军队的重要性，要么夸大军队的力量，结果产生了以保存实力为名而逃避战斗的机会主义或只想着做大事情的盲动主义。针对这些单纯军事倾向的解决办法是政治训练，鼓励地方的党和群众组织说出他们对红军的批评，并敦促党更加关注军事工作。最后毛泽东表示，需要一部关于红军的规则和法令的组织条例。

毛泽东指出的另外三个错误倾向——“极端民主主义”、“绝对平均主义”和“流寇思想”，最有可能是对中央委员会的批评的直接回应。“极端民主化”，指望由下级来决定一切，源于“小资产阶级的自由散漫性”[49]。毛泽东把党中央的批评应用于他所建议的纠正错误的方法，在这方面显示了他的创造力。教育的方法指出了由“极端民主化”所导致的对党组织和战斗力的破坏，也指出了“极

端民主化”的小资产阶级的根源。但是，纠正这一错误的组织方法主要针对“党的领导机关”。有五种组织上的解决办法。第一，党的领导机关要有正确的指导路线，遇事要拿出办法，建立领导的中枢机关。第二，他们要明了群众生活的情况和下级机关的情况，并使之成为正确指导的客观基础。第三，决定和执行不应该太随便。第四，所有重要的决定必须通过开会作报告的形式迅速地传达到下级去。第五，下级对于指示，要经过详尽的讨论，以求了解指示的意义，并决定对它的执行方法。这种方案的实际要点是避免党上下级分离和脱离群众，这是毛泽东对领导方法的最好的说明之一。在讨论“极端民主化”的上下文中，这些组织上的纠正方法暗示了这个问题是孤立的领导和错误的领导的表现，而不是下级机关的一个独立的意识形态问题。

毛泽东宣称“绝对平均主义”不再是一个严重的问题以及他所 112
列举的相对微不足道的例子，使我猜测，作为一种错误倾向，“绝对平均主义”所包含的内容来自中央委员会。“绝对平均主义”是简单地坚持在一切事情上平等对待，而不顾及对资源集中的需求。解决办法是关于事实的教育，即“绝对平均主义”不仅在当前的条件下，甚至在社会主义的条件之下都是一个幻觉。

在论述“流寇思想”的小节中，毛泽东把它看成严重的问题，并切实地证明了它是可以解决的。毛泽东军队中的大多数士兵是游民和雇佣兵，传统上认为这些群体是非法的群体，也不认为他们是革命的。如果这支军队不迅速用于为城市无产阶级力量建立一个根据地，那么它可能会完全丧失其革命的特点。毛泽东对这个问题的解决方法是一种典型的直接的办法：他承认红军的大多数是游民，并注意到土匪在华南普遍盛行。但他接下来表明，传统的“流寇思想”在中国不再是一种阶级意识形态，而只是一种意识形态的残余：

> 但是黄巢李闯洪秀全式的大规模流寇行动，为帝国主义统治着的中国，特别是进步武器（手榴弹，钢炮，机关枪等），

> 进步通信方法（军用电话及无线电）和进步运输方法（汽车轮船铁路），已经输入了的现时代的中国所不许可，因此流寇思想自然不会成为红军行动上的最后有力的主张。但是它的影响……仍是很大……[50]

正如人们可能认为的那样，“流寇思想”的表现与单纯军事观点的表现非常相似：不注意在群众中的政治工作，以及偏爱招募新兵。纠正这种错误的方法是教育，以及为军队招募更多的工人和农民。

非组织意识包括两种关系——与拒绝服从政策的少数人之间的关系和与持反对意见的个人之间的关系。关于反对的一般规则是，在一项政策被采用以前鼓励人们提出异议，倘若他们不在工作上表
113 现出来，那么在政策被采用之后还是允许提出异议。批评应当在党内提出，并且不得采取个人攻击的形式。毛泽东还在这个标题下讨论了一个无关[51]但有趣的问题：一部分党员的特殊化。这个问题源于党所犯的一个“大错”，即把军事责任和政治责任分开，以至于军事专家不参加他们的支部会，而普通党员不讨论军事问题。这明显是讲给那些军人读者听的，毛泽东说他们的借口是事务缠身，实际上他们是害怕群众，不想接近群众，这导致了这些人脱离群众、脱离党，并且形成了一种使政策整合成为不可能的职能精英。

毛泽东对唯心主义（主观主义）和个人主义倾向的讨论，是关于一些党员的个人特点的批评，这些党员危害了党的工作。唯心主义是缺乏现实主义态度，结果导致了机会主义或盲动主义的错误，以及接受批评和提出批评都过于个人化的倾向。个人主义是追求个人目标结果伤害到党的组织和目标。个人主义的表现是报复主义、小团体主义、消极怠工、享乐主义和雇佣思想。对它进行纠正的方法主要是教育，但是也注意到那些激发个人主义的条件，强调了正确处理问题，特别是在分配工作和执行纪律方面，另外，也强调了改善红军的物质生活。

对这些领导错误的纠正方法是对犯错误的个人进行政治教育，以及通过组织改革来改善党的生活的意识形态质量。在政治教育方

面，毛泽东延续了他在学校教书时的偏好，强调实用性，并推荐“启发式”教育而不是“注入式”教育。[52]毛泽东抨击了党内的组织松懈，也批评了令人厌烦的会议（“到会如坐狱”）和懒散的、妄自尊大的主席。

《古田会议决议》和毛泽东1928年报告的第二部分，在根据地的背景下描述了革命领导的基本规则。这些规则在一种自我利益和公共服务的密切的辩证关系中，获得了它们的力量。毛泽东描述了作为革命领导的生存和成功的基础的大众动员所必需的行为。真正的革命身份和单纯的生存都要求为民众服务。如果毛泽东的这个基 114
本假设——动员起来的群众拥有绝对的政治权力——可以接受的话，那么毛泽东要求党、军队和政府的干部们对群众的积极关注就既是一种实践上的关注，又是一种理想主义的关注。任何限制领导人和群众之间建立亲密关系的不足，都会降低一个人作为革命者的贡献和声望，并且增加了失败的可能性。

到1930年，毛泽东已经发展出一套领导道德规范，这套规范在他的整个政治生涯中将被不断改进。主要的领导错误——脱离群众——成为官僚主义（对职位沾沾自喜，依靠权威把自己与群众区别开来）和主观主义（过于以自我为中心，不掌握客观情况）的一个子范畴，许多在上面讨论过的特定错误都可以归入这个范畴。但毛泽东不认为一个完善的组织将解决每一个问题，密切联系群众也不仅仅是为了动员而实行的一种“人事关系”策略。正确的政策与有效率的组织一样是必不可少的，密切联系群众包括致力于发挥人民在政策形成过程中的作用，这在后来形式化为群众路线。革命组织需要了解客观现实和群众的需求，这一点在红军于1930年秋天攻打南昌和长沙回来之后，表现得特别明显。本章接下来的三个小节，将集中关注毛泽东关于乡村的客观世界的经验。

革命的实地调查

毛泽东和他的军队于1930年10月回到江西。江西省苏维埃政府的即刻成立表明了根据地新的重要性，在毛泽东的著作中也可以看到一种新的以根据地为中心的关心。这一时期，他主要关心的事情变成了农村政策，他把大量的时间投入到对苏维埃乡村生活的系统调查之中。他所关心的村一级事务中最重要的部分是土地的再分配，他通过对分散的地区的仔细调查发现，这种政策及其执行不可
115 避免地陷入了当地政治生活的复杂性之中。在这一节中，我们将集中关注毛泽东的调查过程；在本章的后面部分，我们将考察调查的结果以及它们给农村政策造成的问题。

江西调查

我们可以推测有三个因素促使毛泽东着手在江西根据地进行系统的土地调查。第一个因素是江西比井冈山更为丰饶，人口更为稠密，这使得土地问题比在井冈山的时候更加尖锐。第二个因素是在李立三夺取城市的政策失败之后，毛泽东毫无疑问期待在现有的苏维埃中进行一场长期的斗争。没有有效的土地政策，江西不可能被巩固，它的人口也不可能被动员起来。既然他对这个地区相对不够熟悉，那么在设计苏维埃政策的基础之前必须进行认真的调查。

第三个因素——其重要性不可估量——是，赣南的党组织大部分反对土地再分配，并且反对毛泽东。从 1930 年 12 月到 1931 年夏天，江西苏维埃中拥护毛泽东与反对毛泽东的军队之间发生了一场被约翰·卢（John Rue）称作内战的战斗（或者，在毛泽东看来，是在共产党人和 AB 团的叛乱者之间进行的战斗）。[53]正如黄宗智（Philip Huang）在一项对江西兴国县的研究中所表明的那样[54]，这种冲突还与“三点会”在地方苏维埃和党组织中的渗透有关。没有对当地条件的系统调查，毛泽东将很难确定地方报告的可靠性，甚至也不能确定反对他的行动的性质。举例来说，那些叛乱者反对土地再分配但却赞成集体化，他们宣称以此来代表劳动者的利益，反对毛泽东对农民的强调。[55]是否他们的反对代表了一种跳过资产阶级民主阶段进入社会主义革命的努力，或者是否它仅仅是由控制地方党组织的富农所发动的、对严肃的土地再分配的反击，这是一

个只有利用准确的第一手知识才能解决的问题。

毛泽东早期的调查在两种形式中交替进行，一种是就地方干部的报告仔细做笔记，另一种是在军事行动的间歇自己所做的研究。从他第一批调查报告的前言中可以看出，亲身调查的益处是明显的：

> 在李家坊调查中，使我明白了这些地方的村乡两级苏维埃 116
> 在土地斗争中的组织和活动情形。在这次调查前，我对于那些情形的观念是模糊的。在这次调查中，使我发现以村为单位分配土地的严重性。赣西南分配土地有了几十县，高级政府颁布的土地法是以乡为单位去分配，一般高级机关的工作人也大家以为是照着乡为单位去分配的，那晓得实际情形完全两样，普遍的是以村为单位去分配，乡为单位分配的很少。以村为单位，这种利于富农不利贫农的分配法，是应该改变的。[56]

这个调查对毛泽东论述一个重要的政策问题有许多方面的帮助：在他作为一个无过错的、有影响力的苏维埃领导人的个人发展方面；在确定一个现行政策的方向方面；在检验现行政策的有效性方面；在强调可能在将来要求重新分配土地的问题方面。但李家坊调查不是一篇令人兴奋的调查报告，它是 4 篇关于不同的乡的位置、政府和土地分配的非常客观的、大多是统计性的描述中的一篇。[57]在这 4 个乡中，李家坊以如下方面著称：它的乡政府规模大而且开销多，在它的各个村中存在着非常不平均的土地分配（最高者是最低者的 400%），在红军征兵中发生过一些强迫行为，以及温和地对待前白军的士兵和军官。

毛泽东就地方领导人的报告所做的细致的笔记有这样的好处，即它的内容所覆盖的地区比毛泽东可能亲自去调查的地区多得多；与此相伴的不利之处是对那些作为报告人的地方负责人的依赖。在《赣西土地分配情形》——这是在 1930 年 11 月 12 日到 15 日召开的赣西行动委员会和江西省行动委员会的扩大会议上，毛泽东所做的笔记——当中，这个问题被举例说明，当时某一报告人挑出一个村子加以称赞——该村毛泽东早先曾经亲自在那里调查过几天，于是毛泽东在他的笔记上添加了一个问题记号。[58]这次大会的三个主要会议包括对土地改革的不协调发展的调查，关于富农和地主在地方党组织、政府和游击队中渗透程度的报告，以及关于土地政策难以
117 预测的复杂性的事例。把报告会与个人调查相结合后，毛泽东获得了对于农村政治的结构和动力的经验，而这些经验是很难传达给他在上海的上司们的。然而，鉴于他领导苏维埃时的判断力，这些经验毫无疑问已经是最好的客观基础了。

毛泽东所做的最好的和最细致的农村调查，起于与 8 名红军战士进行的一次深入的、长达一周的讨论，这 8 名红军战士都来自兴国县的一个特定的边区——永丰。这次调查会的结果——《兴国调查》[59]——在 1931 年 1 月被详细记录下来，它可以被称作江西时期的《湖南农民运动考察报告》。毛泽东把他早期杰作中包含的同样的实践调查的要点，运用到最早的苏维埃在解放后的有关考虑上，并得出了一种相应的关于党在农村的工作环境的生动描述，这种描述既包括每个党员在参加类似的研究时所需要遵守的道德规则，也包括与政策相关的信息。

在《湖南农民运动考察报告》和《兴国调查》之间的一个重要区别是，不再需要说服党相信农村运动的重要性，或者农村运动明显的极端行动的正确性。毛泽东的《兴国调查》所针对的目标是，共产党领导乡村的教条主义风格造成了对农村条件的根本忽略。毛泽东在前言中提出了一种关于领导方法的强烈意见，以此来支持他对地方研究的重要性的强调：

> 实际政策的决定，一定要根据具体情况，坐在房子里面想像的东西，和看了粗枝大叶的书面报告上写着的东西，决不是具体的情况，倘若根据“想当然”或不合实际的报告来决定政策，那是危险的。过去红色区域弄出了许多错误，都是党的指导与实际情况不符合的原故。所以详细的科学的实际调查，乃

非常之必需。[60]

毛泽东自己的调查正是他所建议的一种调查模式，虽然军事上的必需使他过早地放弃了他的调查。毛泽东叙述了7个重要的主题，并列出了没能论及的4个主题。该报告的7个部分是：

（1）对（8个被调查人的）8个家庭的调查； 118

（2）这个区内旧的土地关系；

（3）处于斗争中的各个阶级；

（4）当前土地分配的状况；

（5）土地税；

（6）苏维埃；

（7）农村的军事化。

那些毛泽东本想包括进来的主题有：青年和妇女的状况、商业活动和价格水平、土地划分之后的农业生产力以及文化状况。毛泽东运用的方法是提出一个调查提纲并讨论问题，直到每一个人就被记录的内容达成一致。毛泽东提到：这些讨论是活跃的、有趣的。有时他的结论是可笑的，还有这8个被调查人大多不是党员。当他这样说的时候，他暗示出他认真地试图搞清楚地方一级究竟在发生什么。这种单一地点、深入探讨的方法具有局限于某一特定地区的方法论问题，即它的普遍应用仍然没有得到证明，但毛泽东用一种中国特有的逻辑处理了这个难题："这一区（永丰）介在兴、赣、万之交，明白了这一区，赣万二县也就相差不远，整个赣南土地斗争的情况也都相差不远"[61]。

在结构上，《湖南农民运动考察报告》与《兴国调查》之间的区别在于后者具体的甚至是个人的细节。《兴国调查》的开头是15页8个被调查人在土地改革当中的个人命运的描述。毛泽东还讨论了该区12个地主和32个富农的活动和结局，并介绍了每一个区级官员和一个乡的官员们的阶级背景。在他描述革命前该区的经济条件和土地改革的各个方面时，毛泽东都保持了相应程度的细节性。总之，《兴国调查》最自然地显示了毛泽东对于真实生活的特质的热爱，这种爱几乎没有哪个决策者或理论家有能力去分享。它也是对苏维埃内地方政治的一种基本的认知经验；人们可以假定其他地区将像永丰一样混合了相似性与特质，而一个细致的调查拓展了人们期待的视野。

作为社会科学家的毛泽东

《兴国调查》所示例的实际内容和调查方法，对于毛泽东后来的活动是极端重要的。除了前面已经讨论过的调查之外，还有 4 篇文章也是重要的，因为它们描述了毛泽东的调查方法论，以及这种方法论在他的政治思想中所处的地位，这 4 篇文章分别是：《反对本本主义》（1930 年 5 月）*，《农村调查》（1941 年 3 月和 4 月）的序言和后记[62]，以及《不做调查没有发言权，不做正确的调查同样没有发言权》（1931 年 4 月）[63]。

毛泽东在所有这些著作中最强调的一点是，每个干部负有调查他所在的客观社会领域的不可推卸的责任。《反对本本主义》的第一段有力地提出了这个论点：

> 你对于某个问题没有调查，就停止你对于某个问题的发言权。这不太野蛮了吗？一点也不野蛮。你对那个问题的现实情况和历史情况既然没有调查，不知底里，对于那个问题的发言便一定是瞎说一顿。瞎说一顿之不能解决问题是大家明了的，那末，停止你的发言权有什么不公道呢？许多的同志都成天地闭着眼睛在那里瞎说，这是共产党员的耻辱，岂有共产党员而可以闭着眼睛瞎说一顿的么？
>
> 要不得！
>
> 要不得！
>
> 注重调查！
>
> 反对瞎说！[64]

这一段文字的态度表达了毛泽东著作最早具有的特点之一，即

* 《反对本本主义》这篇有趣的文章最早出现在 20 世纪 60 年代中期出版的《毛泽东著作选读》中。[作者所参照的是英文版 *Selected Readings from the Works of Mao Tse-tung*，本书所参照的是人民出版社 1986 年版的《毛泽东著作选读》（上下册），《反对本本主义》见该书上册，48～58 页。——译者注] 它很可能比许多 1949 年以后的版本要可靠，我的意思是说，它对于我们的目的来说是相当可靠的。我对于它的真实性的乐观观点建立在几个因素的基础上。第一，在 1949 年以后的版本中明显体现了普遍很高的编辑原则。第二，是这篇著作中局部化的参考资料的性质。第三，导致了盲动主义和机会主义的非客观的态度，被称作“唯心观念”——与《古田会议决议》（《毛泽东集》，第 2 卷，86～87 页）的原始文本一致，而不是“主观主义”——1951 年《毛泽东选集》文本的（更为准确的）修正。《反对本本主义》中令人沮丧的问题是，没有任何迹象可以表明它意向中的读者是谁。

给读者传达一种现在必须要做些什么的紧迫感。在他最早发表的关于体育的著作中，毛泽东明确地告诉读者，如果忽略了运动，那么他就被宣告是一个头脑无力和意志薄弱的短命的躯体。在《反对本本主义》中，毛泽东明确表示，作为一个好的共产党员，他的身份要求他认真调查自己所处的周围环境，因为领导革命的责任要求研究客观的形势。“凡担负指导工作的人……一定都要亲身从事社会经济的实际调查，不能单靠书面报告”[65]。这一论点可以用《〈农村调查〉的序言》中的一句格言更为优雅地提出：在当群众的领导之前必须先当他们的学生。

对毛泽东所恼怒的对象——也就是“反面教材”——的综合描述，可以从毛泽东的批评当中总结出来。人们可能会认为懒惰是根本的问题，毛泽东也确实看到一些同志“饱食终日，坐在机关里面打瞌睡，从不肯伸只脚到社会群众中去调查调查”。但精力不是主 *120*
要的问题，犯不必要的错误“并不是他在行动之前不留心计划，而是他于计划之前不留心了解社会实际情况”[66]。根本的错误不是懒，而是毛泽东所说的“唯心主义”——相信与一个问题作思想斗争就可以解决它。人们可能会用两种不同的方式批评主观唯心主义，有的会强调下级的顽固导致了革命组织中的离经叛道和功能失常，有的会强调领导的教条主义导致了脱离实际。毛泽东所采取的是第二种方式。他的靶子是无能的干部而非不顺从的干部。对马克思和党的指示的本本主义是应该加以反对的。

毛泽东当然不是表明要与共产主义的学说或共产党的权威相对抗的立场。毛泽东的论点是，理论和权威的正确性是内在于它们的实践效用之中的，而这种效用受到理论的信徒和下级的教条主义的损害。

> 我们说马克思主义是对的，决不是因为马克思这个人是什么“先哲”，而是因为他的理论，在我们的实践中，在我们的斗争中，证明了是对的。我们的斗争需要马克思主义。[67]

因此对马克思主义的研究不应当追求纯正，而应当追求效用。同样地，组织上的服从不是追求严格准确，而是追求最佳的配合效果：

> 我们说上级领导机关的指示是正确的，决不单是因为它出于“上级领导机关”，而是因为它的内容是适合于斗争中客观和主观情势的，是斗争所需要的。[68]

唯心主义者所认为的忠实履行自己的使命，因此要被完全重新定义：

> 盲目地表面上完全无异议地执行上级的指示，这不是真正在执行上级的指示，这是反对上级指示或者对上级指示怠工的最妙方法。[69]

121 这种观点给每个干部赋予了重要的职责，因为他必须对这一点——即如何把规则和指示应用到他要领导的局面中——做出他个人的判断。为了不犯错误，他的决定应当基于对应当做什么和能够做什么的理解。调查就是获得这种对客观形势的理解的过程。

毛泽东在《反对本本主义》中极其详细地描述了他的调查方法。基本方式是同对调查主题有具体经验的 3 到 8 个人开调查会。调查者应当准备一份详细的调查提纲，根据提纲上所列的要点来引发讨论，同时对回答作记录。一个成功的调查的基本因素，在《〈农村调查〉的序言》中得以描述：

> 这些干部、农民、秀才、狱吏、商人和钱粮师爷，就是我的可敬爱的先生，我给他们当学生是必须恭谨勤劳和采取同志态度的，否则他们就不理我，知而不言，言而不尽。[70]

关于毛泽东开过的一个调查会的最好的描述，就是前面描述过的《兴国调查》的开篇的段落。

从一个不同的角度来看，毛泽东为这一点——即调查乃革命实用主义的关键——所作的辩护，详细说明了调查的效用，从而设定了“正确的”调查的范围。一个无助于为革命运动提供信息的调查是一种浪费时间。毛泽东对为了追求真理而追求“真理”——也就是说，材料（社会事实）和规律（社会事实的规律性）——不感兴趣：

> 近来（1930年——译者注）红军第四军的同志们一般的都注意调查工作了，但是很多人的调查方法是错误的。调查的结果就像挂了一篇狗肉帐，像乡下人上街听了许多新奇故事，又像站在高山顶上观察人民城郭。这种调查用处不大，不能达到我们的主要目的。[71]

随着社会革命的实践目标根据马克思主义的范式加以概念化，可以传达信息的调查目标在很大程度上被预先决定了：

> 我们调查工作的主要方法是解剖各种社会阶级，我们的终极目的是要明了各种阶级的相互关系，得到正确的阶级估量，然后定出我们正确的斗争策略，确定哪些阶级是革命斗争的主力，哪些阶级是我们应当争取的同盟者，哪些阶级是要打倒的。我们的目的完全在这里。[72] *122*

对基本的阶级分析的强调在《反对本本主义》中尤其强烈，因为在1930年，基本的阶级联盟问题，特别是如何对待富农，是一个被热烈讨论的主题。虽然背景完全不同，但这种研究兴趣还是让人强烈地想起毛泽东在1926年论述农民的重要性的文章。到写《兴国调查》的时候，毛泽东的注意力已经从基本的革命战略转向了政府政策的效果。在所有的江西调查中（以及不太明显地在《湖南农民运动考察报告》中）都存在的事实是，毛泽东的眼前问题自觉地决定了研究的兴趣。但这种预先决定并没有像人们可能认为的那样，导致了虚弱无力的、狭隘的调查视角。系统调查的必要性，要求以一种可洞察的、但不是自明的社会事实为先决条件。机警的调查是必不可少的，因为它在决定具体的革命潜力方面，具有至关重要的提供信息的作用。这样，革命潜力就由革命目标（由学说和权威形成的）和社会形势（通过调查发现的）来共同决定。这种基本的看法，由毛泽东在《实践论》（1937 年）中最为明确地阐述出来。

到目前为止，所提出的是关于社会调查的作用的一种个人模式。但是除了存在了解自己所处的客观环境的个人需求之外，还有一种组织的需求，即拥有一个更大的现实框架中相互配合的知识：

> 共产党的正确而不动摇的斗争策略，决不是少数人坐在房子里能够产生的，它是要在群众的斗争过程中才能产生的，这就是说要在实际经验中才能产生。[73]

正像在这里所暗示的那样，共产党自身的历史在客观性和正确的策略方面，提供了重要的教导。但党还必须努力理解它所处的当前环境。对当前状况的掌握，要求以不同程度的调查——即统计数据的
123 收集——为先决条件。《不做调查没有发言权，不做正确的调查同样没有发言权》一文是对于两张附加的调查表《关于各阶级的土地占有和人口情况》的解释说明，所有的干部都应该在他们的地区填写这两张调查表。在描述这一调查项目时，毛泽东分享了实践社会科学长久的梦想："现在这两种表格，我们如能照深刻注意实际的正确的统计填写起来，是能解决我们许多问题，特别是现在分配土地中许多实际问题。"[74]当然，毛泽东想要利用"铁的现实"［类似威廉·詹姆士（William James）所说的"残酷的事实"］来澄清政策困境的愿望，在执行中有许多潜在的缺陷，这些缺陷大部分集中在民意调查者身上。因此，毛泽东劝诫干部们要对这种工作有深刻认识，明确区分类别，并按照实际数目填写。他提醒他们："以上各项如果调查时不弄清楚则自己茫无把握，必致把阶级成分弄错

了，失了统计的正确价值。”[75]但是，必须要注意的是，毛泽东自己对富农地位的定义是非常模糊的：“富农标准要是以剥削为他收入的相当部分。”只有在1933年的查田运动的第二阶段，当运动的成功取决于对“相当部分”的解释时，毛泽东才最后提供了一个在中农和富农之间进行阶级分类的彻底的区分标准。[76]在这方面，毛泽东与其他许多社会科学家相似，他们的研究计划都曾被一个关键概念上的意义模糊所削弱。无论如何，他努力获得对苏维埃地区的全面描述，并使每个干部都参与到社会调查的工作当中，都表明了他对现有形势的尊重，这是他早期根据地经验的一个重要遗产。

乡村、共产党与社会革命

毛泽东在1926年早期所做的对农村各阶级以及他们对待革命的态度的全面概述，对苏维埃时期农村政治活动的基本动力来说，仍然是相当准确的。中农、贫农、雇农和无业游民是革命的自然的中流砥柱；地主和富农是革命的目标和对手。但是，唤起这种自然的支持取决于党的农村政策，这种政策反过来又要求很好地理解根据地中乡村的相互关系，以及再分配所产生的影响。红军的到来以及对传统的乡村精英及其土地所有权基础的颠覆，改造了阶级关 124
系，有时这种改造是以未曾预料的方式进行的。

农民的环境

在革命的各种环境中，农村的革命环境在1927年最难以理解。无疑，瞿秋白要求把农民无产阶级化的指示背后的一些动机，是一种迫使不熟悉的农村形势变成熟悉的城市关系的愿望。由于毛泽东对国民革命以农民问题为中心的坚持，以及早期的农民运动的经验，他远比大多数同事对于从事农村工作的准备要好得多。但是，从农村现有的条件中创造出一种政治—军事力量的问题，不同于诱使农民参加一场运动——该运动已经改变了全省的和地区的力量平衡——的问题。

农民长久以来就是阻碍革命者前进的根源。尽管农民的数量与受压迫程度都很大，但他们却倾向于一种保守主义，这种保守主义使得他们保持不动或为反动的政治力量所欺骗。兹举 1926 年浙江省的一个例子加以说明：

> （由于军阀战争的破坏）人民难以谋生，因此农民非常怀疑甚至诅咒共和国的政府形式。所有由军阀和官僚造成的罪恶都被视为共和主义的罪恶。所以，虽然公共的意见是不能恢复清朝的皇帝，但人们确实普遍希望真命天子的出现，从而使形势恢复秩序，之后这个帝国就会实现伟大的和平。他们特别不能理解我们党（国民党或共产党）的重要性；另一方面，他们也不敌视它。[77]

这里所描述的情况，是那些深受全国政治经济发展影响但却不能保护自身利益的人口所处的状况。并不是农村阶级关系的复杂性造成了农民的惰性。虽然有不止一种类型的农村阶级结构[78]，但在任何一种结构中，经济作用的多样性都比在相应的城市背景中要少。就阶级而言，农村和城市之间的基本区别，是乡村中经济的相互依赖性所具有的非个人化色彩比城市要少得多。正如威廉·韩丁
125 （William Hinton）在《翻身》中描述的那样[79]，20 世纪 40 年代晚期的土改干部不得不为村民们培养一种阶级觉悟——不是村民们不记得和不怨恨种种的压迫事件，而是迄今为止他们把这种压迫归咎于陈先生（那个恶地主）而不是归咎于那个地主（陈先生）。由于他们的数量和受压迫的状况，农民仍然倾向于在他们个人的剥削世界中彼此隔离，而不是形成一个有政治觉悟的阶级。借用马克思绝妙的比喻，农民构成国家的乌合之众的方式，就像是单个的马铃薯放在一起组成了一整袋马铃薯一样。[80]

从上面的全面描述中可以推出，一场试图以农民作为主要力量的现代革命运动，将把对农民的政治教育作为自己的中心任务——不是用一种意识形态来代替另一种意识形态，而是由村民们对政治

活动进行一种原初的概念化。这种教育只能在地方层次上通过政治斗争的过程来进行。除非农村问题被整合到全国政治活动的领域当中，否则农村对新社会而言仍将处于外部，正如它处于旧社会的外部一样。要把农民政治活动全国化，必须要有现代政治领导的地方化。

农村革命面向村庄，意味着每个村庄的解放都是一个个体事件，在乡村中深化社会革命的成功依赖于每个村庄居民的参与。虽然红军通过挫败地主武装，在乡村中推翻了地主的势力，但仅以其本身，通常不能在乡村中产生社会变革。乡村中的穷人仍然震慑于残余的富农和地主的声望——还有白军打回来的可能性。只有用根据地持久稳固的、平等的土地政策进行鼓励，才能使贫农和中农起来与旧的统治集团的残余以及机会主义分子作斗争。从这种农村群众权力的基本成就推进到一个群众政治系统的发展，甚至使得模范乡村成为江西苏维埃全部的生命源泉。

乡村社会结构

在井冈山和江西，都存在超越了阶级的界限并具有某种重要性的社会组织。这些地方都有强大的宗族组织，且至少井冈山存在种 126
族问题。正如黄宗智所表明的那样[81]，在地主势力被削弱之后，这样一些秘密会社的成员成为兴国县的主要力量，这些人参与走私，用兴国的鸡肉来换取广东的盐。而且，在很多情况下，阶级成员的资格很难确定，一些个人还并不根据他们的阶级背景行事。但是，在《兴国调查》可以很明显地看出，农村阶级结构到目前为止是农村社会结构最重要的决定因素。这样，对根据地社会结构最适当的描述是分阶级进行描述，这种描述包含了毛泽东在 1926 年的《中国农村中各阶级的分析》中提出的新信息。

地主。毛泽东介绍说，江西土地极度集中（60%～80%），兴国的情况也相当集中（40%），在他 1928—1930 年的著作中出现的主要地主，都是反革命的地方力量的领导者。在兴国县永丰区的 4 个乡里，12 个地主家庭中的大部分男子逃跑或被杀，虽然有两个人参加了革命并成为政府官员。地主剥削的主要形式是地租，租息从50%到60%不等（较低的地租是由于田地遭到旱灾或水灾）。作为一个群体，地主并不直接卷入高利贷，虽然一些地主把大笔的钱以15%～18%的利息借给富农，而这些富农反过来以30%的利息把这些钱分成小股借给贫农。[82]而且，宗族所有的公堂田产的3/5——这构成了永丰所有土地的10%——是由那些"劣绅"管理的，因为他们自己出租的土地不足以谋生。在所有这些职业身份中，地主是革命的目标。他们的土地和公堂田产被没收，债权被取消。地主作为一个阶级随着革命消失了。

富农。这个阶级给根据地造成了最复杂的问题。富农被界定为，在相当大程度上既依赖他们自己的劳动，又依赖雇佣、收租和放贷等剥削形式的那些人。[83]他们所拥有的土地占永丰土地的30%，而他们仅占人口的5%。他们最引人注目的剥削形式是放贷。所有贷款中的80%是由富农借给贫农的。粮食借贷由公堂和义仓以较低的利息率来经营，但这些借贷在春季短缺时期是很难获得的。
127 富农更喜欢卖掉他们几乎所有剩余的粮食，并把对他们的粮食的购买变成现金借贷。不像那些公堂、义仓和典当商们，富农愿意增加一个拖欠债务的借贷人的利息而不愿取消抵押品的赎回权。[84]

当红军逼近时，大部分富农与地主站在一起。在永丰，32个富农中的23个是反革命的。但是富农在乡村中更为广泛的存在，他们的企业家习性，以及他们对乡村事务的密切参与，使他们相比地主而言，成为乡村中的土地改革的更加有力的政治反对者。在紧随着红军的到来而出现的权力真空中，许多富农能够利用他们的关系、声望和能力，在革命政府和共产党内获得重要的职位。[85]

中农。由于中农是独立的农民，所以他们受封建体系的压迫只是间接的。他们从革命中获得的经济利益一般来说不是必不可少的。大多数人增加了他们的土地，债务被取消，买牛花费得更少，并且不再负担婚丧嫁娶或葬礼上用的黄纸的费用。[86]但他们政治地位的上升更为重要。与革命前处于乡村基本权力结构之外的地位相比，他们现在共计占据了永丰地方政府职位的40%。

由于在土地政策上的基本差别，中农对红军的反应在井冈山和在兴国是完全不同的。共产党早期的土地政策（由中央委员会所规定）是没收所有土地，包括中农的土地，而再分配的份额并不真的归那些得到土地的人所有。这一政策导致了在乡村中土地所有者和无土地者之间的分裂，结果是所有的“中间阶级”（毛泽东这时把它描述为小地主和自耕农）都阻碍苏维埃的工作，并投奔白军。而在井冈山根据地的新区中，自耕农的土地没有被没收，在那里自耕农与贫农共同斗争，反对“土豪劣绅”。[87]在永丰，这种政策从一开始就被坚持下来，因此中农和贫农就都参加了革命。

贫农。在革命前，贫农依靠租来的土地和贷款而生存，在乡村社会和政治生活中处于边缘地位。他们是在革命中最为普遍受益的 128
阶级。他们不仅得到了土地，取消了债务，且粮食短缺也通过分配地主和反革命富农所贮藏的粮食而得到补足，而且，革命后谷物的价格下降了。他们从一种在各个方面都处于边缘的生存状态中被拯救出来，因此，贫农最终变成了革命政府力量的主要支柱和乡村中的领导阶级就毫不奇怪。[88]但取得这种中心地位就包括反对上层阶级和游民分子的斗争，而后者成为革命之后立即建立起来的地方组织的主要成分。

雇农。受雇佣的农场工人，即乡村无产者，在革命前是如此贫穷和受人歧视，以至于在革命后的第一年，他们虽有改善但还是没能改变他们的状况。毛泽东用婚姻作为繁荣的一个指标。富农都至少有一个老婆。90%的中农结了婚，这个数字在贫农和游民中分别是70%和10%。但只有1%的雇农有老婆——甚至在苏维埃发布了一条关于每个人都应该结婚的法令之后，他们找老婆还是有困难。[89]但这是一个附带的问题。随着革命的进行，雇农得到了土地，但是他们还要从景况较好的亲戚那里借工具和耕牛。长期的工作在革命后不复存在，雇农的谈判能力很低的一个标志就是，即使在临时的工作中报酬被降低了30%的情况下，他们还是没有要求涨工钱。他们仍然处于乡村的政治结构之外。在永丰区没有一个雇农占据了政府的权力职位，这个事实可以由他们缺乏社会活动能力来解释。按照中农和贫农的说法，雇农“不认得字，不会说话，不开通，不熟公事”。

手工工人。那些迎合富裕阶级惹人注目的消费的行业被革命毁灭了，从事那些行业的手工工人或者变成了农民，或者离开了苏区。甚至像木工这样的传统手艺也受到严重抑制。失业的手工工人想要分得一份土地的要求遭到了一些农民的反对。在某个案例中，一个乡有200名手工工人的土地要求遭到周围农民的拒绝。[90]即使在像永丰这样的完全的农业区中，也有18名手工工人遭到了拒绝，还在手工工人是否应该得到土地的问题上发生了对抗。后来做出的
129 决定是他们可以得到土地，但如果他们一年从事手工工作超过100天，那么这些土地的一半就将返交给苏维埃。这些手工工人认识到他们或多或少的无产者的地位，在乡村地区组织起了行业协会的分支。

游民。这个由土匪、赌徒、乞丐、算命者、道士和其他人组成的、有时被指称为“流氓无产者”的丰富多彩的群体[91]，在根据地早期有一种与他们的数量完全不成比例的重要性。在井冈山的第一年中，他们构成了红军的大部分。在永丰，人口的1%多一点是游民，但他们占有10个地方政府职位。对游民早期的显赫最似是而非的解释是，与农村人口其余的部分相比，他们是冒险者。毛泽东乐观地报告说，由于游民得到了土地，他们中止了从前的职业。但是，他们缺乏责任感的作风有时被带到地方的党和政府的运作中来，例如，只有长得漂亮的妇女才被招聘来做政府工作。[92]

共产党

问这样的问题是非历史和不切实际的：“面临这样一系列经济形势和政治态度，党将如何应对?”党首先不得不使其自身致力于武装生存的任务和对乡村革命的领导，只有那样它才能够通过一种艰难的政策实验的过程，发现乡村的社会结构和潜力。对于作为世界主义者、以无产阶级为导向的中国共产党来说，这是一场长期和痛苦的身份危机，党中央感受到的军事化、乡村化和地方化的威胁

是实实在在的。对于历史学家来说，应该令人惊讶的不是中央委员会拒绝接受这个革命的新起点，而是毛泽东这么快就感受到了一场长期的根据地斗争的革命合法性和本质的要求。他在这种转变上得到的马克思主义的帮助，不如客观生存需要的帮助和他基本的革命—平民主义方法的帮助多。

虽然执政官主义（praetorianism）对于中国共产党人来说从来没有真正成为一个问题[93]，但 1927 年为了生存和扩张转而主要依赖于军事力量，这对党的身份的许多方面是一个挑战。瞿秋白在 1927 年 9 月给毛泽东下达的关于“军人和土匪对于土地革命来说仅仅是辅助力量”[94]的指示，不是简单地表明一个传统的中国人（以 130
及共产党）对军人的厌恶。国民党对北伐的军事力量的屈从，已经使它削弱并最终放弃了社会革命计划。尽管军事事务处于中心地位，但红军在政治上仍是可靠的和顺从的，这是一项相当大的成就。我认为这种成功的主要原因有两个：军队范围内的政治和社会改革，以及在乡村中军队的政治任务与它自身军事支持结构的发展之间的统一。政治教育、平等和民主的原则倾向于创造一支革命的军队而不是一支用于革命的军队。而且，军队对农村革命的支持不是与它自己的繁荣无关的一项政治义务，这种支持同时建立了军队自身后勤的、准军事的和招募新兵的资源。所有这些因素都被 1929 年一年的机动作战弄得很紧张，在《古田会议决议》中，毛泽东明确使军队恢复了它的内部和外部的政治—军事整合。毛泽东关于军队的政治概念也是他拒绝李立三和林彪在 1930 年的流动游击战略的部分原因。

党的领导人对毛泽东在乡村的努力还有另一个疑虑：农民涌进党组织，结果会淡化党的无产阶级特征。1928 年夏天在莫斯科召开的党的六大上，就有这样的抱怨：“党在组织上有脱离无产阶级的危险”，而第一项证据就是“农民数量超过工人同志七倍”[95]。无产阶级专政——马克思的科学预测和列宁的通往权力之路——在一个农村的背景中似乎是不可能的。在什么意义上党仍然是无产阶级的先锋队？毛泽东从来没有直接回答过这个问题，他回避了关于党的理论的一个主要争论，不过是以牺牲基本概念的清晰性为代价的。中国共产党对工业无产阶级的强调不是被毛泽东消减了，而是被源于自身连续的政策失败消减了。毛泽东自己强调根据地和红军的意识形态问题具有小资产阶级的，有时甚至是封建的根源，在井冈山的时候，他曾要求把工人派给他以加强那里的无产阶级成分。但毛泽东行动中的阶级取向是受压迫者。他期待在分田地的小资产阶级
131 革命之后，贫农仍继续政治斗争，而这种斗争是针对错误指导地方政策的机会主义者的斗争。[96]他希望领导人继续通过密切联系群众，来服务于这种持续的斗争和共产党的利益。这样，群众路线的灵活性就把对于上级指示的忠诚，或作为政策的最终决定因素的历史唯物主义知识，悄悄地打发掉了。对毛泽东来说，领导的身份比信徒的身份更重要。

党在土地革命中的特定任务是，提出正确的政策和推动革命的深化。党不应该支配苏维埃政府或代替它们作为决策机构。除了在所有的事务中促进正确的路线以外，党要避免有害的冲突，比如宗族战争和政府的地方主义。[97]在懂得了乡村动力的一般模式之后，党就可以推动革命进程从一个阶段迅速发展到下一个阶段。但是密切联系群众的义务——既是为了避免教条主义错误，也是作为一种道德上正确的取向——仍然是领导的基本前提。

社会革命

对领导的灵活性和实用主义的一个论证，是农村中的社会革命具有难以预料的特点。特别是这样三个问题要求毛泽东提出创新的领导：指导红军充当农村革命接生婆的角色；平衡对“中间阶级”的保护和乡村中贫民对再分配的需要；以及引导农村革命从最初的起义发展到一种起作用的民主集中主义。

红军在建立井冈山和江西根据地中发挥的作用，既与正统的马克思主义相矛盾，也与更为新近的农村革命动力的理论相矛盾。在阶级斗争理论背后的剥削逆转原则将使我们预期最受压迫的阶级将是最革命的阶级。亚瑟·斯廷坎比（Arthur Stinchcombe）把这一

原则应用于农村地区，他预测适合家庭雇佣的佃户（在中国的情况下是贫农）将会起来造反，因为交付的租金无疑是他们的大部分收入，再加上农业风险的不平等分配，以及地主的冷漠和明显过剩的财富。[98]但农村无产阶级（农场的工人）最初的作用是不重要的，132
即使是构成了人口60%的贫农，一开始也没有控制革命。更为晚近的时候，下面这个命题被提出来，即，中农最可能领导农村革命恰好是由于他们所具有的相对独立于直接剥削的地位给了他们更大的行动自由。[99]但早期根据地的起义主要不是中农革命。在井冈山最早的起义中，中农与富农和小地主联合反对革命。[100]1930年11月，毛泽东接到报告说瑞金县80%的共产党员是地主和富农，共产党在上犹的党组织中，38%的成员是地主和富农，还包括一个白军的上尉。[101]由此看来，红军是建立一个根据地的必要条件。

但红军不是农村革命的一个充分条件。正如阿拉维（Alavi）所看到的："土地改革是由农民委员会，而不是由一个共产党的官僚机构来实施的。"[102]红军对地主军事力量的毁灭，以及从推翻地主阶级当中受益最多的各个阶级最初的谨慎和疑惑，导致了一个权力真空，这一真空由机会主义者和旧的权力结构中声誉尚未败坏的人所填补。红军在宣传上的有效性可以使它更加得力地促成地方的起义，但红军缺乏人员和关于地方情况的详细的知识，后者对于为土地分配第一阶段的进行提供外部领导将是必不可少的。而起义仅仅是农村社会革命的开始。

根据地领导最紧迫的实践任务是设计政策，这种政策要适合农村社会结构，与党的意识形态目标保持一致，且能有效地使农村的支持最大化。早在写作《井冈山报告》的时候，毛泽东就明确偏爱一种全面动员的方法，而不是更为激进但不太有效的多数主义的方法。

很明显，成功的革命政策必须考虑群众的需求和愿望。如果红军仅仅依靠其军事上的优势来要求服从，那么它会极大地提高其管理成本，并降低乡村支持的水平。但是还有另外的决定政策受欢迎程度的标准：一个是强调这一政策能够动员起来的有效的大众支持 133

的数量；另一个则强调政策与大多数“民众”偏好的一致性。在许多情况下这两个标准并没有分歧，一个大多数人喜欢的政策通常能产生相当大的积极的支持。但随着井冈山的土地分配出现的问题，在毛泽东提倡的动员起来的群众民主与一种更形式主义的多数民主之间的区别，产生了一个主要的政策分歧。这个分歧是，是否所有的土地都应当被没收并用于再分配。由于根据地大多数人是贫农，他们的偏好可以被假设为大多数人的偏好。但多数规则并不产生最可行的土地政策，因为它会疏远中间阶级。当共产党的控制减弱时，最明显的问题出现了：

> 全国革命低潮时，割据地区最困难的问题，就在拿不住中间阶级：中间阶级之所以反叛，受到革命的过重打击是主因。[103]

当一个地区被白军重新夺取后，即使是小土地所有者也会引导白军到革命农民的家里去。因此，正如毛泽东所说的，在形势不利的时期，贫农变成了孤军。

在平常时期，一个反中农的土地政策的后果是很严重的，因为这种政策促使自耕农与小地主成为有力的共谋，这使共产党对贫农的动员遭到失败。这种反共联盟通过宗族体系发生影响，因为宗族体系更多地受中间阶级的支配，而不是受大反动派的支配。简言之，过于激进的土地政策（虽然符合大多数人的利益）在形势有利时期会产生一个太过庞大且难以制服的反对派，而在形势不利时期则产生了一个彻底根除共产主义影响的工具。

这种经验促使毛泽东倾向一个非多数主义的，但也不是非民主的政策标准。如果现在有一种力量，它一旦被疏远，就将阻碍对大众力量的动员活动，那么不疏远它就变成了决定性的政策方针。这仍然是毛泽东的一个基本原则，是他的联盟政治对内的复制品。对毛泽东来说，“压倒性多数”这个措辞不是一个纯粹的数字或一个
134 数量比例，而是为了压倒而需要的多数。群众永远不应成为孤军，

而敌人应当一直是“一小撮”。从 1932 年到 1934 年，党的领导人都没有留心这个教训，但在毛泽东的抗日战争的政治活动里它再次成为一个基本原则。

直到 1933 至 1934 年间，引导农村社会革命走出最初阶段然后建立一个真正的群众政府的问题，最终才得到解决。极度怀疑地方官员与渴望依赖人民群众之间的矛盾是很令人沮丧的。毛泽东最初把阶级背景的标准应用于 1928 年对地方党员资格的整肃，后来这一标准日益成为他主要的“质量控制”标准。但阶级背景是由地方一级确定的，而地主和富农成分的不利之处越来越多，所以他们当中的许多人被非常配合的官员重新指定了成分。在 1933 年 3 个月的查田运动中，13 000 多个掩藏身份的地主和富农家庭被揭露出来。[104]其他的控制方法包括召开一般的会议来调查进展情况（比如毛泽东在 1930 年 11 月参加的调查会），为各种政策的实施设定最后期限，以及进行检查。当时基本任务是鼓励贫农和雇农为深化革命而斗争，但这是一个困难的动员任务，因为现有的地方领导直接控制了农村。虽然兴国后来成为一个模范县，但黄宗智介绍说，在国民党对江西的第二次“围剿”战役中，当他们于 1931 年 4 月重新占领了兴国后，相当多贫穷的村民援助了反革命军队。[105]直到 1933 年，在大多数地区，政治斗争都有可能以一种曲折的方式发展，几乎没有有效的中央协调。

土地政策

中央的政策对于领导根据地来说至关重要，而一般情况下对党的领导至关重要的一个主要政策是土地政策。从 1927 年一直到 1931 年 12 月《苏维埃土地法》被公布，共产党的土地政策一直处在不断变化当中。部分来说，这种变化是由权力转换和对农村革命的相互冲突的解释造成的，但就是毛泽东的土地政策的成形也经历了相当长的发展，因为根据地的经验要求纠正一些偏见，而政策的复杂性也要求在应用政策时具备相应水平的细节。

135 **相互冲突的土地政策**

在1927—1928年间，在土地政策的建议上尤其有一种不协调的音调，这反映出时代的混乱和共产党所面临的新问题。陈独秀坚持他早期在追求农村利益上的适度原则，他在1927年11月说，孙中山的“耕者有其田”的口号“对群众来说太抽象而不能理解”[106]，然后建议“四不”：不付租，不纳税，不给政府交粮，不还债。而瞿秋白领导下的中央委员会的政策则更加激进和混乱：

> 为了彻底实行土地革命，必须进行起义没收所有大中地主占有的土地（全部没收是实际的结果），屠杀所有的乡村首脑和劣绅以及反动派，并没收他们的财产。[107]

瞿秋白迅速发展了一种更为一贯的全部没收和革命恐怖主义的土地政策，这一政策造成了一个在前面讨论过的问题，即井冈山存在的敌对的中间阶级的问题。

1928年在莫斯科中共六大上采纳的农民政策，在相当程度上更现实。[108]它规定：“在中农占多数的地方，尤不可强施‘平分土地’。”虽然这个政策不像毛泽东已经在井冈山的新地区所应用的政策那么自由，但是它谨慎的基调并强调与中农结盟，令人满意地缓和了瞿秋白尖锐的激进主义。与瞿秋白一样，六大对于处理富农问题没有一个明确的立场。六大认为共产党与富农是敌对的，不过它建议在可能的情况下“共产党应企图吸收富农于一般农民反军阀反地主豪绅的斗争之内”。

虽然六大对于农村革命更为谨慎的观点受到毛泽东的欢迎，但它欢迎与富农的合作这一点却受到李立三的利用，他希望这种合作可以为他的城市起义提供最大的支持。在1930年6月的《土地法》中[109]，李立三仅仅要求没收富农出租的土地，并允许根据劳动力来重新分配土地。像瞿秋白和党的六大一样，李立三把再分配看做一种临时的手段，鼓励合作社农业但禁止出卖土地。这些政策使一
136 个由富农组成的拥护李立三的党内派系在江西活跃起来。

李立三的政策遭到了两方面的强烈反对：一方面是来自共产国际的反对，自从中共六大以来，共产国际已经决定了一项反富农的政策，该政策允许土地买卖[110]；另一方面是来自毛泽东的反对，他管理根据地方面的经验，已经把他带到一种更强烈的反富农的立场上来。共产国际在 1929 年 6 月 7 日的一封信里表达了观点上的变化。[111]这种向反富农政策的转变与斯大林在苏联清洗 kulak（富农）阶级的决定是一致的。到 1930 年 9 月，李立三的政策提出 3 个月之后，共产国际已经制定了相应的措施，即放弃国家合作社的理念，允许没收所有的富农土地，允许土地的买卖。

毛泽东对李立三土地政策的反应比共产国际更加迅速。受到毛泽东影响的那些团体在 1930 年 6 月采纳了一个反对李立三刚刚公布的土地法的决议案，该决议案彻底分析了富农的反革命性质，并提出有必要制定一个针对富农的有力政策。[112]显然这一文件不是由毛泽东草拟的，但是它与毛泽东的土地政策所采取的方向，以及他后来在秋天所作的调查的结果相一致。1930 年 12 月 8 日的“富田事变”使得两派间逐步展开的对抗戏剧化了，这两派之一是拥护李立三、拥护富农的江西省行动委员会，另一派是由毛泽东所领导的拥护红军、反对富农的力量。最终，当留苏学生的斯大林派（“二十八个半布尔什维克”）发展出他们激进的反富农主义（antikulakism）的中国版本时，连毛泽东的政策也被谴责为是拥护富农的政策。通过遵循一条相当一贯的路线，毛泽东成功地站在瞿秋白的右翼、中共六大的左右两翼、李立三的左翼（仅仅在土地政策上），之后又站在“二十八个半布尔什维克”的右翼。

毛泽东的土地政策的发展

毛泽东自己在井冈山、江西的土地政策，表现了在他日益积累的土地政策的经验与他执行党中央的土地政策的义务之间的紧张关系。毛泽东土地政策的基本原则是分配平等，而政策发展大体上是试图使这种平等化更为有效。

研究毛泽东井冈山土地政策的基本文献是他在 1928 年 11 月 25 137

日的报告和注明日期是 1928 年 12 月的《井冈山土地法》。正如我们已经看到的，在这个报告中毛泽东讨论了没收全部土地所造成的疏远中间阶级的影响；大概从 1928 年 9 月开始——当时开始夺取新的地区——他已经改变了那种做法。但这部日期注明在该报告之后的土地法，仍然规定所有土地都应没收。由于这部法律是由毛泽东颁布的，我们必须假定它写错了日期。

这部土地法有一些特性体现了毛泽东决策方法的特点。其中两个最显著的特点是：允许地方单位在实施法律时享有自由裁量权的大小，以及分配的平等。几乎每一个重要的条款都列出了一个主题方法或标准，以及一个或多个可以用于特殊环境的替代方法。土地分配的基本方法是根据人口，每一个人平等计数。对这一标准的辩护（记录在该法中）是所有人都需要生活。虽然几乎所有家庭都有孩子或老人，但这些不能做农活的人仍然为苏维埃做着有价值的工作。分给那些能够干活的人两倍土地的替代方法也是允许的。另一个值得注意的条款是，红军和赤卫队的士兵和军官，以及公共机构中的工作人员也取得土地的份额，政府雇人为他们工作。1929 年 4 月在兴国县适用的土地法，只有一项与井冈山的土地法不同：限制没收公共的和地主的土地。坚持当时党中央的政策，这两部法律都不允许出售分配来的土地。

到 1930 年早期一部更为详尽的新土地法公布之前，兴国版本的井冈山土地法最有可能是农村工作的正式模式。[113] 1930 年的新法规定了没收富农的土地。不论年龄和性别的差异，土地和许多其他生产资源被平等分配给所有人，包括仍然待在农村的反动派的家眷。所有债务都被取消，并建立起一个累进税制的系统。该法最具创新性的特色是它的再分配原则。第一条原则“抽多补少”，是为了数量上的平等所作的基本调整。第二条原则“抽肥补瘦”，是为
138 了财产在质量上的平等而作的调整。如果仅有第一条原则，富农就愿意让出他们最差的地，而保留他们最好的地作为自己再分配的份额。这恰如毛泽东在他的《兴国调查》中指出的，富农占有非常好的田地，只购买非常好的田地，并且只接受好地作为抵押物。当第

二条原则起作用时，各类农民在土地占有上就实现了真正的平等。而剩下的主要不平等是耕作能力、劳动力和农具。

这两个再分配的原则反映并促使土地改革分成三个阶段发展的倾向。[114]起义后进行的第一次再分配，特点是最初的乡村领导造成分配的参差不齐。第二次分配则达到了数量上的平等。第三次也是最困难的一次分配是针对质量上的平等。不是所有的乡村都遵循这种三个阶段的模式。一般情况下，不管经过几次分配都达不到质量上的平等，但在某些情形下，第一次分配就会达到质量上的平等。而有时土地再分配又完全游离于这个框架之外：在某地区，第一次分配给了孩子和老人 1.5 个单位的土地，这种做法由于建立在传统的“孝”观念的基础上而遭到批评。

土地政策的复杂性

只为没收土地和再分配制订方案，是不可能解决所有的土地政策问题的，也不能完全尽到毛泽东在这方面的领导责任。逐渐形成的与土地政策有关的重要的复杂情况有两个根源：农村条件内在的复杂性，以及更重要的由土地分配本身所造成的破坏。

复杂性来自这样的发现，即农村生产资源不简简单单就是土地。这样，如何划分从中可以获得食用油植物的山地、木柴的来源、池塘（大的和小的）、茶叶种植园、桑树林等等，比党中央的任何指示所能想象的情况都要复杂得多。毛泽东的原则是所有能分配的东西都应该分配。但对这个原则的详细说明产生了土地法的许多复杂条款以及乡村中的特别分配委员会。而个体村民的经济状况，比在土地法中阶级名称所暗示的内容要更为复杂，这个问题在毛泽东的《兴国调查》中 8 个被调查人的家庭历史中体现得特别明显。土地改革不是对他们中的任何一个人都是纯粹的福音，虽然他们都是获益大于受损。 139

土地再分配加剧了乡村的阶级斗争，而农村条件的复杂性又创造出了意想不到的争论领域。复杂性主要是由土地再分配所导致的农业周期的交叉造成的。当一次再分配发生在非冬季的秋收和春播之间时，问题就产生了：新的所有者是否应该就原来所有者已经在当前的收成上投入的工作给予补偿。那些在再分配中失去土地的人们——通常是地主和富农——要求得到收成的一定份额作为他们投入的补偿，来降低他们的损失。官方的政策是“无偿得田，分田分青”，但大多数农村实际上都给予了一种有折扣的赔偿，这是富农在村庄一级权力的体现。

如何划分耕地，是再分配完成后使富农和贫农两极分化的政策问题中最重大的一个问题，但它不是唯一的问题。贫富农基本的冲突是，贫农希望所有的财产分配都实现平等化，而富农的反攻——把农村革命限制在或多或少做出让步的土地所有权问题上——获得了相对的成功。[115]这种冲突的表达并不一定显而易见。举例来说，在土地再分配后，富农反对允许出租土地的做法，而贫农则赞成这种做法。这种传统态度的逆转是由以下的形势造成的：土地划分后，许多贫农，尤其是雇农没有足够的工具或劳力来在他们扩大后的土地上工作。富农以自己剩余的生产力（工具和劳力）[116]控制卖方市场，他们利用共产党人的反租宣传，来反对他们的那些刚刚获得充足的土地，但是劳力不足和工具缺乏的邻居们。如果允许出租，富农更喜欢以佃农的劳作充当谷租的安排，而不喜欢一个设定的租金，因为他们的收益将较少地取决于精耕细作，而且有更多的土地能够被出租和耕作。毛泽东所建议的适合这种形势的政策直接支持贫农：首先，由贫农为使用富农剩余的工具做出安排；其次，当土地出租给富农时，要有不少于正常收成50%的定额租金；第三，不得拒绝出租，村政府可以强制分配将要出租的土地。最后一
140 项是维持生产出现严重困难时的体现。在江西苏维埃，直到1933年革命前生产水平才得以恢复，而在1930年11月毛泽东就注意到了普遍的抛荒问题。[117]当然，由多次红军—白军战争前线的转换所造成的军事破坏，说明了一部分生产损失的原因，但关于抛荒问题的经验帮助解释了毛泽东在长征之后实行的保护富农经济的政策。

一般来说，复杂性使得有必要对毛泽东的土地政策进行更为详尽的说明，但是在这些政策中，除了财产彻底平等化的经济标准，

以及依靠群众斗争与怀疑富农相结合的政治标准外，没有增加新的原则。随着新的“二十八个半布尔什维克”领导下的中央委员会来到江西，以及江西苏维埃在1931—1932年间重组为中华苏维埃共和国，这种土地政策的相对稳定很快就被搅乱。在这期间，中央仍然把负责执行土地政策的任务留给毛泽东——但这时土地政策是由党的领导人所阐明并建立在新的原则基础上的，这些新的原则极不同于毛泽东在根据地的工作中发展出来的那些原则。

结论

从1927年到1931年，伴随着作为一个地方化的政治—军事力量领导人的成功实践的发展，毛泽东的政治思想也同样在发展，毛泽东的第一个理论任务，是解释他的团体在1927年的大失败之后的生存。当毛泽东从他的游击经验中发展出根据地的政治—军事战略时，他提出了更多的有关正确领导的普遍规范。后来，在江西省苏维埃庞大而陌生的领土上，他面临着更棘手的革命行政机关的问题。这一时期毛泽东的领导角色是独特的：他服从党中央的领导，他的指挥有时被中央的全权特使所取代，不过通常他对根据地和军队的指挥，由于距离上海很遥远从而拥有了广泛的自由裁量权，这些裁量权对于他逐步提出的综合的游击政策来说是必需的。

下面这种说法似乎很荒谬：毛泽东在政治发展上最具有创造力
的时期，应当出现在他与国际和国内政治以及共产党和共产国际的
领导最为隔离的时候。之所以产生这种悖论，主要是因为观察家认
为一种思想变化是有它的思想来源的。毛泽东的农村革命战略的发 141
展，在生存的实践背景中是完全自然的。毛泽东的政治创新是作为
对即将到来的实践问题的解决之道而设计出来的，他没有自觉地宣
称它们在共产主义理论中的原创性。实际上，由于他在教条的等级
制中所处的从属性地位，避免出现原创性对他是有利的。毛泽东宣
称他从一个通过经验和调查获取信息的客观的有利位置上处理根据
地的实际问题。他坚持说，通过上述方法他已经得到了正确的

政策。

这一时期毛泽东的战略创新，是建立在他的政治价值连续性的基础上的。最早毛泽东在他“五四”时期的著作中表达了群众权力的至上性，在根据地的动员政治中，可以发现他同样确信这种群众权力的至上性。集聚起来的大众的热情成为毛泽东在1919年提议“民众的大联合”的基础，而在1928年“给中央委员会的报告”中可以发现他对这种热情表现出同样的关心。而且，在这一时期毛泽东对实践有效性的强调非常明显，最明显的例子是他对唯心主义的高层领导人的批评，认为这些领导人不关心他们的指示的有效性。他对革命组织和意识形态的关注也非常明显，这种关注是毛泽东的思想在国民革命时期的基本发展。毛泽东对党员的道德要求在《古田会议决议》的第一部分得到了经典的表述，而马克思主义的阶级分析法帮助他构造了他的调查和政策。尽管根据地地处偏远，毛泽东仍然在全国和国际的党的领导框架中开展工作。根据地时期的两个新组织，红军和苏维埃政府，不是用与共产党同样的意识形态纪律和组织纪律来进行组织的，但是由于它们具有更受欢迎的特点，红军和苏维埃政府被期待服务于同样的目的，并遵守同样的原则。

根据地早期经验对毛泽东的思想发展的基本贡献，是在实践上把革命的平民主义与处于地方化的政治—军事霸权背景下的组织结合起来。这种结合促成了一种在马克思主义理论或中国共产党领导人意料之外的农村革命战略的发展。党中央的领导人关于毛泽东在农村中的活动的忧虑基于以下观点：毛泽东的新战略不是简单地把
142 现有的理论应用于一个新的环境。他的政策方法及其相关的价值构成了一种新的然而是潜在的中国共产党的政治范式。

然而，毛泽东从他在井冈山的开端发展出一种农民运动，这方面的成功已经使人们忽视了根据地创建的独特环境。这种环境不是激进的城市知识分子与导致1926—1927年间农民协会如火如荼发展的各阶级农民的混合产物，前者的天真和后者的热望，最终被1927年秋收起义和广州公社的失败所毁灭。它也不是在体现抗日战争特点的全国性防御的旗号下对农村的平稳渗透。在井冈山和江

西，地理位置在军事上的有利条件、农民和军队通过北伐而实现的部分政治化以及农村社会的剥削结构，都是创建根据地的必要因素。只关注这些因素中的任何一个，都不会产生一个可行的基础。相应地，毛泽东对在他长期的农村革命中遇到的生存问题的解决办法，是一致地强调游击战争、政治教育和平等的再分配的思想。

不仅红军对建立根据地是必要的，而且在根据地当中的政治动员对军队和根据地的生存来说都是必要的。如果片面地从根据地形势的这个方面抽象出来，那么红军与任何大土匪或小军阀并非很不同，这样就有人认为毛泽东的主要创新是对中国共产主义的军事化。[118]上述解读忽视了政治教育在根据地所发挥的同样根本的作用，军队的政治化，还有对乡村中下层阶级的斗争的鼓励，都为共产主义军事力量赋予了一种特定的政治内容。红军具备政治功能，它所具有的积极性以及农民新兵的勇气和胆量，都取决于政治上的动机。尤其在农村，政治教育是一个中心任务，这是因为必须对剥削结构保持自觉，以便从起义最初的个人仇恨，发展到为了把革命继续下去而建立一种群众参与的系统。毛泽东进行地方政治教育的方法，既不是完全的监护，也不是完全的形式民主。通过斗争获得的自我教育，比起中央的行政指导来说，是地方政治教育的一个更为重要的传达手段。无论在选举的意义上，还是投票的意义上，毛 143
泽东都不是一个多数主义者，因为选举大会太易受到机会主义者的影响[119]，把全部的目光都集中在作为农村的大多数的贫农的愿望上，可能会被证明弄巧成拙。毛泽东在根据地早期从事群众政治活动的目的，不是合法性而是动员的效果。他的群众政治活动的合法性，得到他在建立他的“压倒性多数”时从社会阶梯的底层进行动员的保证。虽然这种方法意味着，政治是由联盟的最后一个成员的利益而非由联盟的核心部分的利益来决定的，但这种方法并不违背群众的利益反而是试图实现他们愿望的机会。为了政策实施而进行动员的标准，表明了毛泽东的共产主义的关注点从革命合法性问题到群众领导问题的一种转变。他的通过动员进行客观领导的方法论和他的避免脱离群众的道德规范，与这种新的关注点一同得到发展。

政治教育和经济再分配在根据地密切联系在一起。我们已经看到平等主义在军队中发挥了重要作用，但它更为重要的舞台是土地政策。由埃里克·霍布斯鲍姆（Eric Hobsbawm）所描述的原初无政府主义者的极端平等主义似乎已经不复存在，这可能是由于军队在起义中所起的作用。[120]在江西，土地划分从不平等着手，向着数量和质量平等的目标前进。虽然这种平等化的进程可能包括一场在失去土地者和获得土地者之间进行的斗争，但是，平等划分不应导致一场殊死的阶级战争，因为它给每一个人都提供了土地。虽然江西时期的早期阶段过于短暂，不能使在分配政治的平均化倾向与生产经济的集中化倾向之间的冲突尖锐化，但我们可以认为在延安和中华人民共和国（甚至还有一些将在下一章描述的、后来的江西模式）的实例中，为了恢复生产力，那种平等主义的分配将最终会要求农村采取合作社的形式。在毛泽东看来，平等的再分配是农村范围的压迫的真正结束。在这种基础上，政治—军事革命可以继续前进。

第四章

治理中华苏维埃共和国（1931—1934）

中共中央委员会的领导层从受到威胁的上海总部转移到位于赣 144
南的毛泽东的领地，这一举动显著影响了江西根据地的力量平衡，以至于在革命战略基础上的一种同等重要的变化通常被忽视了。这种变化同1931年11月7日中华苏维埃共和国宣布成立有关，这一天是俄国十月革命的14周年纪念日。江西省苏维埃的重新命名把它提升到了中国第二个主权国家的地位，一个同国民党控制的中华民国并存的政权。它宣称要使分散的各个苏维埃的努力相互协调，在这些苏维埃中，江西苏维埃（或更确切地说，是中央苏区）是最大的一个。[1]这种宣称虽然不像它自诩与中华民国成为并列的政权那样令人难以置信，但也是不成功的。实际上，它是一个以赣南为中心的地区政府，包括闽西边界的一些县，可能还包括广东的毗邻地区。[2]

在毛泽东和党的领导人之间，特别是在毛泽东与来自莫斯科孙逸仙大学的米夫（Pavel Mif）的信徒们——他们被称作“留苏派”[3]或“二十八个半布尔什维克”——之间的权力关系的不寻常的特点，是中华苏维埃共和国政治环境的一个重要方面。由“权力斗争”这个词所暗示的公开的派系对抗的看法是错误的。[4]批评毛泽东的人是他不得不服从的党的上级，反过来，党的领导人在鞭笞毛泽东的政策和朋友时，也通常避免指名道姓。自从1927年以来，毛泽东一直都是中央委员会的一个忠实但疏远的下属，这种关系并

没有随着他们抵达江西而有所改变。而且，“二十八个半布尔什维克”支持集体领导的原则和职责的划分，明确拒绝陈独秀家长式的
145 作风和李立三的个人统治。由于共产国际和中央委员会都渴望在江西的领导方面维持一些连续性，所以毛泽东是作为新的苏维埃政府行政首脑的自然人选。然而，党的领导人来到江西的事实已经改变和限制了毛泽东的领导角色，纵观中华苏维埃共和国短暂的历史，毛泽东和“二十八个半布尔什维克”之间在风格和政治上的基本分歧一直持续着，虽然直到 1935 年 1 月的遵义会议——当时他被选为政治局主席——之前，毛泽东都没有把这些分歧用语言表达出来，更不用说发展成为明确的对抗。

在 1931 年于上海举行的第六届中央委员会第四次全体会议上，“二十八个半布尔什维克”凭借他们对李立三的反对和他们与共产国际的关系而取得了支配地位。但是，上海的局势迅速恶化。1 月的晚些时候，20 名有经验的党的干部遭到国民党的逮捕[5]，4 月，国民党的秘密警察取得了一个关键的胜利，他们捕获了中央委员会安全与联络负责人顾顺章。顾顺章把他掌握的关于中国共产党的人事和运作方面的大量情况告发给国民党，从而破坏了中央委员会的交通网络。中央委员会决定把党中央疏散到苏维埃地区。[6]共产国际适应这种从城市中撤离的转移，它在 1931 年 7 月宣布，由于中华苏维埃和红军的出现，中国革命在各个殖民地运动中居于首位。[7]

在江西，中央委员会对“富田事变”相对温和的反应，以及根据地最终得到了与其重要性相符合的认可，都有助于毛泽东接受中央委员会在 1931 年的新关注点。一开始，这种过渡进行得相当平稳。毛泽东和朱德是最初的中央控制集团——政治局的成员。1931 年的大部分时间是在第二次和第三次反“围剿”战役中度过的。但是在 9 月，中央委员会对江西的军队和民政的领导进行了全面批评。正如下面这个警告所表明的，批评的对象明显是毛泽东：

> 红军中的狭隘经验主义对实际工作有深刻的影响。它完全
> 146 否定了马列主义的革命理论，鼓励人们从其狭隘的、短视的经

验出发来看待所有的问题。这只是农民的落后的意识形态，这种意识形态将带来非阶级路线的混乱。[8]

这种针对当地领导的批评态度在1931年11月被中央苏区党组织第一次代表大会正式采纳。在江西，宣誓对党效忠是把江西根据地重建成为中华苏维埃共和国的一部分。整个1932年，随着中央委员会成员的陆续到来，对先前的领导的批评变得更加严厉。

中华苏维埃共和国的建立是对苏维埃的力量产生乐观主义的结果，而这种苏维埃的力量是由1931年夏天所取得的那些胜利，加上突然得到了具有全国和国际地位的领导人产生的。自诩为中华苏维埃共和国，与“二十八个半布尔什维克”的斯大林主义的背景和倾向非常相符。中华苏维埃共和国在中国这个微观世界里的政治地位，反映了苏联和世界其他地区之间的关系。正如在斯大林的“一国之内建成社会主义”公式之下的苏联，中华苏维埃共和国同时扮演了三种角色，分别是：在一个特定的领土内保卫其人民的政府、全中国被压迫阶级的假定的领导和社会主义未来的中国模式。与这种自我理解同样难以置信的是，它的意识形态转型——江西苏维埃从革命政治活动的边缘变成正确的共产主义政策的展台——设定了江西政治活动的意识形态环境。毛泽东逐渐形成的生存战略被批评为农民的机会主义和小说上的军事策略。

中央委员会的到来以及中华苏维埃共和国的建立，对毛泽东在江西的领导角色的影响是巨大的。从1931年秋天到1932年秋天，毛泽东从根据地全面的军事和政治领导变为中华苏维埃共和国的政府主席，而领导江西的意识形态、党和军事的功能，接连被中央委员会的领导人所承担。这不是简单地对毛泽东角色范围的削减。因为，首先他的综合的方法与权威的划分是不相容的；其次，作为一个行政实体的中华苏维埃共和国的领导，远不同于从前的根据地领导。

中华苏维埃第一次全国代表大会于1931年11月在瑞金（中华苏维埃共和国的首都）召开，通过了一整套全面的法律，毛泽东的 147

新任务就是执行这些苏维埃的法律。第一次代表大会的效果，在一本写于 1932 年 1 月的手册《苏维埃政权》中，得到了很好的总结：

> 这次大会的巨大成就在中国苏维埃运动史上具有特别重要的意义。大会总结了过去三四年苏维埃的斗争、经验和教训，指出了早期苏维埃运动的弱点和错误，通过了苏维埃宪法和各种各样的法律，比如《劳动法》、《土地法》、《经济政策》等等，并建立了中华苏维埃共和国。它建立了全国苏维埃临时中央政府，统一了各个苏维埃地区的领导，并以这种方式鼓励了中华苏维埃运动更为迅速地向前发展。[9]

在这段叙述中可以明显看出的是，虽然根据地的经验是有用的，但政策任务将受到由第一次代表大会建立起来的新的法律和行政框架的限定。作为苏维埃政权的行政首长，毛泽东承担起新的执行责任。毛泽东的目标不再是简单地进行最大规模的大众动员，新的行政职责与他从前的理想之间有一种严重的紧张关系。中华苏维埃共和国的建立导致了一场运动，即在各个层级上把苏维埃政府的组织和中国共产党的组织明确区分开来。[10]对第一次代表大会所采取的全面立法的高度期待，使毛泽东的政府机器被置于一种难以忍受的压力之下，这种压力将不可避免地导致井冈山的致命错误——使官员们整体脱离群众。

在应对因上述压力而发生的领导危机时，毛泽东开始逐步形成以群众为导向的领导方法，这些方法是把他早期的政治原则扩展开来，用于对持久且大规模的政府所面临的问题的解决之道。他的这种新方法，即依靠细心指导的动员运动来加强和利用地方上的积极而和谐的政治风气，在 1933 年的查田运动中得到了第一次也是唯一的一次尝试。查田运动中特色鲜明的毛泽东主义政治的再度出
148 现，被“二十八个半布尔什维克”看做一种挑战和对他们的无产阶级政治的背离。1934 年上半年，毛泽东的地位迅速降低，但随着中华苏维埃共和国在 7 月到 10 月间的失败（这很难归咎于毛泽东）

和长征的开始，毛泽东对江西领导人的军事策略进行了广泛批评，这些批评在1935年1月的遵义会议上被党中央所采纳。1936年，在位于中国西北的长征的另一个端点，毛泽东把他对军事策略的批评扩展到对“二十八个半布尔什维克”的政治的全面抨击。

总而言之，毛泽东的政治思想在中华苏维埃共和国的复杂政治形势中，特别是在政府和行政领域中，取得了重要的进展。但1931年以后的政治形势阻碍了他在根据地政治上的连续性。实际上，它改变了毛泽东的领导角色，把他从一个拥有全面自由裁量权的远方的下属，变成了处于意识形态监督之下的一名官员。结果，毛泽东的理论发展遭到压制，并与实践政策的进展不符。1935年成为政治局主席后，毛泽东被期待从事全面的领导，与中华苏维埃共和国时期形成巨大对比的是，他进行了大量的理论总结。但这些延安时期的著作是毛泽东的政治范式的胜利，而不是由这种政治范式创造出来的。

在一个苏维埃之内建成社会主义：中华苏维埃共和国的政策

作为中华苏维埃共和国中央执行委员会的主席，毛泽东是江西红色政权的法定首脑。所有的政府法律和声明都是以他的名义以及副主席项英和张国焘的名义公之于众的。但明显的是，对这些法令的许多内容的起草，毛泽东并不亲自负责。他的工作只是执行这些以他的名义发布的政策，所以这些政策构成了他从1932年到1934年的活动背景，并对第一次全国苏维埃代表大会之后的第一年和第二年的上半年，具有相当的重要性。

内部政策

江西苏维埃的内部政策旨在为共产党人控制下的地区创建一个模范社会主义政府——既是为了该地区本身，也是为了这样一个模范政府将具有的对中国其他地区的宣传价值。由于有使苏维埃成为 149

中国的一个缩影的自觉心态，那些负责第一次全国苏维埃代表大会的人们制定了一套基本法、一部劳动法、一部选举法、一部土地法、一个经济政策宣言，如此等等，而所有这些都不适合于行政区域内的实际立法需求。而且，20 世纪 30 年代早期，苏联极端的意识形态压力以强有力的姿态出现在江西，出现在“二十八个半布尔什维克”的集体人格中。带着一种教条的形式主义倾向，他们在决策上固执己见，还强为自身辩护。[11]结果是，在怀有极大兴趣的共产国际的积极帮助下，受过苏联教育的党的领导人可以被认定是中华苏维埃共和国组织法的主要作者。

毛泽东的土地法是通过实践缓慢地发展形成的，而江西苏维埃法律的许多部分是在党的领导集体的脑袋里发育成熟的，还有待于在实践中检验和修正。这种“先立法，后实践”的过程与那种被马克·塞尔登（Mark Selden）称作延安模式的决策过程形成了对比。后者包括对各个抗日根据地多样的实践进行的整理和评估，由此筛选出来的经验被制定成为一般的程序。[12]

由于其他人已经提供了对这些重要法律的相当完整的描述[13]，我在这里将不再重复他们的努力。但是，在毛泽东与这些法律的关系中，有几个方面有待讨论。尽管这些法律在很多方面是自负的和不适当的，但它们不仅仅是为了宣传而制定的。与 20 世纪 30 年代早期由国民党通过的但大部分被忽视的模范立法的主要规定相比[14]，这些组织法不论好坏都是有效的政策方针。即使是《劳动法》，一部根据共产国际的规定写成的关于产业工人权利的书面文件，也发挥了不错的作用，因为它的不适当性促使了 1933 年 10 月一部经过重大修正的新法律和 1934 年 2 月 20 日关于临时工的一个附加条款的颁布。其他的重要法律以及苏维埃的行政结构都出现了这种情况，苏维埃的行政结构在 1932 年和 1933 年至少经历了四次重要的组织变革。

《土地法》的一个极其重要的方面是，土地分配的基本原则
150 （由此导致地方政治的基本原则）从毛泽东的一贯平等分配的目标
变成了消灭地主、压迫富农（也就是说，特殊的分配法律，只分给

他们贫瘠的土地）和在其他人当中进行平等分配（或中农可以作为一个群体决定放弃分配）。毛泽东的“抽肥补瘦”的终极平等主义原则，被抨击为富农政策。新土地法的反富农主义明显受到斯大林的启示，不是把土地政策看做农村动员的关键，而主要把它看做阶级憎恨[15]和阶级联盟的一种表达。对从前的压迫者的惩罚并没有随着新的分配政策而停止，在中华苏维埃共和国，他们是受到特殊对待和报复性对待的不变的目标。例如，要求富农购买国家债券，在1932年年底所有强壮的富农都被迫加入苦工的队伍。这种对地主和富农的残酷做法使得阶级身份成为一个特别重要的问题。由于中央不可能对阶级划分的适当性进行有效的监控，所以下面的推测是合理的，即阶级划分赋予下层苏维埃官员一种可怕的权力用来对付他们的邻居，这种权力正在削弱大众的能动精神以及对官员的公开批评；这也加强了富农们要求划分为其他阶级的愿望，那些隐藏在群众队伍中的“阶级异己分子”的数量，由1933年7月、8月和9月的查田运动期间发现的13 526个地主和富农家庭得到证实。[16]一般来说，残酷对待富农和地主必然导致形形色色的秘密的个人政治活动和安排，这些活动和安排影响领导人理解基层苏维埃的事务。而这正是毛泽东在井冈山用他更为适度的土地和阶级政策来寻求避免的那种后果，政府层级分割，最终丧失了现实的态度和动员的潜力。

在毛泽东所偏好的政策方向和他不得不执行的由党的领导人制定的官方政策方向之间产生的分歧，来源于毛泽东和“二十八个半布尔什维克”之间政治原则的根本区别。后者的立场在毛泽东1935年12月的一篇著作中得到了很好的描述：

> 一个则说，这些批评都是不对的。革命的力量是要纯粹又纯粹，革命的道路是要笔直又笔直。圣经上载了的才是对的。 *151*
> 民族资产阶级是全部永世反革命了。对于富农，是一步也退让不得。对于黄色工会，只有同它拼命。如果同蔡廷锴握手的话，那必须在握手的瞬间骂他一句反革命。[17]

当然，在中华苏维埃共和国时期，毛泽东对“左”倾路线的反对并没有如此清楚地表达出来，对其正确性也不是如此自信。但是，他不是“左”倾路线的创造者，中华苏维埃共和国时期他的行政部门的发展，有一种违反由第一次全国苏维埃代表大会所提供的教条主义的官僚模式，并回归到以地方为基础的动员政治上来的趋势。我认为，在毛泽东倾向于联盟的动员政治与由“二十八个半布尔什维克”所捍卫的关于政体纯洁性的意识形态之间冲突的暗流，是这两者的政治紧张的基础。

在纯正路线与当时的苏联问题以及斯大林主义政治之间，明显存在相当密切的关系。斯大林对完成一种对社会的有指导的动员（工业化）感兴趣，在苏联，意识形态和政治控制已经被允许退化到从前的政策（新经济政策）阶段。在共产党内部，斯大林想要巩固一系列派系的胜利来建立个人霸权。苏联这种主导趋势，在许多方面影响到中国的苏维埃政治。尽管苏联和中国在政治形势上存在巨大的差别，但这种纯正路线看上去似乎是可信的。不仅各个苏维埃在一个可能会遭到失败和充满敌意的环境中保持它们的革命身份是必要的，而且现在有机会去行使由第一次长期控制一个相当广大的根据地所带来的地方主权。然而，回头看来，这条路线整体具有过分强调，甚至绝对化共产党控制下的现有地区的重要性。因此这种纯正路线导致了各个苏维埃同它们的政治社会环境的隔离，一种高估各苏维埃的力量和潜力的趋势以及毛泽东在 1935 年 1 月的《遵义会议决议》中讥讽批评的过分防御的军事态势。[18]很明显，阶级纯洁性和联盟路线之间的分水岭是 1935 年 1 月的遵义会议。

152 外部政策

外部政策的基本决定因素是中华苏维埃共和国对其自身的看法：

> 从今日起，中华领土之内，已经有两个绝对不相同的国家：一个是所谓中华民国，他是帝国主义的工具，是军阀官僚

> 地主资产阶级，用以压迫工农兵士劳苦群众的国家……一个是中华苏维埃共和国，是广大被剥削被压迫的工农兵士劳苦群众的国家。他的旗帜是打倒帝国主义，消灭地主阶级，推翻国民党军阀政府，建立苏维埃政府于全中国，为数万万被压迫被剥削的工农兵士及其他被压迫群众的利益而奋斗，为全国真正的和平统一而奋斗。[19]

从这种自我理解中可以正确地假定，江西苏维埃的外部政策是一种特定类型的“外交政策”。它意想的受众是在国民党统治区的民众；它的目标是国民党的外交事务；而政策重点是它几乎不可能发挥任何直接影响的问题，其中主要是中日关系。与国民党的调和政策相比，共产党人从 1931 年秋（九一八事变）开始直到 1934 年年底“北上抗日”而离开江西，对日本侵略都坚持了一种始终不变的大事声张的反对态度。

中华苏维埃共和国对日本的态度方面有两个主要的进展。首先是 1932 年 4 月 15 日对日宣战。这没有立即带来武装对抗。事实上，宣言告诫中华苏维埃的军队要首先攻击“与帝国主义勾结一致的国民党军队”[20]。该宣言鼓励在各个苏维埃内部进行自发的抗日动员。第二个进展是在 1933 年 1 月对建立统一战线的三个条件的提议。这三个条件是：停止侵犯苏维埃；保证人民的民主权利；武装群众和创建义勇军来抗击日本。这是向“中国民众及士兵”发表的提议，是江西方面一个相当重大的外部政策的承诺。但有些事件证明了它不是很郑重其事的。1933 年 10 月 26 日，在共产党人和蔡 153
廷锴的十九路军之间缔结了一个秘密的统一战线联盟，蔡廷锴曾经保卫上海抗击日本人，后来作为把十九路军从上海周围地区撤走的政治交易的一部分，他被授命控制福建。11 月 20 日，十九路军宣布起义，反对蒋介石，但是没超过两周，中共中央委员会就谴责福建的起义者没能采取政治改革。红军没有采取军事行动去进攻蒋介石部队的侧翼和后方或者直接辅助十九路军，相反，红军的主力向西转移，远离了那个前线。由于各种各样的原因，十九路军的起义是短命的。在如何处理福建事变的问题上可能有潜在的观点分歧，毛泽东最可能赞成一种更加合作的态度。[21]在中央委员会对起义者的全面谴责提出 15 天后，毛泽东给福建方面发了一封比较温和的批评电报。1934 年 1 月中旬，他又发出了一个措辞远为强硬的指示（仍然不是一种谴责），但那时结局已显而易见。在十九路军失败后，毛泽东加入了官方对他们的谴责之中。在《遵义会议决议》中，毛泽东评述说，虽然这些起义者不是革命者，但是与他们的合作在第五次反“围剿”战役中将会是非常有用的。[22]可是，一个认真的联盟政策与江西领导人的政见并不相容。

领导问题

虽然毛泽东不对中华苏维埃共和国的法律负责，但他的政治思考的性格在他执行这些政策的信件和指示中都可以体现出来。毛泽东的行政权力明显是广泛的（中央执行委员会的一个决议案概要地修正了由临时最高法庭宣布的一些字句）[23]，执行问题的数量又很庞大，所以有宽广的领域可供他发挥和发展自己的领导风格。执行中华苏维埃共和国的法律的长期问题是，要假定干部和群众都有极
154 高水平的政治奉献。毛泽东的一些指示涉及如何把群众提升到这些法律所要求的水平上来，其他的指示则要求干部履行他们的职责。在第四次和第五次反“围剿”战役的压力下，毛泽东把这些没有任何效果的方法搁到一边，发动了一系列地方层次上的群众战役和运动。

毛泽东在两封论及使新的地区苏维埃化的信件中，详细说明了他对政策执行的看法：一封是 1932 年 3 月给袁国平的信，另一封给闽西的信是关于如何管理新近夺取的上杭县和武平县的。[24]第一封信中对农村形势的分析最为有趣；第二封信表达了毛泽东对在城市执行苏维埃法律的看法。虽然内容各异，但传达的信息是相似的。

袁国平对其统治区内群众的落后状况表示绝望。毛泽东强调，袁国平不能放弃争取群众的一般责任，建议这项工作分为几个步骤

来更为实际地进行。首先，一定要动员群众反对大地主；之后，应当尽快把工作推进到反对小地主（并划分财产和土地以及废除债务）的阶段。“一到有比较多数的贫苦群众起来了”，袁国平他们应当在农民协会中清除小地主和富农的机会主义者残余，建立一个群众政治权威组织（乡村苏维埃）和一个群众阶级团体（贫民团）。在写给闽西的信中，毛泽东提到，农村革命的进程只有在必要的时候才应是长期的，这种情况不允许在最初阶段出现干部的松懈（或富农的控制）。毛泽东适当地抽象出这种进程：

> 你们要很实际的去了解当地情况，与当地群众斗争的情绪与要求，决定更实际的策略和方法，才能得到更大的实际的效果。[25]

在给袁国平的信的后面部分，毛泽东坚持认为，唯一不会被白军的回归变成浪费时间的地方工作，是组织独立于生产的游击队。毛泽东用一种更为宽广的思考角度，提醒袁国平把在地主势力被摧毁之前敌人将会发动进攻的可能性考虑在内。

当讨论在新近夺取的上杭和武平两座县城里实施《劳动法》时，毛泽东指出了三种错误倾向：简单地宣布法律而不检查其实施的消极态度；通过反对资本家的强制性政府命令而不是通过群众斗争来开展工作——这是一种导致群众被动和不解的方法；以及超过了当地的限度以至于资本家破产和经济政策瓦解的施加压力的方法，而不是设计一种建立在调查当地经济条件和工人生计基础上的适当的执行方法。最后一个问题会导致大量的失业，使一些工人与资本家勾结起来。同时工人的利益不应以经济政策的借口而被压制和忽视： 155

> 总之对于劳动法的实行，要占在坚决的保护工人利益与不违反经济政策的条件下来执行，特别是加强工人阶级斗争的积极性与对于苏维埃政权的拥护。[26]

很明显，一个进行调查和致力于群众动员的机警的干部，自然将比一个韦伯意义上的官员更倾向于避免这些错误，不管这个官员对自己的工作有多么专注。这一段简洁说明所强调的要点是，在一个干部的领导区域内，为了一个综合整体的方案（program）能够取得最大的成就，他具有自由裁量的职责。由于这种成就是通过动员起来的群众的力量来实现的，所以必须是群众的“情绪与要求”共同决定（通过调查）政策的内容和执行的途径。

在1932年上半年发给福建省工农兵苏维埃大会的两个一般指示中[27]，毛泽东重申了他关于执行苏维埃法律的观点，详细说明了错误的倾向，并提出了纠正错误的几个辅助方法。在第一个指示中法律与动员的关系得到了很好的说明：

> 你们大会一切工作都要以发展革命战争为主要的中心，首
> 156 先就要讨论实际动员群众的各种具体的方针，这一动员工作主要的是发展斗争深入斗争，要提高工农群众的斗争积极性，就要切实的实行劳动法土地法等等，大会必须很具体定出实行劳动法土地法的实施方案……[28]

从前在这些省份发现的错误是脱离群众、形式主义、官僚主义、腐败和消极抵抗。防止或纠正这些错误的方法，是在工农兵苏维埃大会中用对错误的无情批评来进行工作检查、建立在有经验和可信赖的党员领导下的检查队（与广大群众和群众组织一同工作），以及最重要的一项——巩固地方政府组织中真正的代表体系。

事实上，毛泽东是在要求苏维埃政府中他的下属坚持密切联系群众的动员目标、政策整合以及灵活的领导的做法，而不必顾及政府的官僚结构和它们的正式执行功能。对毛泽东来说，正确的干部行为仍然意味着对形势的适应——这个标准要求干部具有灵活性，为革命做出奉献，此外，该标准要能够产生客观一致的结果。行政官僚机构在组织上的假设，必然导致对正确的干部行为——也就是说，在其行政领域内成功地应用他所负责执行的法律——的不同定

义。行政纪律和行政控制要求官员的权限范围通过专业化得以简化，以一个特定的组织职位，很难坚持实现一种积极意义上更大的革命职责。在1932年上半年的文献中，毛泽东向他的干部们表明，在中华苏维埃共和国的框架中，动员的目标如何能够和应当实现。他对政府干部们的作为的挫折感不断增长，因为同时取得这两种正确性要求干部们具有非凡的天资和奉献精神。

领导危机

毛泽东对苏维埃政府中的人员和行为的不满，产生于对政府表现的要求迅速加强的背景下。各个苏维埃的活力和军事胜利——最 157
显著的是江西苏维埃和张国焘领导下的鄂豫皖苏维埃——有使国民党和共产党斗争尖锐化的效果。蒋介石决定把他的军事力量的重要部分用于消灭共产党的主要根据地。第四次反“围剿”战役始于1932年6月，11月鄂豫皖根据地被打败，并于1933年3月结束。积极地看，这次战役是一个夺取更为重要的共产主义胜利的机会。消极地看，这次反“围剿”对中华苏维埃共和国的生存是一个前所未有的资源消耗。即使制度上的政府结构在正常时期曾有效地运转，但这些新的，在某种程度上是重新定位的要求，将使超出常规的方法成为必要。被赋予的新职责似乎已凸现了下层政府的本质弱点，同时导致了1932年秋为了战争而进行的地方选举和紧急动员两次重大运动的失败。毛泽东通过对这些失败进行分析，对群众路线和动员政治作了重要的重述。

1932年9月20日，毛泽东号召各级苏维埃政府进行新的选举，这是纠正苏维埃行政部门不足的正面努力。[29]在发布了差不多一年的法律和指令之后，毛泽东宣称“在领导与发展革命战争的中心任务中，发现地方苏维埃的领导薄弱和许多错误”。他列举了军事错误（缺乏后方地区的支持）和政治错误——出现了阶级异己分子的干部和遵循“非阶级的路线”的干部、官僚腐败、命令方式、强制群众以及在红军家属和妇女权利的特殊对待上消极被动。毛泽东提出的解决之道是地方政府应当通过“洗刷”不好的干部和“吸收和吸引”新的积极分子，来不断更新政府血液。[30]他明白地规定，和平选举和避免竞争的旧方法将被废弃。他要求在11个县的所有层级以及另外9个县的特定层级进行选举。

两周后发出的“战争紧急动员”[31]不是批评地方的表现，但它要求政府官员进行全方位的与战争相关的活动。这一号召是针对一个可能是短期的“全面动员”，因为国民党的第四次进攻被描述成
158 为他们的最后一搏。动员的第一步是召开地方会议，向工人和农民解释动员对他们的将来意味着什么。接着，在这种由理解所唤醒的热情基础上将建立特定的后继措施：扩大红军、把干部输送到新的地区、立即征收土地税、准备有效的群众斗争反对入侵的白军、毁掉城墙。结尾是一个使人想起井冈山的声明：“使一切生活和行动，都要军事化。”毛泽东的劝诫没有被听取。江西的主要报纸《红色中华》，在1932年12月5日那一期刊登了毛泽东关于选举运动和动员运动的长篇论述，宣告两个运动都已彻底失败，他分析了运动的失误，并指出了新的工作方向。

在注明日期是1932年12月1日的《关于各级选举运动的检查》中，毛泽东宣布选举完全失败，同时指出没有一个县完成了选举，没有竞争，选举法规未被遵守。[32]根本的问题是“没有从政治上认识改选”[33]，这个失败使得现有的官僚主义变得更加明显。因此毛泽东宣布所有不正当的选举都是无效的，应当重新举行。为了避免重蹈覆辙，毛泽东做了详尽的指示以使这次重新选举成为“群众中广大的政治动员”。这次动员通过下面的方法进行，即向群众强调只有积极参与他们才能得到一个有效的政府，以及超越选举法规并利用集会来批评从前的代表和政府工作。群众应当批判富农和阶级异己分子并选举受压迫分子中那些有能力并能得到群众信任的人。这些新指示被期待在工作团和巡视员的帮助下得到严格的执行。

毛泽东关于紧急动员失败的报告《关于战争动员与工作方式》（1932年11月29日），与对重新选举的号召内容相似，虽然它对特

定失败的关注比对官僚机构的普遍恶劣影响的关注要少。[34]紧急动员的基本失误是忽视了敌人进攻的严重性，以及苏维埃工作在各个类型和各个层级上的官僚主义作风。毛泽东详细地批评了官僚主义：

> 官僚主义，是脱离群众，破坏苏维埃与群众的关系，对于苏维埃胜利和发展，有莫大危害，照例敷衍，强迫命令，是官僚主义的重要表现，这是苏维埃政府中绝对不允许存在的。[35] 159

官僚主义在以下一些方面表现出来：不理解动员（因此不能成功地动员）的组织错误，给下级下命令时不面向执行的问题，没有开会做解释工作而强制群众，由于运动使人感到不愉快就回避动员。毛泽东提出了14点“苏维埃新的工作作风”来反对这种官僚主义作风，这是他在江西时期的动员政治最彻底的运用之一。其要点如下：

> 一，一切工作要建筑在动员群众的基础上，谁抛弃动员群众工作，必然是脱离了群众。
>
> 二，法令与决议的实施，不单靠命令，主要还是依靠提高群众阶级觉悟与热情，来拥护法令的实施。
>
> …………
>
> 四，动员群众的方式，要运用苏维埃各种组织，以及一切群众团体，来发动群众，城乡代表会选民大会，是直接动员群众的工具，工会是动员群众的柱石。
>
> …………
>
> 六，执行命令要注意发动群众的方法，同时要注意群众中的意见，以作决定实行办法的参考。
>
> …………
>
> 十，对于下级的指导，要切实，要具体……
>
> 十一，不要随便发文件，多用巡视指导，巡视员不是走马

> 看花，不是站在旁边批评，而是负责的检查工作，帮助下级来解决工作的困难。[36]

值得注意的是，毛泽东对战争动员的建议考虑的不是为了防御目标的人力和物力供应，而是政府官员的行为。他对于重塑这种行为的态度是认真的，这一点在最后一句话中显示出来：他命令各级苏维
160 埃“接着这一决议，就马上开会，来检阅自己的工作，以自我批评的精神来暴露一切工作中的错误，具体规定执行办法，并将讨论的结果向中央报告”[37]。

地方选举和战争动员运动的不充分，对作为中华苏维埃共和国主席的毛泽东来说构成了一种特定的领导危机。这种不充分是源于政府官员基本功能失常的行为的重要失败，适当的解决办法是毛泽东在井冈山政治活动中的那些熟悉的原则。毛泽东在《井冈山的斗争》中对官员封建、独断的习气的批评，以及他在《古田会议决议》中对各级政府之间的关系的描述，明显是面对着同样的现象。脱离群众的根源问题——这种问题切断了革命者的活力源泉——似乎已经在中华苏维埃共和国中变成了政府活动的一种特征。说毛泽东“允许这种现象发生”对于他个人政治价值的连续性来说是不公平的，可是 1932 年秋的失败属于他的责任。

关于这种领导危机最似是而非的理论是，它主要是一种组织角色的失败而不是一种个人角色的失败。毛泽东用一整套过于雄心勃勃的命令、一个不集中的征兵制以及不足的训练和控制来管理一个官僚机构。“二十八个半布尔什维克”企图强制推行命令、纪律和对工作的科学划分的方法，从而面临了相似的韦伯苦境（Weberian hells）。[38]但是纵观我们已经考察过的中华苏维埃共和国的文献，毛泽东采取了非常不同的方法，即劝诫和命令官员去平衡在一个动员运动框架中的立法需求和具体形势。[39]这些行为预期和指定的组织间的不一致使毛泽东的命令变得不现实。政府干部倾向于成为等级制体系中的官僚，即使起草那些期待他们去执行的指令的最初目的正是为了反对那种官僚化的趋势。毛泽东的要求在选举运动中到达

了极限，当时他实际上坚持认为，在那些长期作为恶劣领导的人们实施一项选举的时候，选举的有效性将由他们是否能做到自我排除来断定。[40]可以说，这些选举的失败是源于毛泽东所说的“命令主义”。也就是说，拘泥于组织的形式——干部的职责和他自己的权威——使他没能看到要成功地执行他的命令是不可能的。如果群众动员将成为政权的基础（毛泽东的批评是基于这种假设），那么政 161
权本身将不得不有组织地接近群众，并采取一种以问题为中心的运动的政治过程，该运动带有最小的权威集中化的色彩。这种战略在查田运动中第一次（也是在江西的唯一一次）大规模地试行。

查田运动

从 1932 年秋冬到 1933 年春天，苏维埃地区出现了各种各样的运动——卫生运动、试图使政府机构为战争努力而进行节约的运动[41]、继续劝诫购买政府公债的运动、不断呼吁加入红军的运动。主要的运动集中于中华苏维埃共和国在处境艰难的形势下的三种最基本的需求：对军事努力的直接支持（主要是红军征兵和改进地方民兵）、筹款（主要通过三种政府债券的一系列驱动）和农业生产及其分配。尽管前两种运动的关注点也是重要的，但我们仍把注意力专门集中在第三种运动上。在发出《关于战争紧急动员》之后，军事支持的问题仍然处在显著位置（特别是在 1933 年的红军征兵运动中）上，但毛泽东似乎不曾对这种努力直接负责。在毛泽东的领域中，他更为直接地负责债券运动，楚格维·洛特维特（Trygve Lötveit）在他的研究中已对此做出了很好的描述，而且研究的复杂性超过了它对于我们目的的意义。但是，对农业的考虑导致了重新关注地方政治活动，这种活动在一次广泛的地方一级的政治动员中达到高潮，这次动员就是由毛泽东领导的查田运动。

由于农业提供了江西政府可利用的唯一可更新的资源，所以政府机构有相当大的压力使收成尽可能达到人力所及的最佳状况。在这个方向上最雄心勃勃的努力是由毛泽东在 1932 年 12 月 28 日宣布的“提前春耕”运动。[42]这种努力的理念是把整个农业周期提前一个月以便能够进行两熟连作。从1933年夏天对一个严重的粮食问题的讨论来判断，这一运动失败了。[43]更为普遍的运动是为了
162 “布尔什维克的春耕”而发动的，包括查田、对增产的个人和普遍的收益的宣传、对生产竞争和“突击队”的鼓励，以及由党组织把业余时间用于农业生产工作。[44]“查田”应当在老苏区着手进行，以保证土地革命的所有利益归于群众，从而提高他们的生产热情。[45]尽管整个春天江西政府都在进行公众宣传，包括对一个地区的乐观报道，该地区被预言性地冠以“谁与争锋”的称号。但博古在4月8日对这一运动的评价是批评性的。[46]博古虽然赞扬了军队的努力，但他也批评了党和政府的组织做得不够。合作运动才刚刚开始，而联盟尚未发挥作用。这个运动中期的报告明显没能改变它的进程，因为与农业生产有关的问题还在继续。5月底，毛泽东和胡海就查田运动的失败过程向中央局作了报告，这导致党的领导人宣布将由毛泽东领导下的中央政府实施一个新的和彻底的查田运动。[47]然而，由中央局所作的冗长而详尽的决议，在运动的方向和内容上并没有给毛泽东放手去干的权力。[48]

在毛泽东开展这场运动的时候，它的许多特点已经出现在中央局的文件之中。[49]首先，它是一场强化乡村阶级战争、彻底解决土地问题、清除封建和半封建分子（摧毁地主但不是富农），以及提高雇农和贫农的觉悟、能动性和组织力量的运动。它也强调群众应当通过所有的大众组织，特别是雇农工会和贫民团，尽可能广泛地组织起来。这个运动应该包括积极的、关键的选举，在选举中群众的意见能够得到自由表达。最后，这个运动应当与党和苏维埃工作的彻底改革紧密联系在一起。中央局的决议在几个要点上不同于毛泽东的讲话。首先，它强调了党的早期政策错误是土地改革进行不充分的原因，直截了当地提到了毛泽东的“抽肥补瘦”政策。更重
163 要的是，它强调雇农通过他们的工会而发挥的领导作用，而毛泽东主要强调贫民团。但最深层次的分歧是毛泽东对执行过程的集中强调。

毛泽东关于《实行广泛深入的查田运动》[50]的全面讲话写于6月1日，即中央局决议的前一天，但它直到6月20日才在《红色中华》上发表出来。这种耽搁本身表明毛泽东运用了相当的手腕，因为这一文件强调对彻底的土地改革的普遍需要是非常恰当的（对江西苏维埃80%的判断是不充分的，涉及超过2 000万居民，包括15个县的全部和另外9个县的一部分）。但是，毛泽东首先想要在8个县的区域内集中发展这一运动。因此在关于这8个县努力的报告中间，而不是在八县贫农团代表会议前发表这篇讲话，对运动的力度更为有利。6月1日的文件详细说明了这一运动在组织上的许多特点。第一，通过赋予各级苏维埃政府主席全责来保证查田运动的集中进行。不仅各种各样的土地、法律和安全部门被告知要对运动竭尽全力，而且不那么直接相关的组织（例如人民军事委员会，负责地方防御和红军的征兵工作）也被告知要把他们的努力建立在运动的动力之上。尽管政府介入了运动，但它的功能之一是“洗刷”恶劣的官员并接纳新的积极分子。第二，贫民团被指定为运动中最重要的群众组织。[51]毛泽东没有提及雇农工会，虽然他确实号召“工人小组”成为贫民团的积极领导。第三，也是最有趣的一点，是关注运动分阶段进行及其相互的协调。这种关注最重要的方面在前面已经提到过——即，通过从8个县开始来使运动大体上分阶段进行。根据建议，在地方层次上，运动从最落后的地区开始。相互协调将通过模范区提供的短期培训来实现，并通过周期性的工作审查会得以维持，这种会在县一级是每月召开一次，在区一级是每10天一次。

从1933年6月18日到21日，毛泽东召开了一个会议，由8个挑选的县的区及区以上级别负责人来讨论查田运动。毛泽东在会上 164
发表了一篇报告和一篇结论，二者都详细说明了运动的预期路线。这些文件立即在《红色中华》上重新刊印出来，整个夏天其他与这8个县的努力有关的文件和新闻（不都是有利的）都是如此。[52]

毛泽东的报告分为三个部分：第一部分是关于为什么以及在哪里这场运动是必要的，第二部分是有关运动第一步的大规模动员的内容，第三部分是关于把运动的发展建立在各地区阶级斗争的差别之上的内容。在第一部分中，毛泽东提出了根据土地革命中的胜利来划分苏维埃领土的类别，并针对为什么在这一点上这么多长期据有的地区仍然是“相对落后”的问题，给出了一个看似合理的解释。这三种类型的区域是新发展的区域、相对落后的区域，以及斗争深入的区域；相应的土地战略是没收和分配、检查，以及建设（集中关注生产）。[53]毛泽东解释如此之多的苏维埃领土仍然相对落后的原因是，因为能够读书写字，在第一次土地革命期间许多富农变成了革命者并取得了对运动的控制权。他们在第一次土地分配中得到了很好的回报（或者说他们给了自己很好的回报），但是当革命被巩固并实施了更为系统的分配后，苏维埃的目标明显与他们的阶级利益相左，他们变成了隐藏的反动分子，甚至是反革命分子。毛泽东宣称，如果不通过土地调查和阶级调查来根除这些分子，群众将丧失他们的革命能动性。在第二部分，毛泽东通过强调大众动员，给予每个人一个具体的位置以便使他们做出自己对革命的贡献。之后他讨论了干部教育——对于他的中层官员的听众来说是一个重点，因为他们的主要任务之一是给基层干部提供信息并鼓舞他们。他认为干部教育的第一个方面是正确而充分的信息；第二个是由先进地区指导的关于运动中的问题的短期课程；第三个（毛泽东提出“一种教育是应该施之于行动中的”）就是常规工作检查。毛泽东的报告的最后一部分论及地方条件的多样性，认为不仅有三种
165 类型的县，而且有相对落后和相对先进的区、乡、村和家庭，这些都不应用同一种方法来处理。一般来说，每一层级上的程序应当是从先进地区选取典型，但要把工作集中在落后地区。

毛泽东在八县会议上的结论明显是对三天集中讨论的一个小结，但是他对运动的描述有一些变化，这些变化不是对前述要点的细节补充，而是创新。最重要的创新是，现在建议县、区和乡三级都要成立一个查田委员会以便进行全面领导。在这个结论中提供的补充细节是有趣而重要的（例如，为了避免宗族斗争，在没收之前要取得群众同意的重要性）。但这次会议的主要作用不是重新定义

这场运动，而是通过在具体细节上讨论这场运动的经验，使大量的中层领导卷入这场运动，并从中受到教育。

毛泽东在运动最微妙的方面——即决定个人的阶级成员资格的标准——提供指导的方式，维持了查田运动中创造性参与的意义，这种参与受到八县会议的激励。各阶级的定义是极端重要的，因为查田运动显然是一场阶级斗争，在敌人和朋友之间的分界线就是在富农和中农之间的划分。中农是群众受保护的盟友，富农是将被削弱但并非被摧毁的半封建分子。毛泽东所做的一个名为《怎样分析阶级》的分析，与他 6 月 29 日的结论一同发表在《红色中华》上。[54]这个分析是对各阶级及其主要成分的一个简洁的描述，但它并不试图提供对复杂的判断来说是必要的细节。作为这种细节的替代，7 月 23 日，毛泽东回顾了瑞金县黄松区基本上令人满意的工作，有创造性和正确的决定与十种错误的决定都得到了细致的描述。但直到 1933 年 10 月他还没有提出一个完全成熟的关于阶级分析的指示。

8 月，查田运动的新阶段随着毛泽东在 8 月 29 日发表的《查田运动的初步总结》而开始。[55]在夏天运动确立了它的特点。新的阶段试图通过描述它的成功和典型的错误，并从运动的经验中抽象出 166
划分阶级的详细规则来巩固运动。这个阶段持续到 1934 年，当时毛泽东受到党的领导人的严厉批评，运动被委托给张闻天负责，他迅速地使矛盾激化。[56]

运动巩固阶段的所有这三个方面——表扬典型、批评错误和制定新规则——在《查田运动的初步总结》中都出现了。毛泽东首先指出了运动的普遍成功：

> 查田运动在党与中央政府的号召之下，已经广泛的开展起来了。如果说，查田运动过去还仅仅在开始的阶段上，那么在六月的八县查田大会后七月一个月的工作，便已超过了去冬以来大半年中所做的成绩。一般说，在开会的八个县中，查田运动已经进入了一个新形势，查田运动已经成了一个广大的群众

运动。[57]

在确定了成功的一般背景之后，毛泽东细致地描述了一个模范区——壬田，该区在55天内从落后发展到“一等”。在讨论它的成功时，毛泽东不仅详述了被发现的地主和富农的数量、再分配土地的数量以及运动的其他的直接目标。还指出查田运动鞭策该区在其他运动中也取得了成功：700多人志愿参加红军（没有一个开小差），在债券购买、文化和党的成员资格上都有显著的进步。这种全面成功的原因首先是该区认识到运动的重要性，之后是起了相当大作用的执行的三个方面：从最落后地区开始的动员方法，正确的阶级路线，以及对群众工作的出色的关注。[58]

在用成功的故事鼓励了他的读者之后，毛泽东进入对运动中的不足和错误的讨论。他说，一些党组织忽视运动的指示，除非党严肃地对待它，否则运动将会失败。他认为运动中的大多数错误分为
167 两种：过分的极右行为，从保护性的错误划分阶级到积极压制革命；以及过分的“左”倾行为，即恐吓中农和像对待地主一样对待富农。毛泽东号召在党内进行一场反对运动中极端严厉的“左倾机会主义”的“思想斗争”。[59]反对中农的错误应当公开承认并予以改正。官员的批评应当既不是太被动也不是太凶猛，有不良阶级背景的人，如果他们的工作做得好，就不应把他们清除出去。毛泽东对执行方法的讨论概括了他对壬田成功的赞扬。一方面，干部不应成为“尾巴主义”，但应当追求到最落后的地方去开展工作。另一方面，每一件事都应该通过群众来完成，命令主义应该避免。贫民团应成为真正的群众组织而不是扩大了的党组织（例如，成员资格申请不应要求有介绍人），但雇农领导的原则不应被忽视。

巩固查田运动的另一个方面是试图调和它发展的不平衡。最初强调8个县是有意促进发展的不平衡，这曾服务于以下目标，即提供一个典型，发展经验，以及把组织上要求的实验限制在一个易管理的地区。到了9月，这8个县逐步显示出他们的后期问题。经验已经改善了对运动的指导，并且有了更为训练有素的人员。

最具有查田运动巩固阶段特色的文件，是在1933年10月10日发表的长篇的《关于土地斗争中一些问题的决定》。[60]这一文件是为那些对《怎样分析阶级》中相对简单的阶级定义来说过于复杂的问题而起草的。这些复杂性包括在需要明确裁断规则的地方存在模棱两可的情况——例如，如何处理跨阶级的婚姻。但是，这一决定的大部分内容来自这样的希望，即从运动的经验中把对农村的条件来说是一种真正现实的阶级公正法典化。毛泽东坚持他最早的井冈山土地法的思路，避免了绝对的区分，因为这种区分易于立法但难于实践。毛泽东在这个文件中试图详细说明，甚至限定像“严重剥削”、“主要劳动”和“富裕中农”这样的词语的意义。希望详细说 168
明的想法不可避免地在决定中导致了一种细节的深度，这种细节深度在查田运动的初期还很难体会，但是随着一套容易理解而简单的定义的出现，它必定作为一种标准化的规则而受到那些面临着各种各样模棱两可的情况困扰的干部们的欢迎。由于最容易做的事是在一个作为富农的剥削者[61]和一个不是作为地主的剥削者之间划分类别，所以这个决定的许多规定是关于可接受的剥削量、工作和相关细节的定义，这些规定对受到富农分类法威胁的中农有利。即使具备了所提供的细节，如果老百姓同意的话在可以掩饰过去的事情上仍然还有一些自由度。进行控制的原则是一个有关群众及其盟友的决定是否有效：

> 这种情形的考量也是要十分仔细的，不应该把富裕中农弄做富农，引起中农的不满意，但同时也不应把富农弄做富裕中农，引起贫农的不满意，所以应有仔细的考量，要取得群众的同意。[62]

这个决定的影响是产生了对有利于中农的诉讼的一种新偏见。这种偏见明显抑制了运动原初的热情，并激起了许多对改正早期所谓“左”倾的过分行为的要求。1934年1月于瑞金召开的中共中央委员会第五次全体会议上，毛泽东和他的决定由于上述事态而遭到了批评。对该决定的批评是：它用算阶级代替了查阶级[63]；它转移了干部们继续发展运动的注意力；以及它为富农和地主的反攻提供了机会。然而，做了一些重要的修改（不能在运动前改变阶级分类法；除非群众怀疑他们早期的判断，否则不能做任何改动）后，毛泽东的文件仍然是正确划分阶级的标准。但在实质的宣传和工作中，张闻天领导下的查田运动在 1934 年春季的阶段，用它彻底的口号和对毛泽东的规则的批评而重新变得激进化。这种新的再激进化发展到了这样一种程度，以至于 6 月份张闻天不得不发出了新的对“左”倾极端主义的谴责。[64]

169 毛泽东对查田运动的指导模式显示了对下面问题的认识，包括他和其他领导人曾共有的命令主义领导风格的无效性，以及在指导运动干部时对群众路线领导风格的采纳。他首先对运动进行了明确而简单的描述；之后，在八县会议上，又鼓励干部们参与对运动目标的苦心经营之中。干部们针对最落后的单位进行了最初的努力，因为在那里可以期待获得最快的进步速度，而轻微的错误又几乎不会产生危害。成功与失败的具体案例以及正确和错误的阶级分类的例子都得到了细致的描述。最后，在 8 月份，随着评估结果，鉴定一般错误，以及规定标准，运动的巩固阶段开始了。对于在巩固中的中央控制的重申超出了只是协调地方努力的范围，但它也没有走向接管它们的极端。特别是 10 月的决定，用运动第一阶段的普遍经验创制了一个统一而详细的阶级平等的方案。它代表了阶级政策上的一种重要的进步，而如果没有自发经验的多样性所提供的信息，这种进步将是不可能的。这个决定与《怎样分析阶级》一起变成了共产主义农村革命的名著；1947 年和 1948 年，这两个说明都被重印并附加评论，作为当时全国土地改革的方针。[65]

大众动员的影响

到目前为止查田运动是毛泽东重建大众动员政治最重要的舞台，但这种政治思想中断之后的继续也可以从他 1933 年其他的著作中看出来。毛泽东在 1933 年年底关于外交政策的讲话开始强调中华苏维埃共和国是贫苦人民当家做主的国家。他关于债券运动的著作强调不仅销售债券上的命令主义本身是恶劣的，而且它也不如对自愿分担的宣传和激励那么有效。[66]在 1933 年 8 月的一个关于经济重建的长篇报告中，大众动员和综合政治的主题非常显著。毛泽东把布尔什维克化与“群众化”视为一体，并将它们与官僚主义和命令主义放在一起进行比较，指出命令主义一开始看上去是成功的，但它的结果得不到巩固。[67]毛泽东反对那些要把严肃的经济工 170
作推迟到击败第五次“围剿”战役之后的人们，他宣称如果所有其他的事情都由于战争准备的缘故而被忽视的话，那么战争准备本身也将受到损害。相反，他强调查田运动、劳动法的实施、选举工作、文化工作、军事工作和经济的一种自觉的整合。

正是在地方层次上，大众动员和政策整合结合在一起。1933 年 12 月，毛泽东调查了两个模范乡政府，并对它们的情况做了详细的报告。描述风格让人想起了《兴国调查》，但在内容上完全不同，因为这个地区是一个被彻底改造过的社会。

长冈调查在导言部分与《兴国调查》最为相似，因为它抨击了苏维埃政府的高级干部，这些人对地方一级工作的实际内容一无所知，因此“就不能真正去解决‘一切苏维埃工作服从革命战争的要求’这个问题”[68]。导言中的新内容是毛泽东充满自信地表述了基本的政策问题和过程：

> 我们的任务是提出了，从扩大红军到修桥筑路的许多计划也发布了，问题是怎样动员群众去完全的实际的实行这些任务计划。异常紧张的革命战争，要求我们迅速的普遍的解决这个问题。而这个问题的解决，不是脑子里头想得出来的，这依靠于从动员群众执行各种任务的过程中去收集各种新鲜的具体的经验，去发扬这些经验，去扩大我们动员群众的领域，使之适合于更高的任务与计划。
>
> 现在许多地方的苏维埃机关中发生了敷衍塞责、或者强迫

命令的严重错误，这些苏维埃同群众的关系十分不好，大大障碍了苏维埃任务与计划的执行。另一方面，无数的下级苏维埃工作同志，又在许多地方创造了许多动员群众的很好办法，他们与群众打成一片，他们的工作收到了很大的成功。上级苏维
171 埃人员的一种责任，就在把这些好的经验收集与整理起来，传播到广大区域中去，这样的工作，现在应该立即在各省各县实行起来。反对官僚主义的最有效方法，就是拿活的榜样给他们看。[69]

由于其基层组织的迅速增长和群众工作风格，以及在大多数运动中取得了极佳的结果，所以长冈是一个特别好的“活生生的例子”。毛泽东细致地描述了长冈——组织、对各种各样运动的回应、合作社活动以及自从革命以来在生活和物价上的变化。它不是查田运动在揭发阶级敌人和强化无产阶级觉悟上的一个成功范例，因为只有不多的（6个）阶级异己分子被发现，而且毛泽东指出，只有1/10的居民理解“工人阶级的领导”的含义。然而，在组织上，长冈有一个不寻常的高度成熟和运转良好的政府机器。代表大会经常以组织良好的会议的形式召开；在所有其他的会议上都有工作报告。每个代表负责50个居民。乡有15个由相应的村委员会的负责人组成的委员会。特殊的团体，像选举委员会（为第二次全国代表大会而成立的）以及妇女协会，也发挥作用，虽然这些做法对毛泽东一贯的风格来说有点温和。但长冈工作风格的特点是它“能用全力去动员群众，用极大的耐心去说服群众”[70]。最终，长冈能够改善其居民的分配，完成它所有的配额和运动职责，此外，尽管1933年长冈有大量的人员加入红军，但是它的收成还是增长了。

第二个所讨论的乡是才溪，它在建立合作社方面是中华苏维埃共和国中最好的，在红军的征兵方面也非常出色。[71]才溪乡83%的男子志愿参军。毛泽东把这种战斗精神归因于才溪乡军事努力的三个方面：宣传而不是强制，对红军家属的特殊待遇，以及坚固而训练有素的地方武装。该地区给人留下最深刻印象的成就是在经济方

面，这里的生产合作社、消费者合作社和粮食合作社使得生活实质性的改善成为可能，尽管男子劳动力的减少极其严重。[72]虽然 1933 年的大部分田间工作是由妇女来完成的，但由于可以追溯到 1930 年的积极的农业合作社，产量还是比革命前超出了 10%。在这个地 172
方有 14 个消费者合作社给成员分红，并给予红军家属 5%的回扣。粮食合作社，从 1930 年开始变成了一个政府机构，在稳定物价和粮食供给方面起了重要作用。最后，30 项物价对比表明，土产的农产品大多数与革命前的价格相当或更低。但是，由于国民党封锁的加固，出口已陷于瘫痪，而进口产品的物价，尤其是食盐，急剧提高。

1933 年 12 月的这两个调查，对于毛泽东从《湖南报告》开始的一系列农村调查来说是有价值的补充。它们源自同样的信念，即真正重要的政策层级是政策得到应用的基层，而对农村政策来说，基层就是村。它们还有同样的以调查为手段的政治动机。毛泽东对农村动力的描述，使特定的政策或政策导向看上去像是自明的和必要的，而不是可争议的选择。客观性和全面性——但不是超然事外——是毛泽东调查的长处。在长冈和才溪的例子中，通过描述来表明政策的正确性，是众多关于群众动员和综合性政策的原则。这些调查是独特的，因为它们是表明正确的和既定的革命政策之结果的最早的研究。这种描述不是由受压迫者推翻压迫者的事件来主导的，相反，它集中关注群众自治的有效形式。

总结江西的经验

1934 年年初是毛泽东在中华苏维埃共和国的政治地位的一个分水岭。自从 1933 年春第四次反“围剿”战役结束以来，有关他的领导的一些方面的对立意见已经出现。这在反对罗明路线的运动中是明显的，在那次运动中，毛泽东的弟弟毛泽覃受到了批评，因为他从《三国演义》当中得出他的军事策略，并建议他的下属应该学习那部著作。[73]顺便说一句，正是在反对罗明路线的那次运动中，邓小平被当作一个机会主义者而被第一次[74]撤职。中央领导人提及早期不正确的“抽肥补瘦”政策是封建分子得以生存的一个原因，由此可以看出当时中央领导人的不忘旧账。

173 对击败第五次“围剿”战役的军事任务以及对毛泽东管理查田运动的批评的不断增多，导致了毛泽东的政治影响的削弱[75]和他的任务的重要性的降低。当然这种状况没有持续长久。五中全会 1 年后是遵义会议，毛泽东在那次会议上担任了党内的全面领导职位。不过到遵义会议的时候，长征已经进行了 4 个月。

对于我们分析毛泽东思想的目的而言幸运的是，他在中华苏维埃共和国的最后一年里处于一种思考和总结的状态当中，原因之一在长冈和才溪调查中是明显的，即已经收集了大量的经验。而另一个原因则是 1 月底召开第二次全国代表大会的时机。为这次代表大会而进行的整个秋天的选举，被期待能够把新的积极分子吸收进苏维埃的政府中来，而毛泽东关于大会的开幕讲话是他对江西的目的和经验最有说服力的总结。

毛泽东关于地方政府的新理念

到江西时期结束之前，毛泽东的两个基本理念一直保持一定程度的稳定，它们是：关于如何进行一场群众运动的意见和关于群众自治的地方苏维埃政府的概念。这两个理念都建立在群众能动性的原则上，但运动负责把这种能动性指向一个特定的目标，而地方革命政府则是计划和协调地方对运动的贡献、提供服务和处理地方问题的一个持久的框架。

在执行地方一级的苏维埃政策方面，运动比官员更为重要，这种思想超出了毛泽东作为中华苏维埃共和国主席身份所制定的行动方针。但是，在查田运动中特别明显的是，运动的本质已从一种对执行指示的权威性号召（1932 年的选举运动）转变为政策执行和政策创造之间的一种真正的辩证关系——就是说，领导人和被领导者之间真正的辩证关系。这种方法不适合于韦伯意义上的权威的正式纪律，这种纪律是以严格执行（造成官僚主义和命令主义的趋势）

为导向的，并带有普遍应用的假设。新的运动风格从干部和群众那里要求的不仅仅是服从，它还寻求热情。 174

由于一场运动的概念是由领导人创造的，所以说服是动员的关键。这一事实对运动的计划和领导提出了巨大的挑战，因为有效的说服的条件包括进行沟通、存在说服的基础，最后还要具备群众行动的渠道。沟通最直接的方面，运动信息广泛而频繁的传送，已经作为 1932 年第一次选举运动和战争紧急动员的必需而被认识到。动机和结构的需要直到这两次运动失败之后才被认识到。在毛泽东对紧急动员运动的批评中，他说，官僚主义行为的脱离群众，阻碍了动员的成功。八县会议在动机的问题上取得了很大的进步，他们希望使大量的干部参与到对查田运动的界定工作中来，并对他们的成绩给予特别关注。有更为完善的会议日程和基层苏维埃的结构，对沟通来说是重要的组织创新。

动员的第二个因素，说服的基础，包括在领导和群众之间存在基本利益的一致性。说服群众的基础在第一次选举运动中没有得到强调，在紧急动员中也未曾显著提及，只有在对这两次运动的批评中才得到完全详细的阐述。随着立即分配被没收物资政策的推行，查田运动使这个因素具有了根本的重要性。基本上，1932 年年底所强调的动机的基础是：白军胜利对苏维埃的共同威胁；苏维埃已经带来的真正的进步（土地法、劳动法、选举）；以及积极参与的个人利益（选举有能力的官员）。说服的因素在查田运动中实质上仍是相同的，但内容上变化相当大。关于共同威胁的论证，即阶级敌
人和反动派的危险，不像敌军的威胁那样令人印象深刻。但个人利 175
益体现在立即分配土地和被没收物品的形式上显得更为切实。从长冈、才溪的例子和从毛泽东在第二次全国代表大会上的报告来看，苏维埃生活的真正进步大概在 1933 年更显著。

动员的第三个因素，群众行动的渠道，大部分留给地方政府和党组织去做，这种状况一直延续到查田运动的时候，当时强调了贫民团和其他群众组织。这些组织没有乡以上的层级，向所有下层阶级开放成员资格（实际上，规模非常大）。[76]但是随着群众响应的增

多，出现了大众的自发性与领导人的计划相冲突的微妙问题。这个问题可以通过在干部和群众之间交换意见的多阶段的过程得到缓解。例如，毛泽东建议查田过程分为四个阶段：各阶级的讨论（宣传）；阶级调查（只针对最恶劣的少数）；阶级分类法的公开批准（通过贫民团和一个村的群众会议）；没收和分配。[77]在与群众组织的冲突中党的领导必须要占上风，但必须改革而不是简单地解散那些制造麻烦的贫民团。

在特定问题上实施对运动组织的有效说服，是强调乡一级苏维埃的参与性自治。组织和原则在毛泽东对长冈和才溪的描述中是足够清楚的，但它们在 1934 年 3 月为地方政府所写的一本手册中被详细地设计出来。[78]乡苏维埃的重要性的增强，在 1931 年年底到 1934 年间相关的组织法部分的变化中明确地反映出来。1931 年的法律不允许乡苏维埃有主席团或为此常设的任何常委会；而且，限制乡只能有 3 名有津贴的官员（基本自治的苏维埃可以有 14 名，区苏维埃允许有 13 名）。[79]村根本没有被提及。1934 年的文件[80]描述了乡的主席团，还详细说明了 25 个常设的和特殊的委员会。而且，村作为乡的必要组成部分得到讨论。每一个乡大会的代表都应当对 30 到 70 名居民负责，“以便吸收居民的意见和对领导工作的意见”[81]，而代表每 6 个月进行一次公开选举。

以后来这部法律为参照，毛泽东的乡苏维埃工作手册的主要创
176 新是对村级工作的强调，虽然他的一些有特色的方法确实在实质上发展了乡的工作。可以断定，毛泽东强调了负责人和各个团体为会议做好准备的需要以及实际讨论的需要。他补充了这样的新技术，即在每次会上只集中关注一个主要问题[82]，并以对上一次讨论的问题所做工作的报告来开始下一次会议。鼓励主席团对代表们的调查和教育负责。建立没有等级制的群众组织完全是乡苏维埃的职责，主席团的领导人应当参与相关的计划。更为有趣的是，毛泽东声称“乡的工作的中心是村的工作”[83]。这是因为乡的实际工作的大部分是在村一级执行的，群众例会（每两周一次）也正是在村一级召开的。乡群众会议只为特定的目的才召集。因此，乡工作自上而下的

强度并没有减弱。乡代表大会成员和村代表们每 10 天要碰一次头，虽然在乡一级有许多其他的委员会，但直接的群众工作是在村一级。与张闻天的，更确切地说是与韦伯式的和具有权威意识的（authority-conscious）论述地方政府的著作相比[84]，毛泽东几乎不注意专业化和科层制。但是，毛泽东关于积极的乡政府的模型，从来没有在江西得到广泛应用，因为第五次“围剿”战役很快就被证明是国民党的最后一次“围剿”。

中华苏维埃共和国第二次全国代表大会

全国代表大会被当作设计内部政策方向和对外宣传的一个重大事件来计划。它总结了两年来的治理经验，以巩固中央苏维埃和散布各地的苏维埃的领导，并展示中国“苏维埃道路”的成就。[85]临时宣布了一部新的选举法（它包括长冈人民不能理解的工人的优先投票权），而这个举动导致了毛泽东关于如何进行选举的另一次详细的讲话。

大会开幕后的第一项事务是毛泽东的中央执行委员会和人民委员会“给第二次大会的报告”。这个报告从 1 月 24 日开始，并于第 177
二天上午结束。接着由 766 名代表分团体讨论，直到 1 月 27 日毛泽东做了结束讲话。之后大会采纳了报告，继续进入其他的议事日程。[86]毛泽东的报告相当长，分为五个部分：（1）当前形势；（2）中华苏维埃共和国对反帝国主义的领导；（3）反“围剿”战役的斗争；（4）在过去的两年中苏维埃的基本政策；（5）取得全国统一的具体任务。第一部分说，虽然当前的主要问题是内战，但这个斗争是世界革命的一个特别重要的组成部分。第二部分提出了苏维埃反对帝国主义的立场，特别是对日本侵略的反对政策。第三部分回顾了苏维埃反对第四次围剿战役的胜利，并把第五次“围剿”描述为在帝国主义者的帮助和领导下所有反动力量的集合。

报告的第四和第五部分描述了中华苏维埃共和国的成就和当前的任务，是报告中最为详尽的部分。在“过去的两年中苏维埃的基本政策”的 10 个类别中，最有趣的是那些论及苏维埃民主体系、土地革命和经济政策的类别。[87]

毛泽东对苏维埃民主体系的讨论以自己对涉及苏维埃自治原则的最有说服力的讲话开始：

> 工农民主专政的苏维埃，他是民众自己的政权，他直接依靠于民众。他与民众的关系必须保持最高程度的密切，然后才能发挥他的作用……他已经成为革命战争的组织者与领导者，而且也是群众生活的组织者与领导者，他的力量的伟大，是历史上任何国家形式所不能比拟的。但他的力量完全依靠于民众，他不能够一刻离开民众。苏维埃政权需要使用强力去对付一切阶级敌人，但对于自己的阶级——工农劳苦群众，则不能使用任何的强力，而他表现出来的只是最广泛的民主主义。[88]

毛泽东引证了苏维埃中存在的广泛民主的四种范例。首先是各种选
178 举，他指出了许多改进措施。之后他引证了市与乡的代表会议，给出了长冈体系的一些细节，并在结尾宣称：

> 大家都可以看见，苏维埃政权的民主发展到了这样的程度，实在是历史上任何政治制度所不曾有的，而苏维埃依靠这一制度，同广大民众结合起来，他就使苏维埃成为最能发扬民众创造力的机关，使苏维埃成为最能动员民众以适应国内战争适应革命建设的机关，这也是历史上无论什么政府所做不到的。[89]

苏维埃民主的另外两个例子是允许革命群众享有的各种各样的自由，以及行政单位规模的缩小。

毛泽东指出苏维埃和红军的生存要归功于土地革命，以此来强调它的重要性。从苏维埃的经验中，他提取了土地革命的 7 个原则：

（1）所有的斗争都应当通过群众来进行并取得他们的同意；

（2）没收的土地和物品应当在贫苦大众当中进行分配；

（3）只有在大多数人需要的时候才应当进行分配；

（4）查田运动查找隐藏的剥削者，而不是寻求普遍重新划分阶级地位；

（5）那些反对土地革命的人应当受到抨击；

（6）应当利用阶级斗争，并应避免受地主鼓动的宗族和地区斗争；

（7）苏维埃应当全面地宣传和发展贫农团和雇农工会。[90]

毛泽东关于苏维埃经济政策的讲话，以《我们的经济政策》为名收录在《毛泽东选集》中，该文以描述农业生产的动力、在苏维埃的整体经济中一个负责任的国家的作用以及合作社正开始在苏维埃经济生活中担当的角色而著称。该地区的农业产量普遍低于传统的产出，但在1933年已经有了巨大的改善，而在一些地方已经超出了原有的标准。伴随着土地革命发生的农业产量下降，被归因于土地革命的不确定性。政府对苏维埃经济生活全面负责的态度由它对边界商业、出口商品生产和新工业的发展的关注可以得到证明。明显的是，直到1933年夏天政府才明确地认识到对规章制度的需要，而前一年的不规范的粮食出口被视为粮食短缺的一个原因。[91]

毛泽东用保证为苏维埃内的私营资本提供一个更为稳定的政治 179
环境，来平衡他的更多的经济干预的前提。从前对待非农财产的态度或多或少是掠夺性的，这一点在毛泽东的报告关于财政部分的讲话中被指出："根据过去的经验，这一方面的收入（没收和罚款）常常占了主要的位置"[92]。一种相似的不负责任的表现，是已经被毛泽东批评过的由于军事紧迫而拖延经济重建的倾向。在毛泽东看来，合作社的发展是极其迅速的。现在中华苏维埃共和国的17个县里，一共有1 423个各种类型的合作社，主要是消费者合作社和粮食合作社，但也有相当数量的生产者合作社。

尽管毛泽东在报告中列举了种种成就，但最后一部分关于"彻底粉碎五次'围剿'争取全国革命胜利面前的具体战斗任务"传达了这样一种感觉，即该任务是危险而困难的。坚持毛泽东的综合的政策方法，“具体的任务包括苏维埃工作的各个方面，首先是红军，但也有经济建设，苏维埃的发展，和在白区的反帝工作”。许多早先在报告中列举为成就的事情在这里作为被强调的问题而重新出现。这种处理强调了一个事实，即报告所突出的信息不是在各个领域取得成功的程度，而是各种各样的任务的重要性。不幸的是，由于报告的重要任务是以中华苏维埃共和国的继续存在为前提的，所以它的可行性就无从谈起。

毛泽东在报告中所做的结论有一种不受时间影响的性质，因为它讨论了一个基本的政府问题：群众生计与革命战争的关系。[93]毛泽东在报告中已经提出了这个问题，但发现该问题没有得到代表们足够的重视。他对政府的关键任务以及这些任务通过大众动员与革命战争发生的关系，进行了雄辩的陈述：

> 但是苏维埃单单动员战争，一点别的工作不做能不能达到
> 180 战争胜利的目的呢？我答复：不能。我们要胜利，一定还要做很多的工作。实现苏维埃的基本法令，保障广大群众的利益，领导工人的经济斗争，限制资本家的剥削，领导农民的土地斗争，分土地给农民，提高农民的劳动热忱，增加农业生产，建立合作社，发展对外贸易，群众的穿衣问题，吃饭问题，住房问题，柴米油盐问题，疾病卫生问题，婚姻问题，一切群众的实际生活问题，都是苏维埃应该注意的重要问题。假如苏维埃对这些问题注意了，讨论了，解决了，满足了群众的需要，苏维埃就真正成了群众生活的组织者，群众就会真正的围绕在苏维埃的周围，热烈的拥护苏维埃。同志们，这时候，苏维埃号召群众参加战争，要求群众牺牲一切给予战争，能够不能够呢？我答复：能够的，完全能够的。[94]

这不是一个简单的为人民服务的义务。它表达的是这样的信念，为人民服务是群众动员的必要基础，反过来，群众动员又是革命战争成功的保证。这与 1919 年《民众的大联合》的主张以及

1926 年毛泽东所建议的农民战略背后的信念基本上是一致的。毛泽东引证了这样一个恶劣的事例，即某个城市只关注战争的目标，但事实证明这是无效的；而优秀的范例，长冈和才溪，在各种事情上都取得了良好的效果。通过正反两方面的范例，毛泽东在结论中把他的论点具体化。在为群众服务和完成任务之间存在紧密的联系，这种联系意味着的大众动员的过程，以与毛泽东在 1926 年的第一次群众路线讲话的相似的措辞表述出来：

> 要使广大群众认识苏维埃是代表他们的利益的，是与他们呼吸相通的。使他们从这些出发，拥护苏维埃，来了解苏维埃提出来的更高的任务，革命战争的任务，把革命推到全国去的任务，来接受苏维埃的政治号召，来为苏维埃的胜利斗争到底。[95]

在群众了解了更高的目标之后，这个过程不会使得实际的服务成为不必要。它是在已被证明利益一致性的背景下，新旧任务之间的一种持续的辩证关系。党的领导是对群众的领导，它必须从实际条件 181
和群众的需要出发。在领导群众上的成功足以保证革命的成功，因为“群众是真正的铜墙铁壁，什么力量也打不破的”。毛泽东强调了执行方法的重要性，以此结束他的讲话，并通过拿官僚主义方法的例子及其结果与优秀范例及其结果进行对比，加强了他的论点。

毛泽东对江西经验的积极总结的核心，是中华苏维埃共和国的有益成就和有效方法的发展，以及密切联系群众的革命意义。他详细描述的成就与方法，在很大程度上是江西时期的创新，并可能将成为日益增长的大众的和有力的政权的基础，在该政权中发展他所设计的道路。事实上，甚至在中国共产主义后来巨变的环境和战略中，江西的经验仍被证明是一个有价值的实验。不仅许多特定的政策在延安和全国土地革命中重新出现，而且毛泽东关于自治的实质性的命题也变成了后来时期的前提。埃德加·斯诺 1936 年在宝安观察到的政府运作的严肃性和全面性，可以被视为 1933 年江西成就的结果。另一方面，毛泽东赋予大众动员的重要性，是他政治思想最古老的主题的重现。

遵义会议和瓦窑堡会议

《红旗》的最后一期，即1934年10月12日那一期，没能得以付印。它在油印的版页上发出继续抵制国民党的呼吁，这呼吁既英勇又令人同情。红军已经撤离，中华苏维埃共和国的自以为是和真实成就都已崩溃。从社会主义中国的长期问题到最切近的军事生存问题的令人震惊的背景转换，使开始于1934年10月的长征成为必要之举。在1935年1月的遵义会议上，毛泽东继续了他对军事战略的指导，这种指导在1932年年底曾经中止。与这种重新开始和中华苏维埃共和国的军事失败相适应的，是对第五次反“围剿”战
182 役的军事政策的批评，而《遵义会议决议》做出了这种批评意见。[96]在遵义会议上，“二十八个半布尔什维克”并不令人奇怪地声称，江西苏维埃的失败是不可避免的。他们的自我批评——领导人低估了客观困难而高估了革命力量——产生了这种挽回面子的结论，即胜利是不可能的。毛泽东强烈反对这种评价，他认为失败是由于第五次反“围剿”战役采用了纯粹防御性的军事路线，军事领导人害怕蒋介石的碉堡包围体系，对红军的力量过于自信，并固执于他们的不失一寸苏维埃领土的原则；他们放弃了早期由毛泽东所发展出来的灵活的军事策略，并采取了一种抵抗国民党前进的政策，这种政策把主动权留给了国民党。毛泽东重申了他的游击战略的实质。他说应当不理睬碉堡而不是去进攻它。他主张，红军应当绕到碉堡包围圈之外，威胁附近国民党据有的城市，这样使防御工事成为国民党的一个负担。而且，毛泽东批评了当时的领导人对长征的领导和时机太晚、太过秘密以及太过恐慌。

这次军事错误发生在更大的政策错误的背景下，直到1935年12月长征结束以后毛泽东才对后者加以讨论。[97]当时召开了瓦窑堡会议，“在中国革命史上，划分了一个新时期”——即抗日民族革命阶段。党的政治路线重新调整的一个必要因素，是对从前错误的

批判。毛泽东在瓦窑堡会议上的报告对以前的错误进行了全面批判，这种批判在由会议所采纳的决议中是明显的。1936 年毛泽东关于军事战略的演讲在一些细节上对它进行了补充。[98]

由于在瓦窑堡宣布的基本政策是与“不同的个人，不同的团体，不同的社会阶级与阶层，不同的武装队伍”联合起来反对日本，因此以前的领导人的基本错误被描述为“关门主义”。这种错误被宽泛地解释为，对党宣传它自身是革命的先锋队的自我满足，对底层阶级和工人的工作的狭隘关注，以及不愿形成联盟。[99]大量特定的领导错误可以被归类为关门主义的这三个方面的表现。

“二十八个半布尔什维克”的斯大林主义倾向，用意识形态的纯洁性代替了适于一种地方化的革命运动的战略。中华苏维埃共和 183
国的建立象征着这种教条主义的自我形象。在“策略性防御”的实际形势中，党的领导人谎称斗争是在两个平等的力量之间进行的。“我们和蒋介石作战是国家和国家作战，大军和大军作战。”[100]像“二十八个半布尔什维克”所理解的那样来维持和加强中华苏维埃共和国的社会主义身份，意味着“他们的”中国与中国的其他部分日益变得隔离。毛泽东在 1936 年的立场在很大程度上更为现实：

> 我们的工农民主共和国是一个国家，但是今天还是一个不完全的国家。今天我们还处在内战的战略防御时期，我们的政权距离一个完全的国家形态还很远，我们军队的数量和技术较之敌人还差得远，我们的领土还很小，我们的敌人时时刻刻想要消灭我们才快活。[101]

在中华苏维埃共和国的政治背景下，党的领导人在对待各阶级上的固执态度已经被注意到。反对富农的严酷立场导致了关于控制和群众冷漠的严重问题。对工人的优先待遇被人口的大多数所误解。在第二次统一战线时期，土地法的反富农条款遭到了打击，而各阶级的反日联合得以强调。但是，当 1947 年“战略反攻”时期最后到来时，毛泽东对农村斗争的阶级性质的观点再次流行起来。

关门主义最直接的表现是党的领导人对联盟的冷漠。在毛泽东的报告中，对福建起义的处理遭到了特别严厉的批评，不仅是从军事的角度，而且因为这种处理意味着拒绝与其他阶级的联合：

> 蔡廷锴等人领导的十九路军是代表什么阶级的利益呢？他
> 184 们是代表着民族资产阶级、上层小资产阶级、乡村的富农和小
> 地主。……无论蔡廷锴们将来的事业是什么，无论当时福建人
> 民政府还是怎样守着老一套不去发动民众斗争，但是他们把本
> 来向着红军的火力掉转去向着日本帝国主义和蒋介石，不能不
> 说是有益于革命的行为。这是国民党营垒的破裂。[102]

瓦窑堡会议所采取的联盟政策是相当广泛的，能够包括任何抗日团体和阶级，不过它回避了对于一种特定联盟的过分承诺，那种特定的联盟加剧了 1927 年的大失败。统一战线用非常广泛的呼吁来集中关注一个问题：反对日本帝国主义侵略。由于这个问题可以预期在若干年之内都是最重要的，所以统一战线政策也可以预期是相对稳定的。统一战线战略背后的战略思想，比“二十八个半布尔什维克”的纯正路线所达到的战略思想，在很大程度上要更为精妙。毛泽东的政治不是让革命政党的政治活动简单地成为它的身份和目标的一种直接表达，而是由可以被看清的政治形势的主要矛盾直接决定的。教条主义的忠诚和执行方面准确的斯大林主义优点，被灵活而警觉的更为自由决断的优点所替代。

毛泽东对江西领导人的狭隘和僵化的批评利用了后见之明的优势，但他定义的“关门主义”观点先于“二十八个半布尔什维克”领导的失败，甚至先于他们本人来到江西。1935 年的统一战线战略是大众动员的政治—军事战略的最适当的框架，因为二者都是由同样的原则来指导的，即实现最为有效的动员。在长征的形势下，毛泽东不能简单地回到他过去的观点上去，或使他一度被压制的观点处于支配地位，因为群众运动现在缺乏基础，而全国的环境已经被日本侵略的不断加强所重新定义。毛泽东已确立的政治和军事领导

的概念，将必然被它们新的应用环境以及他在党内全面领导的新角色所改变。他理论上的注意力首先转向了一种适于抗日战争的战略发展，之后才是那些已经在他的经验和得以应用的思想中变得坚定 185 的原则的概念化，那些原则是：理论与实践相统一的动力和动员起来的群众的绝对政治权力。

结论

这时我们可以开始概括地来理解毛泽东的政治思想是如何在1931—1934年的中华苏维埃共和国时期得以发展的，以及对研究者而言为什么要详细说明这一时期他的政治活动是如此之难。而这正是中华苏维埃共和国政治史之谜。派系斗争的潜力当然是蕴藏在一个组织之中的：存在着两个分别有着不同的经历、个人效忠和政策的主要集团。而且，毛泽东的一方失败了，当它后来以获胜的姿态出现时，它宣称实际上曾经有过一场尖锐的冲突。然而，实际上几乎没有斗争的迹象。出现过许多中央委员会的批评，这些批评当然是把毛泽东考虑在内的，但它们没有指名点姓地抨击他。而且更重要的是，没有证据显示毛泽东利用了他巨大的个人声望来深化他的异见，并维护他自己。看上去似乎毛泽东失败了，但他又从未抗争过。注意到这种失败的研究者已经假定了一场斗争；而那些没有发现斗争的人断言斗争是后来捏造的。[103]后来的发展与先前的原因之间的关系大有疑问，在中国共产党的历史上这不是唯一的一次。洛厄尔·迪特莫（Lowell Dittmer）在他对“文化大革命”中“两条路线斗争”的修辞法的研究中，以一种比大多数研究江西的学者都远为有益的方式重现了这个谜团。[104]

这种范式方法对中华苏维埃共和国时期的研究有巨大的用处。首先，它为各种事实和该时期后来的重要性提供了一个有说服力的解释，在这种解释中，其他方法明显相互冲突的地方各自有了它们自己的位置。我的解释是在早期根据地时期，从1927年到1931年，毛泽东为了生存而发展出他基本的农村战略。这些战略主要源于对领导游击战争的问题的密切而焦虑的关注，并且只与马克思主义和中央委员会的意见间接一致。回头来看，它是农村革命的具有毛泽东特色的方法的开端，但当时它仅仅是一种必需。在毛泽东与中央委员会之间明显的紧张是中心—边缘的紧张。当中央在1931年迁移到边缘时，这种中心—边缘的问题看上去是解决了，但毛泽
186 东的政策实际上源于农民，在中华苏维埃共和国斯大林主义的自命不凡中似乎处于不适当的位置。在留给他负责的领域内，毛泽东试图以自己的风格干出一番事业，这意味着以最好的结果为取向，以及避免脱离群众。这种方法促成了中华苏维埃共和国主要的行政创新，这种创新由于它的群众路线的特点而与“二十八个半布尔什维克”的“正确”政策的概念相冲突。1934年，对于所有的团体来说都变得明确的是，他们的方法处于基本的冲突之中，而毛泽东被免除了领导职务。这时，对于毛泽东来说，把自己的政策分歧发展为一种挑战性的、对中共领导人的理论的替代物是不现实的。毛泽东可能已经被中央委员会讽刺为桑丘·潘萨（Sancho Panza），但他当然也不是唐·吉诃德（Don Quixote）。此外，这种普遍理论的系统阐述具有难以置信的艰难和危险，除了专业的哲学王子以外无人能够胜任。1934年，毛泽东愿意说出那些他看到的被“二十八个半布尔什维克”所忽视的好的领导原则。他在第二次全国代表大会上的结论，是在一个冷嘲热讽的环境中对自己的方法的简明总结：强调了关心群众福利的重要性。因为在三天的讨论中，代表们忘记了提及这一点。

由于毛泽东实践的政策首创太过新颖而无法拥有一种准备好的意识形态的辩护词，因此在中华苏维埃共和国中没有发生对抗。毛泽东对这些政策首创的信心无法体现，他向权威和说服力低头了。1959年，毛泽东在对彭德怀的处理上非常自信，甚至威胁说要回到井冈山以他自己的方式而奋斗。但1931年他没有这么做。

虽然没有对抗，但在中华苏维埃共和国中毛泽东与党的领导人之间有一种重要而不能协调的紧张关系。“二十八个半布尔什维克”的政治方法假定了一种群众基础并强调了纪律；他们反对官僚主义

的政策是韦伯式的对官僚机构的理性化；他们的目标是有效而准确地传达党中央的指令，指令内容的大众性和适当性不是问题，因为他们了解马克思主义的阶级斗争理论、列宁主义的帝国主义理论以及最新的共产国际的指示。毛泽东把调查作为正确的（适当的）政策的源泉来加以强调，他的目标是最有效的动员。他反对官僚机构，无论是古代的还是现代的，有效的还是无效的，因为官僚机构的单向控制结构不鼓励与群众的互动。以查田运动为范例的群众运 187
动的方法，是这个问题——使科层制最小化的同时保持协调——的部分解决之道。从 1942 年到 1945 年在延安发展出来的运动的复杂性，是这种以民主集中主义作为替代形式的更为完整的表达。

中华苏维埃共和国中所发生的事件是一种政治范式的冲突，但它不是一场在两个完全表达清楚的范式之间的斗争。毛泽东的范式尚处在萌芽时期，是有用的政策和政治原则的日益增长的集合。“二十八个半布尔什维克”的列宁—斯大林主义范式是自信的，它也处于权威的地位。不可避免地，毛泽东在这样的环境中将是顺从的，并努力避免冲突。同样不可避免的是，当他在后来的年月中对他成熟的范式变得自信的时候，他把在错误领导下的实践看做一场更为明确的斗争，在这一时期真理处在少数地位。毛泽东在 1945 年对中华苏维埃共和国的政治分析，既是一种官方历史的努力，也是一种在历史的自我理解之上的努力。

第五章

毛泽东政治思想的基础

188 这项研究的一般命题是，毛泽东的政治思想在理论与实践的辩证互动中得以发展，到长征时期成为一种特有的政治观点。更直截了当地说，我的主张是，这种以有效的革命行动为目标的理论与实践的互动，是毛泽东自身发展模式的基本特点和他的政治思想的主要特征。毛泽东的政治范式对于中国和马克思主义政治的创新，只有当它在 1936 年到 1945 年期间进行权威性而全面地详细阐述时，才变得容易理解。但毛泽东对实践的首要性的强调应当成为一种警告，即不要从它的系统表述开始研究他的政治思想。我的写作意图不是简单地介绍一部毛泽东政治思想的史前史，而是向严肃地理解、评估和利用它迈出第一步。这项研究是不完整的，因为后来毛泽东的政治活动还在继续发展，但我希望在略去考察毛泽东政治思想的一个关键方面的意义上，该研究不是怀有偏见的。

本项研究前面的章节已经详细介绍了毛泽东的思想在它的实践的政治环境中的发展。最后一章将描述毛泽东长征之前的经验对他后来的政治活动的意义，以及他固有的范式的一致性。在重新考察了毛泽东与马克思主义以及中国政治文化的关系之后，我希望划定一种政治范式的实践基础的界限。

毛泽东政治思想的发展 189

正如查莫斯·约翰逊（Chalmers Johnson）所正确指出的[1]，随着中华苏维埃共和国的失败和抗日战争的逼近，中国共产党面临着一个新的战略形势。与帝国主义势力的战争和直接殖民主义的威胁代替了1927年分裂的和摇摆的局面。从毛泽东的灵活的和调查的方法中，我们期待他在政策上做出相应的主要变化，弱化阶级斗争和经济再分配的主题，而强调全体爱国者的抗日统一战线。变化了的政治环境使毛泽东在党内有了新的领导职位，再加上对于环境的重新适应，这些都激发了毛泽东的著作的最为高产时期的到来。

尽管长征之后的时期有所创新，但这种创新与毛泽东的思想在从前阶段的发展有一定的相似性。如同"五四"时期一样，在一种更为宏大的规模上，由于毛泽东所表现出来的能力，他的领导地位再次成为重中之重。最重要的政策视野再次变成全国性的，正如中国共产党最初5年的政策视野一样，统一战线政治重新出现。农民依旧是政治战略的基础，对于生存的强调——这令人想起了井冈山——代替了"二十八个半布尔什维克"的纯正路线。要从江西时期找到基本政策的一种连续性的因素，更有些困难。中华苏维埃共和国的抗日立场得到了新的强调和发展，但土地政策被改为保护富农利益的政策[2]，军事政策恢复到原来的游击战略，当务之急的政策所具有的斯大林主义特点消退了。

但是，在1940年以后延安的更为相似的统治形势中，以及在内战时期——当时国内政策再次变得像抗日的全国性防御政治一样突出——毛泽东仍然记得中华苏维埃共和国时期的教训。当中华苏维埃共和国被击败的时候，毛泽东广泛的治理经验刚刚开始在江西取得良好效果。那种经验形成了他后来治理活动的基础。在他治理江西的法律实施阶段中，他认识到了脱离群众，以及从属于脱离群众的两种表现——官僚主义和命令主义——的重大教训。通过1933年的群众运动，特别是查田运动，毛泽东掌握了通过非官僚主义群 190

众运动而实施政治活动的基本的实证原则。这种领导方法的结构含义，在小单位苏维埃的模式中得以实现，该模式强调群众动员和积极参与。在井冈山那种面临威胁的亲密而熟悉的环境中几乎是自发形成的大众动员的原则，被详细阐述为固定的原理和组织方法。许多政策细节，例如，工作队、阶级分析的方法和原则[3]、思想斗争，对毛泽东管理技术宝库而言是有价值的补充。更重要的是，对于如何恰当地发动一场重大运动的关注——这在查田运动中是很清楚的——规定了强调干部激励和动员的模式，提出了就高层领导人而言的自我约束以便提供激励而不是削弱控制，并最终在收集了相当多的经验之后建立起了权威的方针和规章制度。

这种政策制定和执行过程的模式，允许延安和抗日根据地之间的关系变成一种在根据地的创造性和延安的权威性协调之间有益的辩证关系，而不是在延安和苏联之间存在的那种在意识形态上臣服，而在实际上相互独立的紧张关系。[4]这种程序对于延安的对内政策过程也是关键的，这在“整风运动”的案例中尤其明显。简言之，延安时期的许多政治创新在内容上是早期江西的创新的发展。但是由于毛泽东的全面领导地位，他在应用上的自觉和自信，以及抗日战争的新环境，早期江西的创新在此被改造了。

任何一个较早时期毛泽东的思想与其前一时期思想的关系，都可以声称具有一种在变革环境中的连续性。中华苏维埃共和国时期的政策创新，可以被看做在一种较高组织水平上向最大限度的动员原则的回归，后者是在根据地时期求生的政治活动中发展出来的。密切联系群众、自治、综合的政策，这些原则的重要性及其实施方法必须在中华苏维埃共和国的环境中被重新发现，而它们也存在于
191 他早期的政治活动中。同样，毛泽东在根据地的政治活动，建立在他对农村革命潜力和土地革命重要性的分析基础上，而土地革命已经在他在广东工作期间发展出来了，当时他在寻求一种真正革命的全国性政策。毛泽东 1923—1926 年的政党和联盟政策再次要求以他“五四”的行动主义、实用性和平民主义为先决条件。而这些在毛泽东早期的经历中都有其根源。各个时期的基本创新总是下一时

期的关键前提，并且没有削弱——虽然不那么显著——对毛泽东的职业生涯整体而言的重要性。遵义会议对毛泽东政治活动的变化来说是一个极好的举隅法（synecdoche）：毛泽东利用他经过检验的游击战领导原则来批评“二十八个半布尔什维克”的军事错误，从而翻开了他政治思想的新一页。

因此在他最早的经历中寻找“毛泽东思想”的真正起源是令人着迷的，但是从下面两种观点来看，这是一种不充分的方法。从理论的观点来看，这种方法有赖于这样的假设，即毛泽东的政治思想中具有连续性的那些原则，在它们从毛泽东的政治活动的实际进程中抽象出来以后仍然保留了它们全部的意义。这个假设当然是一个对研究者开放的选择对象，但是它有与毛泽东的理论倾向不一致的不利方面。不仅毛泽东本人坚持理论与实践的统一，而且正如我们所见的，他典型的做法是从经验中进行概括，而不是去实施先入为主的概念。从历史的观点来看，这样一种方法，即倾向于从其最早的实例中提取思想或行动的连续性的意义，是以毛泽东政治思想发展的一种错误模式为前提的。毛泽东的政治思想不是简单地通过时间发展而累积，而是每一个后来的层次都比上一层次更为确定和明朗。他的政治活动的每一次全面的重新筹划都为他的政治思想创造了新的世界。在已经考察过的每一阶段，当前的形势与过去的经验在决定他的政治形态时都同等重要。因此每一种创新在经验上都有历史根源，这种经验以它在不同环境中的适应性为条件。例如，“五四”启蒙没有改变中国政治的经验造成了一种新的政治背景，这种政治可以被视为毛泽东的实践活动原则和革命的平民主义在新的环境中的应用。但是，还应当记住，这种应用为毛泽东的实用性和平民主义赋予了一种新的含义，但他的新的实用性和平民主义对于一些在早期曾是他的合作者的人来说是不可接受的。在所指对象 192
上的变化改变了词语的意义。

如果理论与实践的统一被看做毛泽东思想的最重要的因素，那么他的政治思想扎根于手边的实际工作，就不再成为解释毛泽东的意图的令人沮丧的障碍，而是成为准确理解毛泽东的意图的钥匙。

按年代顺序从最初去研究各个发展阶段是重要的，因为只有用这种方法，研究者才能得到所有相关的政策经验。这样一种方法并不预先排除关于毛泽东的政治思想的概说，但我认为它能够把幼稚的概说与可靠的概说区分开来。

毛泽东政治活动的固有范式

虽然毛泽东本人在中华苏维埃共和国末期没有详细阐述他的政治范式，但到那时，毛泽东政治思想的发展已经达到非常成熟的地步，甚至可以使我们描述出他的政治活动的一个固有范式。这是一项有用的工作，因为它把他迄今为止政治发展的共性概括到一种单一的范式当中。而且，由于毛泽东后来对其政治范式的阐述发生在他的一个新的发展阶段，为了把他 1935 年以后真正的创新与他对早期经验的概括区分开来，我们必须努力对 1935 年做一个总结。接下来我们将在三个层次上分析毛泽东固有的政治范式：个人榜样的范式、革命战略以及政治范式。

在讨论毛泽东前半生的贡献时，必须记住，具有范式意义的模型不仅仅是一个包容了特例在内的宏大的思想范式，它也是教科书式的范例[5]，是可重复的经验，这种经验显示了在此范式指导下如何正当行事，也表明了该范式的功用。对于一种政治范式来说，示范者是正确的政治行动者，在我们的例子中他们是典型的革命者。在江西，“二十八个半布尔什维克”共同掌权不允许突出任何单个领导人，而即使允许，毛泽东也不太可能是被突出的对象。但尽管相对缺乏宣传，他的领导风格对他的同志们无疑具有一些影响，而那些在后来被大力宣扬的特点已经明确地出现了。

193 作为一个活动家，毛泽东最引人注目的个人特色是他对有效性的关注。毛泽东以具体效果为导向，再加上非凡的献身精神和活力，塑造了自“五四”时期以来他的政治参与的形态。毛泽东不是一个机会主义者，但他确实以他认为值得关注的那些东西为目标，而且他为这些目标争取广泛的支持。

与毛泽东的实践导向直接相关的是他对准确、客观地掌握政治形势的关注。这种关注在他“五四”时期和参加中国共产党早期的著作的细节中是明显的，但它在1926—1927年间发展成为对亲身调查的一种明确的倡导，而当时中国共产党开始忽视毛泽东所察觉到的农民的革命潜力。在强调调查的重要性时，毛泽东强调了一种根本的认知上的关注——如何把握正确的政策，不允许这个问题或者变成形式主义的方法论问题，或者变成内省的认识论问题。调查是一种实践活动，它的标准是有效性。

像政策分析的所有形式一样，毛泽东的调查和建议包含着各种价值，这些价值是他个人范式的一个关键的部分。毛泽东主要的政治价值是为群众谋利益的重要性。在毛泽东的许多著作中，这个原则与他对有效性的强调融合在一起。这两者之间的纽带是，毛泽东确信动员起来的群众将是主导的政治力量，因此任何有悖于群众利益的政策都是无效的。毛泽东对群众力量的信仰和对他们的利益的献身，在经历了“五四”希望的破灭和1927年农民运动的失败之后坚持了下来，但这些失败确实使毛泽东较少地直接依赖群众自发性的力量，而更多地关注革命组织。然而，革命组织、党、红军或苏维埃政府的利益不能替代群众的利益。毛泽东1926—1927年所使用的术语“真正的革命党”和他后来执意于避免“脱离群众”，都暗含了对合法性的一种批评。这两种措辞都指出职业革命者不能自动包办革命，而主要是充当群众力量的组织者。

毛泽东的革命战略与他的政治价值有内在的密切关系。虽然他在1919年关于不流血的社会转型的无政府主义——乌托邦的期待
很快就幻灭了，但是他的这种信念，即最大程度的“民众的大联 194
合”最终会胜利，却一直是他政治活动的一个基本前提。这在毛泽东对人数的强烈偏好中体现得最为明显。在1926年提出一个农民战略时，毛泽东认为农民的数量是他们的政治潜力的证明。他没有解释为什么中国的历史是一部精英的历史，但他对此很自信，即当前的问题是动员的问题：“三万万九千五百万人团结起来！”[6]

阶级斗争是马克思主义对毛泽东革命思想的形成的主要贡献之

一。政治经济学的阶级结构概念，为解释社会苦难和组织起来消灭这些苦难提供了一个普遍的，也许是科学的范式。但是，在毛泽东1926年论农民各阶级的文章中可以明显看出，他倾向于使用阶级分析来区分不同群体的苦难以及他们的革命潜力。使毛泽东感兴趣的是阶级斗争而不是生产关系。

毛泽东的革命战略以大众动员为中心，但它也不得不对付力量上占优势的反革命分子。这个教训是逐步而痛苦地认识到的。对毛泽东那一代的许多人来说，成为一个共产主义者就是认识到革命组织的必要性。五四运动的结束证明了新中国不会自动诞生。职业革命者必须在一个敌对的政治环境中工作，以便造成一种革命形势。个人的献身是不够的，对于协调的、有效的前革命阶段的工作来说，还需要组织纪律和一种确定方向的意识形态。联盟是通过寻求有限而可实现的共同目标来减少对抗的一个主要手段。但如果革命组织为了一个联盟的便利而牺牲了群众的利益，那么它就丧失了其合法性，而且即使成功了，它也不能实现一种真正的革命。

1927年大失败的基本战略教训是“枪杆子里出政权”。毛泽东对一种生存战略的必要性的回应是，把游击战争和在军阀和国民党控制边缘的革命根据地完全结合起来。以农村为基础的革命的概念——对于一个马克思主义者而言是一个非凡的创新——并不是作为一种理论创新而是作为一种实践的必要性而产生的。毛泽东的游
195 击战略是他的革命合法性观点的自然发展，因为它所赖以建立的基础是对于占中国人口压倒性多数的受压迫的农民的动员和政治化。这是毛泽东游击战略中复杂的中心—边缘逻辑的基本方面：既定的中国政治的边缘——乡村的中农和贫农——变成了革命政治的中心。毛泽东的战略思想在长征之后经历了相当大的发展，但它仍然坚持以农村革命为基础，尽管就抗日的全国性防御作了重新定位。

为了维持他的农村革命战略并使之合法化，毛泽东不得不发展出一种根据地政治的范式，该范式可以动员农民来支持革命。最初这个政治范式的重要因素包括：平等再分配资源的政策，强调密切联系群众的干部道德规范，以及能够使群众支持凝聚为一个整体的

军事—政治框架。随着毛泽东作为中华苏维埃共和国主席的长期的和专门的管理经验的积累，政治动员变得更为系统化和制度化。特别重要的是，他发展了运动的组织以便实现主要的政策目标，还把关注的焦点放在基层政治上面。到中华苏维埃共和国末期，毛泽东已经把革命政府的主要作用看做为人民服务。体现领导和群众之间政策互动的群众路线只是缺乏一种正式的阐述。

毛泽东政治活动的竞争性基础

我已经介绍了毛泽东的政治活动的固有范式的发展，这种发展是他所处的政治环境和他试图改善这种环境的努力之间不断互动的结果。同样明显的是，在这种理论与实践的互动中，理论是马克思主义理论，但毛泽东的实践环境则是中国的。因此有可能把马克思主义和中国政治文化并列作为毛泽东思想的两个可供选择的来源，或者认为其中之一是更为基本的来源。对这两个竞争性基础中的任何一个都可以做出使人信服的论证。然而，在我看来，这两种立场在共同假设上都是错误的，即毛泽东的思想可以被简化地等同于他的思想来源，因为这个假设内在地否定了毛泽东在中国和马克思主义的背景下同时做出了重要的创新。发生混淆是因为毛泽东满足于 196
让他与马克思主义以及中国政治文化的关系成为一种不明确的辩证关系。

在最近与毛泽东有关的研究中，那些强调他的思想的中国根源的研究更为有趣。例如沃尔夫冈·保尔（Wolfgang Bauer）分析了毛泽东的理想的传统渊源，以此来结束他对中国的幸福观念的重要考察。[7]把毛泽东的政治基础更严格地限制于文化方面的一部论著是理查德·索罗门的《毛泽东的革命与中国政治文化》。他的论证是心理学式的，即中国政治文化鼓励了人们对社会的依赖，因此毛泽东争强好胜的个性使他成为自然的领导人。这种主张立即引起了许多研究中国的学者们的反对。[8]一些人认为，中国人的政治行为与索罗门所描述的并不相似；其他人则相信，一种对于毛泽东的思想及其成功的潜在理性的（subrational）解释是没有必要的。

托马斯·墨子刻（Thomas Metzger）在他的《摆脱困境》一书中，就传统根源对20世纪发展的影响，提出了一种似乎更为合理的解释。[9]他描述了体现在传统不平等关系中相互依存的，甚至道德自律的方面，从而大大改进了索罗门的心理学命题。墨子刻不认为中国人在心理上受到行为模式的限制，但他们在观念上受到他们的新儒家思想遗产的束缚。一种对个人道德困境的乐观主义的拒绝，设定了包括毛泽东在内的20世纪发展的边限，墨子刻把这种个人道德困境看做新儒家思想的中心预设：

> 我的论点是，在很大程度上，正是这种固有的、强烈的、持续了几个世纪之久，希冀从形而上学的、心理的、政治的和经济的困境中摆脱出来的愿望，引导许多中国人满腔热情地去献身于这样的事业，即推翻传统上所崇奉的制度，并接受生疏的外来的方式。[10]

墨子刻的分析方法是集中关注思想家的老生常谈而不是他们的自觉创新。他用这种明智的思考——即，一群思想家所接受的那些共同智慧与他们所争论的问题差不多，都是他们的思想世界的一个明确的方面——来进行分析。[11]

对于我们试图理解毛泽东的目的来说，墨子刻的方法论和解释
197 的主要困难是，它假定在20世纪的中国没有诞生真正的政治思想。确实，很多中国人所持的观点与毛泽东和中国共产党的观点有共同因素。随便举个例子，在《燕京社会研究学报》的第一卷（1938年）中，有文章赞扬为了社会科学和一种知识的社会文化理论所做的直接的田野研究。[12]而且，墨子刻在新儒家思想中所发现的道德困境，在它出现以后的第四个世纪确实看上去已经逐渐消失。当然很容易把这些相似性解释为主要是从一种生来就有的困境中沿着同样方向发展的结果。要“摆脱”中国上一个百年的狂躁—抑郁的思想环境，有点像用得肺炎来治感冒。20世纪的中国思想家在20世

纪所思考的现实，在解释共有的感受方面可能更为重要。

在 20 世纪新的和紧迫的世界里，有价值的是人们在政治上做了什么，而不是共同的环境或文化遗产。强调毛泽东和中国台湾的保守主义哲学家所共有的东西，将遗漏掉他们之间的区别所具有的更为重大的意义。摆脱主义（escapism）可能是墨子刻最喜爱的保守主义哲学家——唐君毅哲学的关键，但毛泽东的实践政治事业使他以及最终是中华人民共和国陷入了一种新的思想和道德困境，这种困境在中国世俗道德规范的丰富传统的发展过程中构成了新的篇章。中国新的公共意识形态的许多老生常谈的东西，是从本书所涵盖的时期中引发出来的，但正如我们所看到的，它们始于革命政治和生存斗争的实践经验。

正如斯图尔特·施拉姆所指出的[13]，对毛泽东的马克思主义的讨论经常被歪曲成一种不必要的激烈言词，因为对学者来说，它是一个具有个人意识形态重要性的问题。结果是，人们在魏特夫（Wittfogel）与史华慈（Schwartz）关于毛泽东的马克思主义的辩论中所感受到的紧张，不完全归结于这种交流所带来的思想上的激动[14]，《现代中国》上关于这一主题的系列文章，许多看上去都是激情高于智慧。[15]所讨论的两个对立的事实——“毛泽东不是马克思”和“毛泽东宣称是一个马克思主义者”——同样是无可辩驳的。然而各方的支持者都在扩大一方的意义，同时否定对方。那些最热情地支持毛泽东的马克思主义的人，最后实际上宣称马克思和毛泽东是一回事，而那些处于另一个极端的人主张毛泽东是个非马 198
克思主义者，认为说毛泽东是个马克思主义者，完全是毛泽东自己的主张。

当然问这样的问题将会更为有用，即：“马克思主义对毛泽东意味着什么”和“说毛泽东是一个马克思主义者意味着什么”。我将延迟回答第二个问题，因为这个问题更直接针对毛泽东后来关于他的思想所作的系统阐述。但是，第一个问题可以从我们所讨论过的时期中做出回答。马克思主义对毛泽东政治学的主要影响是，它提供了一个关于社会动力的理论和一个职业的革命组织。马克思主义对毛泽东的思想的贡献在 1923—1927 年期间体现得最为明显，尽管后来有所发展，但阶级斗争理论和政党的重要性仍然是他的政治学的基本方面。与马克思相比，毛泽东的阶级理念更直接地以政治潜力的问题为中心。与列宁相比，毛泽东的政党理念包括了更大程度上与群众的相互依赖。相互依赖在毛泽东 1926 年关于真正的革命党的合法性理念中已经体现得很明显；在根据地时期，它发展成为政策上的相互依赖，即后来所熟知的群众路线。

毛泽东的思想基础的相互冲突的主要根源是他的思想环境的复杂性[16]，毛泽东的政治学中也有一种理论的含糊，这种含糊有时是故意的。毛泽东的实践导向以两种方式促成了他在理论上的含糊。首先，毛泽东仅在形势要求的情况下考虑理论问题。在思考的时候，他运用理论，但并不试图创造一种完备的理论结构，使这个结构与他的实践政治学发展中的创新与成熟相一致。分析毛泽东长征前的政治思想的挑战不在于理解他的概念化，而在于使他的政治见解的一致性概念化。这不仅仅是毛泽东思想早期的一个问题，我还认为毛泽东的政治活动从来没有得到彻底的理论阐述。他的政治思想一直存在于政治形势与马克思列宁主义的意识形态支配间的一种不明确的辩证关系中。

毛泽东的理论含糊的第二条实践上的理由是，为了追求有效性，他只得表面上服从上级并在他的马克思主义上勤勉用功，而不管自己在执行上级各自的命令和原则上是多么具有创造性。早年毛
199 泽东曾引用儒家经典来对抗他的父亲（以这些经典的原意所不曾暗含的用法）[17]，后来又有他聪明地运用意识形态来为合法性进行论证的各种例子。一个例子是毛泽东在 1929 年的《古田会议决议》中对极端民主主义的描述，在决议中他把党中央对边缘地区的抱怨倒转了过来。另一个例子是他在 1933 年试图将“布尔什维克化”等同于“群众化”。[18]这里毛泽东试图抓住曾被“二十八个半布尔什维克”使用的布尔什维克的标签，来说明他关于群众运动和全面地方政府的新倾向具有意识形态的纪律和效能。具有典型意义的是，毛泽东没有似是而非地利用含糊的“七四”宣言，他先仔细阐明了所

指之物，然后再使用这个标签。他以实际上是重新定义的微妙过程来伸展已有的概念，以便适应一个新的实践环境。这种通过新的定义而不是通过新的概念发展的趋向，要求研究者认真考虑术语的实践环境。但最终它也产生了基本概念的意义分歧，这种分歧阻碍了建立一个简明的意识形态框架的努力。

实践革命的局限

毛泽东的革命范式的历史意义是，它发展出一种适合于中国的政治方案，突破了中国现代史的瓶颈，认识到现代西方所明显表现出来的变化的潜力。重建中国的基础必须来自实践，毛泽东的平民主义经验论的导向使他进行了许多政策创新，这些创新后来构成了成功的中国革命的特色。毛泽东不是用自己的方案来拯救中国的独立的天才，是他对效用的关注和向群众学习的意愿，创造了他想象中的革命。但任何一种实践的范式都是有其局限性的。[19]范式的效用源自它是否适合于现有的条件，但范式的成功也会改变这些条件并损害它自身的适用性。在不同的领域中都可以看到这种基本的局限：在政策变化上，在权力关系上，以及在政治目标上。到1958年为止，毛泽东最初的政治范式的局限性已经变得与它的效用一样引人注意，关于正确的政治领导的新危机开始出现。

第一种局限与现实的可变性和理论指导的必要性有关。如果想
要保持政策有效性的话，实践的领导必须经常面对政策调整的任 200
务。第二种局限是由一种实践范式变成权威范式的时候出现的结构性问题造成的，正如长征之后毛泽东的范式所经历的那样。毛泽东没有直接面对这些问题，但它们可以从他的领导生涯中观察到。第三种局限随着毛泽东的政治范式在1949年获得成功而出现。在打破了由早熟的、孤立的理智主义（intellectualism）所造成的实践瓶颈之后，一种新的瓶颈逐渐形成，即中国社会的新生力量缺乏足够的理论指导。生存和革命的旧有目标已经得以实现，中国思想现代化不断重复的主题——走哪条路？——第一次被当作一个实践问题

来提出。从 1957 年到 1976 年，毛泽东试图用他解放前成功经验中所包含的技术和价值来回答这个问题。然而，解放后中国的环境不同了，毛泽东的政治范式的作用也由指导实践变为意识形态标准。

毛泽东对第一种局限非常自觉——任何在具体实践中的理解或有效性都是短暂的。毛泽东必须应付的关于实践领导的两个主要问题是，环境变化使经验不再有效，以及在行动之前理论指导的必要性。这些问题要求不断适应环境并对它们加以关注，因为它们超出了领导的常规性困难。

经验政治的一个基本问题是，当前和未来的发展以不可预见的方式改变了经验材料的特征。如果观察环境和应用环境间发生了重要的转变，那么即使看起来是可靠的调查，也可能产生严重的误导。对毛泽东来说，这方面的一个主要经验是 1926 年的农民运动。《湖南农民运动考察报告》的乐观主义是建立在对农民协会活动的一个月的实地调查的基础上的，但那时农协的迅猛增长发生在一种有利的政治和军事气候中。后来随着 1927 年中期政治气候的转变，农民运动的“暴风骤雨”令人失望地衰落了下去。

201 毛泽东能很好地意识到经验会随着环境变化而失效的问题，他在《实践论》中对该问题的处理是十分深入的。没有对环境变化的灵活的警觉，经验就可能变成狭隘的经验主义，同它的对立面教条主义一样具有主观和误导的特征。由于预测需要假定环境是相似的，所以毛泽东在他的预期上通常是谨慎的。对经验局限性的自觉认识，使得毛泽东在进入一个新的战略阶段时可以避免自鸣得意。一个新阶段或者要求他从根本上进行重新思考和重新调查，如同 1936—1937 年那样；或者要求从其他人的经验中进行学习，正如 1949 年强调向苏联学习一样。

除了环境变化导致的失效问题以外，实际的政治领导不能避免思考过程中理论的优先地位。理性行动一定要建立在理论指导的基础上。经验可以修正甚至挑战一种理论导向，但理论导向也为经验规定了重要的参数。广泛调查其他人的经验极大地克服了理论指导的困难，但调查本身是一种行动，并有其自身的解释性框架。毛泽东对这个问题的认识在《兴国调查》中最好地体现出来，文章强调了亲身参与调查工作的重要性，并指出他的大多数被调查对象都不是党员。但把黄宗智对兴国的研究与毛泽东的研究相对比，可以发现毛泽东的调查兴趣的特定局限性，仔细阅读毛泽东对调查的倡议也会发现，他所强调的是革命的效果，而不是调查本身。

在《反对本本主义》中，毛泽东在一个更大的问题上是特别具有说服力的，这个问题就是理论所发挥的关键但不是绝对的作用。他的基本原则是，理论的正当性是它的有用性。“没有调查，就没有发言权”的口号抓住了毛泽东对抽象意识形态的轻视，因此可以理解“二十八个半布尔什维克”把这句口号作为毛泽东的农民经验主义的一个例子而进行的抨击。但毛泽东对理论的实践要求的评论是对教条主义行为的批评，而不是对另一种政治范式的批评。在江西时期，毛泽东一直是一个教条主义领导的实际服从者，而且最终看到他的治理成果在第五次反“围剿”战役中毁于一旦。

毛泽东的政治范式的第二种局限性是由权威性领导所固有的结构张力造成的。在我看来，毛泽东非常清楚这种局限会不断造成政治问题，但他在原则上从来没有像对待第一种局限那样面对过它。 202
毛泽东政治范式所假定的权威的作用存在三个主要的结构问题：第一，从一种从属性、执行性范式到一种指导性范式的转变；第二，中间领导同时遭到来自上下级在政治上的责难；第三，一种不会犯错的形象的政治效用与对灵活性的需要之间存在的紧张。

当然，为什么“二十八个布尔什维克”能够轻松取得对江西的控制权，以及他们在中国政治上的影响一直留存到1941年的一个主要原因，是毛泽东不急于承担全面领导的角色。完成被指派的任务极不同于详细计划对一项运动的全面指导。毛泽东在1936—1942年期间出色地完成了这种调整，但是即使在他的思想的权威性阐述中，他也不愿意超出对手头任务的讨论。这种不情愿导致了我在前面提到过的毛泽东思想与马克思主义之间不明确的辩证关系问题。虽然毛泽东要求最高的政治权威，但他的意识形态却主张能够正确地运用马克思主义。结果毛泽东在思想意识形态角色中所造成的含糊，不仅给中国的观察家造成了麻烦，而且使中国政治本身在意识形态方面也产生了混淆。

另一个需要费心费力予以廓清的含混之处是干部的角色，即在毛泽东与群众之间的组织联系。一方面干部们被要求像毛泽东那样行事，做“总指挥”，根据地方的条件灵活地调整指令。另一方面，他们是被期待执行命令的下属。首先，期待他们正确地行事。正像在关于天才们的圣经寓言中一样，毛泽东给干部们授予了相当大的自由裁量权，然后让他们对自己的行事结果负责。大众动员要求这种方法，而且如果组织目标明确的话，这种方法是有用的。然而，特别是到了1949年以后，判断有效性的标准，经常是含糊的或冲突的。当时，毛泽东的组织领导的方面倾向于使下级们承受难以控制的个人风险。直到“文化大革命”的时候，这种风险才由于毛泽东相信错误是不可避免的，和刘少奇对党内纪律的系统化而得以减轻。但是在“文化大革命”中，企图强制解决中间领导问题的努力，破坏了人们之间的相互信任，而这种相互信任原本使得含糊的责任能够维持下去。

203 权威性领导的另一个结构性问题——这个问题随着“文化大革命”而变得尤其尖锐——是毛泽东作为领导人的个人形象与根据错误调整政策的必要性之间的矛盾。作为个人，由于主观上的弱点和客观上的错误信息，毛泽东可以进行实验，犯错误，分析错误，并纠正他的行动。但毛泽东是一个组织的领导人，承认错误可能会在负面上影响士气和合法性，并因此而造成额外的问题。另一方面，一种绝对可靠的虚假形象可能造成玩世不恭和对官方报告的不信任。形象与诚实相对立的问题随着“大跃进”而变得严重起来。毛泽东此时作了妥协，他虽仍坚持一种绝对可靠的公众形象，但向干部们承认了他的错误。[20]然而，随着“文化大革命”的派系效忠（commitments）的发展以及这种派系效忠对他的个人形象的严重依赖，毛泽东的错误迫使他自己走到一种更为顽固的绝对无错的立场上去。

毛泽东的政治范式的第三种局限是由它自身的成功造成的。

1949 年以后，中国的理论构想超过它的政治发展现实的旧问题被一个新问题所取代，即它的政治创新和成就正在超过相应的理论概括。直接的解决之道是依靠社会主义国家的列宁—斯大林主义理论以及苏俄的经验，来帮助中国向社会主义过渡。但意识形态的借鉴并不是问题的解决办法。中国的条件不同于苏联，苏联的经验也不全是积极方面的，而根据地政府的 22 年经验并不是与中华人民共和国的问题完全无关的。而且，可以预期，中国的新阶段既需要现有模式的调整，也需要有创造性的政策革新。

与其他两种局限相同，毛泽东在他的政治活动中表明了自己对这些问题的认识。转向苏联的指导是由于他认识到，旧有游击战争的专门知识对于解决社会主义建设问题是不够的。当然毛泽东在 20 世纪 50 年代对苏联人的私下评论表明了他不盲目屈从于他们的建议。[21]毛泽东在 1957 年对“百花齐放”运动的发起和他在 20 世纪 60 年代早期对民主集中制的强调，表明了对群众创造力的一种强烈的关注，以及他对中国共产党的官僚主义和保守主义的担心。 204

尽管如此，毛泽东对创造性的鼓励受到他自己政策创新的经验和他确信群众将在斗争中受到教育这两方面的影响。正如毛泽东在 1957 年所说的：“马克思主义就是个扯皮的主义，就是讲矛盾讲斗争的。”[22]毛泽东关于政治论坛的理念不是西方意义上对言论自由的保证，而是指，当一个人在确信他的贡献最终将被评判为“香花”而不是“毒草”时，他享有拿他的政治前途来冒险的自由。毛泽东自己就曾经常冒这种风险，所以他热忱地建议人们去这样做。[23]然而，在一个社会主义国家，指望这种公开性来实现对创造性的鼓励是不现实的。毛泽东曾经享受过在一个混乱而四分五裂的中国进行创新的实践自由，但中华人民共和国的政治和意识形态的统一预先排除了这种冒险事业的可能性。革命的效用不再像一种真理的实践标准那样起作用。它变成了一种真理的意识形态标准——革命的效用现在意味着毛泽东对于革命效用的看法。

从 1957 年到 1976 年，中国以毛泽东为舵手所走过的独立历程涉及政策上的许多创新，也包括广泛的政策摇摆，但毛泽东在“大跃进”和“文化大革命”中的主动性在很大程度上构成了毛泽东的当前形象。在这种形象与本书所描述的毛泽东早期生涯之间有一种强有力的联系；毛泽东后期政治活动的价值和方法是对他早期政治经验的一种肯定。但指出这一点是重要的，即，在他最后的 20 年里，毛泽东在意识形态领导方面是积极的，而在更为实践性的方面则是消极的。具有讽刺意味的是，毛泽东的政治范式的最后一种局限是它的适当性。对一个阶段问题的实际解决办法不能被简单地转化为下一阶段问题的意识形态上的解决办法。毛泽东政治思想的基础保持了稳固，但由它本身的成功所造成的不同的环境改变了它的意义。

附录一

毛泽东思想中的理论与实践*

虽然毛泽东在塑造中国政治和社会方面所占据的主导地位是不容否认的，但对“毛泽东思想”在他的成功中所发挥的作用却似乎很难予以详细阐述。毛泽东不可能仅仅做了任何一个谨慎的中国人在那样的环境下都会去做的事，因为他的那些不在正常的马克思主义行动和制度方式范围内的适时的政策和实践创新，对革命的成功贡献巨大，并且影响了在中国所建立的那种共产主义。因此，“毛泽东思想”作为这些创新的政策和决定的合奏曲，对于理解中国共产主义的成功具有至关重要的意义，并且还可能是抓住正在进行的中国革命之特色的关键所在。

这支合奏曲有两个方面阻碍了人们对毛泽东作为一个具有创造性的革命家的理解。一方面是毛泽东理论阐述的具体性。他总是使自己忙于关于运动的紧迫性问题的研究。虽然一些理论阐述或多或少是可以推而广之的，但他很少冒险去讨论抽象的问题。他通常向干部们建议行动的方式，但并不经常继续去讨论人性问题。另一方面，除了对于马列主义世界观的普遍接受以外，在这些实践创新的背后似乎缺少一种统一的理论。因此，毛泽东看上去仅仅是一个优秀的共产主义工程师，他成功地把共产主义理论应用于中国的现实。

中国共产党人对于毛泽东的努力所作的评价似乎大体上符合这种观点。他创造性地把马列主义理论应用于中国的环境。在西方，

* 作者深深地感激邹谠教授一直以来不断的帮助，同时也要感谢孔飞力（Philip Kuhn）教授、威廉·帕瑞斯（William Parrish）教授、伦纳德·班德（Leonard Binder）教授、熊玠（James C. Hsiung）教授以及罗伊德·鲁道夫（Lloyd Rudolph）教授对于该论文所作的评论。［本文最初发表时是作为 *The Logic of “Maoism”: Critiques and Explanations* (edited by James Chieh Hsiung, New York: Praeger Publishers, 1974) 一书的第一章。——译者注］

这种评价可能会被看做含有一定的贬义。S.M. 利普赛特（S. M. Lipset）在为自己的文化辩护时说："思想成就的高度在于原创性。对社会科学、艺术和自然科学来说都是如此"[1]。即使不去考虑这种辩护是在一个以进步为导向的专门化的社会环境中做出的，该判断也不应作为跨文化的价值而不加批判地予以接受。对于综合的偏好是中国哲学的特色，这种综合源自一种基本上是直觉的—美学的态度[2]；这种偏好导致了这样的理论风格，即在不加详细阐明的类比和融合中解除疑问，并避免鲁莽地宣称其起源、独特性或创新性。这种风格与"现代科学"的风格的高下显然不是可以一般地判定的问题，科学的风格通常强调在已被接受的体系的黑暗角落里和有争论的边缘处进行琐碎的创新。然而，要是假定中国的环境具有多样性和新奇性，并从马克思主义理论中做出了无数可能是不适当的引申的情况下，毛泽东经常取得的成功绝不是一般的思想上的成就，即使这种成功主要不是思想方面的。

毛泽东是一个实践家而不是理论家的角色，事实上并没有排除这种可能性，即他的思想具有它自身独特的理论统一性，并有重要的理论创新。因为如果毛泽东的思想不具有自身的统一性，那么他的行动将是杂乱无章的，连贯性不会自发地从中国的环境中浮现出来，或自然源于共产主义理论。毛泽东的政策与时俱进，屡获成功，这一事实意味着一种非常复杂的统一性。他的这一信念——即干部的客观的（因此也是有效的）理性实践能力是在不断的实践斗争中决定的——在根本上不同于被他称作教条主义的那些假设，但是这种信念对于客观现实的可达到性或个人能够对历史做出显著的贡献这一点并不绝望。[3]我的理论假设是，把毛泽东的思想统一起来的理论线索是他关于理论与实践的关系的概念，这种统一性在中国思想和马克思主义思想的背景下是一个重要的理论成就。理论取决于实践的前提对毛泽东来说既不令人吃惊也不具有原创性，读者需要把这个原则当作毛泽东思想的中心来看待，还需要在中国思想史和马克思主义理论的背景下判断这种导向所具有的创新性。

由于毛泽东强调的是实践的重要性而不是理论的重要性，因此讨论它们之间的关系最适当的方式就是分析他对具体问题的一系列解决办法。虽然这一直是有关毛泽东研究的一个重要方面，但对于他的意识形态灵活性和他的思想发展的关注只是在最近才变得特别显著。[4]对毛泽东自己的理论与实践的历史关系以及他的思想内容在后来的发展的研究，是对这里将要提出的毛泽东的思想模式的意义的最终检验。但这项任务太过庞大和复杂，以至于不能被这篇论文所容纳。通过探求理论与实践的统一性的概念并检验其后果，我们不仅能够采取不怎么棘手又更具普遍性的选择，而且能够更加明确地提出毛泽东的方法论所包含的问题以及一般假设。毛泽东关于理论与实践概念的明确的内容和重要性可以很容易地用他在1949年以前时期的文献来加以证明，就是到解放后，他的政治风格和理论导向的强烈的连续性也是十分明显的。我们希望为有关毛泽东的思想与中国的政治环境之间的互动进行详细而系统的研究描绘一条路线。

本文将从对中国和马克思主义的思想背景的概述出发，在下一部分论及毛泽东的理论与实践的统一性及其派生出来的政策，第三部分则讨论毛泽东的概念的必要假设。

毛泽东思想的中国和马克思主义背景

毛泽东在为克服学习和应用理论知识时不顾实践条件和需要的教条主义习惯所做的一系列长期的努力中，《实践论》（1937年）是一种更为全面的尝试。在他的《湖南农民运动考察报告》（1927年）中，毛泽东曾批评过那些待在城里被资产阶级关于农民运动的谣言所迷惑却不去做亲身调查的人们。[5]在《反对本本主义》（1930年）的小册子中，他提出了“没有调查，就没有发言权”的口号，并批评了“不根据实际情况进行讨论和审察，一味盲目执行”[6]的行为。毛泽东对教条主义的自鸣得意及其后果的不断批评，不是仅仅建立在对权威的基础和参与的必要性的不同理解的基础之上；他认为教条主义者不参考实际的条件阐述政策，还允许既有的政策和态度继续下去而不顾及环境的剧变，这些僵化的理论危及了运动的开展。毛泽东倡导要关注客观环境，《实践论》为这种倡导所提供的普遍的理论上的根据，在建立延安根据地和抗日民族统一战线的非常不同的条件下都有其实践上的根源。在形势的根本变化中，过于相信书本知识所带来的政治感受迟钝和对选择进行人为限制是一种相当大的冒险，而只在共产国际的方针指引下进行实际工作则是更大的危险。

上述两种教条主义在过去都产生了苦果：顺从错误的苏联战略，以及在新的形势下仍然局囿于旧有的政策，从根本上导致了1927年和1934年的大失败。而毛泽东本人总是与运动、农民和军队的真实力量联合起来。尽管党的理论家失败了，但党与实践方向的联合没有导致那种允许永远迁就国民党或传统农民社会的实用主义。毛泽东发现的解决办法并没有超出共产党的框架之外，但它强调了理论对实践的依赖性，其结果是，为决策中的警觉和创造性留出了理论上的空间。

尽管就毛泽东的经验和所处的环境而言这是很自然的，但他对理论与实践的统一性的关注使中国革命具有一种特殊的创新性。儒家经典对于知行关系或“理与器”的关注并不具有分析性，因此没有强调它们的关系上的分化。宋代的新儒家朱熹首先提出了这样一个更加具有普遍性的哲学问题，即“形上之道”与“形下之器”间的关系问题。他从这种类似柏拉图在理念及其在事物中的体现之间所作的区分当中，推出了对学习理念的特别强调。[7]3个世纪后明代的哲学家王守仁（王阳明）用一种唯心的一元论和相应的知行合一的强调来反对这种二元论的倾向，尽管有人反对，但这种唯心的一元论框架一直持续到19世纪中期。[8]因为在那时候，作为对中国的一种真正威胁的西方帝国主义的出现，使中国的知识分子处于一元论处境艰难的僵局中。军事上的劣势使中国注意到一个外来的更加有力的文明的存在，也推动了它的一些官员在学习西方的科学技术的过程中寻找特定的药方，但这些学科对于传统中国文化的价值和结构来说是陌生的。张之洞在他的《劝学篇》中很好地描述了由这些新的非儒家的学科的诱惑所造成的敌意："不知通，则无应敌制变之术；不知本，则有非薄名教之心。"作为朱熹的一位仰慕者，张之洞提出了他著名的二分法作为一个统一化的公式，即："中学为体，西学为用。"正如约瑟夫·列文森（Joseph Levenson）在他对这句口号的精辟的分析中所指出的，张之洞试图在被迫对朱熹的二元论哲学倾向进行解读的基础上，来使一种关于社会的手段和目的的根本的二元论得以正当化。[9]但是这种把西方科技的"用"和儒家学说的"体"进行人为结合的做法并不可行：急速发展的具有西方风格的现代化必然意味着价值的重建，而儒家学术的吸引力却逐渐减少了，因为它自身作为"通往最好的职业生涯的必要通行证"[10]的"用"受到西学日益增长的威望的挑战。"体"与"用"、对于社会的基本信仰与管理它的实践活动的规则，这些在哲学上的划分和实践上的融合，是企图包含整体中国发展在内的最后的传统儒家的公式。在像康有为这样的改革家的著作中，早已暗中对传统中国的意识形态做出国家主义的牺牲，以满足现代国家的需求。伴随着康有为牺牲整体儒家思想的思路，这些改革家们对于正统儒家思想的牺牲自身也在"百日维新"（1898 年）的失败中崩溃了，留给后来的中国知识分子的问题是，从一个新的和动荡的世界中他能够理解出什么样的意义来。

意识形态作为一个文化系统在填补由一个声誉扫地的传统秩序造成的真空时所发挥的作用[11]，在 20 世纪早期中国的各种"主义"的纷纷涌现之中很明显地体现出来。由于找到了一个更为成功的信仰系统，那些似乎造成了西方的力量与成功的理念——各种形式的"德先生"与"赛先生"——最为流行，并且得到了积极而虔诚的提议。即使是唯物主义者也有了一种千禧年般的狂热，正如著名的工业化的推广者、国民党党员吴稚晖的这篇文章所表明的那样：

到了大同世界，凡是劳动，都归机器……人人高尚，纯洁，优美……彼时人类的形体，头大如五石瓠，因用脑极多之故。支体皆纤细柔妙……这并不是乌托邦的理想化，凡有今时

> 机器较精良之国，差不多有几分已经实现，这明明白白是机器的效力。[12]

第一次世界大战的结果在很大程度上导致了中国知识分子对西方的疏远。德国在凡尔赛和会上通过“和平协商”的方式把它在山东的权益转让给日本，这既激怒了中国的民族主义者，又使那些西方的仰慕者不再着迷于西方民主。人们很快就找到了新的反西方的意识形态灵感的来源。许多追随梁启超和梁漱溟的人，在中国文化中重新发现了高于西方唯物主义的唯心论。这个潮流在一场由张东荪发起的反对研究科学的争论中达到顶点，这场争论促成了著名的“科玄论战”[13]。由觉醒和外国控制的威胁所鼓励的另一种潮流是指革命的西方的意识形态，特别是无政府主义和共产主义。

孙中山的学说简单地吸收了这些潮流中的许多观点，此人具有思想家的热情。为了鼓励政治行动主义，他提出了“行易知难”，颠倒了一个经典的说法。这反映了对于正确的普遍导向和体现这一时期特色的对行动的紧迫需要的关注高于一切。它不认为中国的现实是令人满意的。相反，该命题说，没有知的行是不可能的；虽然一旦取得了真知并坚定地相信它，行是足够容易做到的。[14]对于孙中山来说，知行的关系从来不是难解决的，它只是一个简单的应用问题。作为其结果，国民党的意识形态中对有知识的领导人的重视——这些领导人带着信念和诚挚坚决地行动——随着由蒋介石促成的保守的文化主义潮流而急速地发展起来。它所具有的不成熟和折中的性质给人们留下这样一种印象，即这是一种缺乏最终的和完整的意识形态指导的政治行动主义。

处于与抽象的民族主义意识形态的混乱正好相反的另一个极端的对手是胡适。他所受的美国教育在相当大程度上强化了他的实用主义倾向，而且给予了他一种责任观念，认为自己作为一个学者，更接近于美国的学者而不是儒家的学者。胡适在学术研究上取得了相当的成功，他谴责那些宁愿鼓吹抽象的解决办法而不愿解决具体问题的人们（《多研究些问题，少谈些主义》）：

> 我们不去研究人力车夫的生计，却去高谈社会主义；不去研究女子如何解放，家庭制度如何救正，却去高谈公妻主义和自由恋爱；不去研究安福部如何解散……却去高谈无政府主义……
>
> “主义”的大危险，就是能使人心满意足，自以为寻着包医百病的“根本解决”，自此用不着费心力去研究这个那个具体问题的解决法了。[15]

在这个批评背后隐藏着这样一种观点，即理论仅仅是对特定形势的概括，如果理论脱离了它们的实践根源应用于不同的环境，那么就会丧失它们的有效性。因此，在他的文章《知难，行亦不易》中，胡适攻击了孙中山对于理论家的片面强调，因为“行的成绩便是知，知的作用便是帮助行”[16]。作为舶来理论的另一种选择，胡适建议实验主义：“实验主义自然也是一种主义，但实验主义只是一个方法，只是一个研究问题的方法。……实验主义注重在具体的事实与问题，胡不承认（可能存在有）根本的解决。”[17]正确的方法不是政治的方法，而是特定的方法，必须进行专门的调查，并针对相应的问题制定具体的解决办法。唯一真正可能的进步是由这些具体的解决办法累积而成的。这种科学需要独立的思想者，他们能训练自身去探求特殊的问题。尽管作为一个关心政治的学者潜心于学术研究并且仅仅在政治批评上是活跃的，但胡适也感到为政府活动设计一个整体计划是至关重要的。虽然1917年他下决心20年不谈政治，但1922年他就建议把“决战的舆论”作为政治改革的第一项工作。[18]苏联的“有理想、有计划、有绝对的信心”比英国的“无为的政府”给他留下了更为深刻的印象。[19]他更喜欢实行反对“贫穷、疾病、愚昧、贪污、扰乱”的“真正的革命”，而不是无意识的自然演进或暴力的政治革命。

政治行动的任何计划都有价值预设，这个预设帮助界定对社会现实的理解，并判断各种行动选择的重要性和紧迫性。实验主义坚持实际调查的内在价值是舶来的政治世界改良论和社会平等的价值。在一个相对稳定的环境里，胡适的美国化的政治理念可能会很受欢迎。但在中国，实验主义就像他所批评过的大多数外来的主义一样，被实践证明是不可行的。我们不应根据他的政治理念的成功与否来评判胡适，它们仅仅是他丰富而有成果的职业生涯的一个方面。但事后对胡适的评判一定发现他的政治理念太过理想化了：关于亲身调查和表达理性批评的自我满足的研究意味着具备这样一种政治框架和意识形态的共识，在其中改革将会产生影响，而批评也会受到关注，显然，这样一种环境在当时的中国并不存在。然而，实用主义和经验方法并不允许系统地表达或采取对特定的改进来说是必要的一般框架，结果，胡适一心只关注实践与那些思想家一心只关注理论面临着同样的命运。

毛泽东对实践的重视与胡适的实验主义有几分相似，但他对教条主义的批评与对调查的强调是在普遍致力于共产主义的过程中进行的，因此，它是在理论与实践相统一的范围内对实践的强调，而不是对理论的替代。思想家强调理论必然缺乏现实主义和灵活性，胡适一心专注于实践使他怀疑任何普遍的解决方法；而毛泽东作为一个“实用主义思想家”[20]利用自己的意识形态来详细阐述真正的政治任务，并靠由此获得的政治经验来修正自己的理论。这种理论与实践的再统一对自清王朝覆灭以来的思想指向来说是一个有力的选择，它把一种意识形态的自信的承诺和指导与经验主义的谨慎和敏锐的知觉结合在一起。由于他本人既不是正确的信条的盲目执行者，也不是一个专业化的研究者，所以毛泽东逐步培养一种受到鼓励的、以公有制为导向的干部道德，这种道德让人遥想起经典著作对道德的强调。据孟子说，任何拥有良好意图的统治者都可以成为圣人，而在毛泽东看来，任何拥有良好意图的工人都可以成为共产党的英雄。这两个例子都涉及了可以效仿的投身公益的行为。

理论与实践的统一以及统一中实践的首要性，在马克思主义理论中是一个具有高度而明确的重要性的学说。在卡尔·马克思的早期著作中，他坚信基本的经济社会关系是理论的真正基础，这使得他的哲学与那些仅仅是玄想的青年黑格尔派区分开来。因此，革命的理论一定要是具体的理论，而且一定要导致革命的实践。再加上他的另外一个命题，即，在资本主义社会无产阶级是革命的物质基础，这样，马克思主义的一般框架就被设定了。但马克思主义从黑格尔那里继承的遗产并没有强调理论与实践的关系存在疑问；所以马克思主义更倾向于把它看做一个具有哲学优先性的问题，而不是发展出一种方法论，让实践可以一直控制理论。[21]这当然不是说，不现实的教条主义是马克思主义经典著作的立场[22]——没有高度的实践上的机敏，革命组织不可能生存下来，更遑论取得成功。然而，这种在实践上的政治现实主义被看做执行革命计划的技术问题，而不是对这些计划的内容的至关重要的回应。

不难把 G. W. F. 黑格尔看做提出辩证唯物主义并自信能够掌握真理的第一人。虽然在哲学问题上他所自命的权威性的个人地位与大多数伟大的哲学家相同[23]，但是他的体系从他关于主观与客观的理性统一的命题之中获得了一种特殊的无所不知的光环。在利用某种方法使观察者发现客观奥秘的意义上，黑格尔的哲学并不是对客观现实的一种调查。他的科学（Wissenschaft）是理性的自我展开，因为存在本身（an sich）与相对于我们的存在物（f ü r uns）之间并没有什么不同。如果客观现实与我们根本不同，那么对它进行调查就是不可能的。如果客观现实与我们不是根本不同的，那么假定它外在于我们（对于大多数现代哲学的系统怀疑）就是独断的和不科学的。

科学可以从主观世界或客观世界出发：它们在根本上的等同保证了结果将是同样的事实。因此，黑格尔对经验与逻辑都给予了同等分量的重视，他把经验看做“至少是对哲学真理的一个外部检验”[24]。然而，他用于决定什么可以被包含在这种经验法则之内的方法很难说是严格的：“对世界所作的深思熟虑的考虑，肯定能够辨别什么东西在外部的特定存在与内部的特定存在的广阔领域里仅仅是**现象**，是倏忽即逝和无足轻重的，什么东西本身是真正理应冠以现实的名称的。”[25]

这种意见为黑格尔有关理论—实践的关系的明确的观点提供了

一个框架。[26]理论的倾向是试图使客观世界的材料成为可通达它自身的知识，它的弱点是它下面的一种假定，即，理论对之发挥作用的事实超出了理论的影响范围之外。这个问题被实践的意志所排除，在行动中体现出来的实践的意志表明它能够对现实施加影响。然而，逐渐地，它发现它的设计与自然法则的统一——“对于必然性的洞见”——带来了具体的自由。

这种几乎是清静无为地对理论与实践的调和——黑格尔将此看做它们的自然目的——当然与马克思关于哲学可以改变世界的号召相矛盾。马克思不是简单地拒斥黑格尔，而是“站在他的肩膀上”[27]：马克思不是通过实践把理论推进到智识上的玄思之域，他强调的是人类的理论要关心如何去改变现存环境。人类的社会环境就是现实。根据马克思的说法，理论的正当功能不是使这种环境神秘化并因此阻碍它的改进，而是成为环境革命的积极因素。但革命的和反动的哲学都只是短暂的存在。当现实被描述出来的时候，后者就丧失了它存在的媒介[28]，而前者则会在人类实现了社会主义后自身归于寂灭。

因此，马克思为共产主义意识形态引入了一种基本的学说：实践的优先性既是理论的根源又是它的目标。人的社会意识来自实际的生产关系，在这种关系中它们找到了自身，而真正的理论任务就是改变这些关系。但是，从对现存理论的批判推进到他自己的理论，之后又发展到经验研究和革命活动，这些更多的是马克思自身发展的特色。理论最初被经济和社会条件所决定不是一种有待于完善的有问题的关系，而是一个有待于揭示的事实：“意识的改造**仅仅**存在于这样一些事实之中，即人们使世界认识到它自身，人们使世界从它自身的迷梦中醒来，人们向世界**解释**它自身的行动。”[29]马克思从唯心的和庸俗唯物主义的立场上来描述黑格尔式唯物主义的观点，这一事实强调了真正的革命哲学的实践成果以及想象中独立的资产阶级哲学的世俗根源是他的首要任务。在理论与实践的依赖机制中存在的困难的可能性，以及材料之于理论、理论之于实践的适当性，都很少得到暗示。尽管拒斥了黑格尔，但马克思继续认为在实践中区分良莠在根本上是不难解决的。

马克思关于政治经济学的观点很好地描述了这种对于实践的态度。因为生产力和生产关系是社会的真正基础，所以这是最具有实践性的社会科学。《资本论》的内容显示了马克思对英国经济状况的研究的极大的彻底性。然而，政治经济学的方法不是从具体的现实出发进而推导出抽象的概念，而是从抽象的概念出发，并且来建构更为复杂的具体的现实。[30]社会总是处于经济学家的思想背后而作为他所为之努力的客体，他的科学任务是建造一个关于社会的理性模型，“作为一个思想事实使之得以再造”[31]。这不是一种抽象的玄想的努力：理论家受到他的时代发展水平的限制，当然一定要认识到他的理论试图对之加以阐释的那个领域的事实。但是历史允许提出的问题是可以被理解和解决的。[32]

根据恩格斯的说法，马克思对社会主义的贡献是使之成为科学：把辩证法应用于政治经济学的事实。[33]因此他发现了关于历史和剩余价值的唯物主义概念是资本主义生产的秘密。[34]在恩格斯与一个比青年黑格尔派还不如的对手进行的理论斗争中，他被迫发展了辩证唯物主义的观点，超越了马克思早期著作的一般理论以及后期著作的政治分析。在恩格斯的理论中，马克思主义发展成为一种全面的**世界观**，这种世界观把自身视为用唯物主义倒置了黑格尔思想的体系。通过在理论上统一了各种科学，辩证唯物主义代替了哲学。辩证唯物主义的自信不是源自在马克思早期著作中还很鲜明的、黑格尔对主观与客观相统一的自信，而是源自由 19 世纪的各种成就所造成的对于科学的信仰。

1898 年，对社会主义这门科学不加置疑的自信被爱德华·伯恩斯坦（Eduard Bernstein）从根本上动摇了，伯恩斯坦是恩格斯的密友，也是《马克思主义者艾尔福特纲领》（1892 年）关于实践部分的作者。伯恩斯坦反对的恰恰是马克思主义的黑格尔框架：“马克思和恩格斯的那些伟大成就之所以能够取得，不是因为黑格尔的辩证法，而是因为不顾及黑格尔的辩证法。”[35]太过信仰理论已经使社会主义远离了事实、远离了它的实践任务。伯恩斯坦自己的导向是突出强调实践：

> 工人阶级伟大的解放战争的**历史正当性**和**目标**不是取决于任何准备好的公式，而是由**生存的历史条件**以及作为其结果的该阶级的**经济、政治和道德**需求决定的。工人阶级必须为实现理想而不是学说而奋斗。如果有人想把这叫做“修正主义”，那么它就是修正主义。[36]

伯恩斯坦认为，对资本主义社会所预期的两极分化及其即将到来的毁灭都被经验研究证明为假。他希望通过消除过时的表达方式来促进理论折中主义，“从而克服党的理论与实践之间的分裂”[37]。虽然伯恩斯坦相信他是忠于马克思和恩格斯的，但这种连续性更多地体现在他献身于具体地推进工人阶级的利益方面，而不是在理论事务方面。

伯恩斯坦要求社会主义政治一定要完全以促进群众的实际福利为指针，他对辩证法的批判只是他这种要求的理论的一面。列宁在两个方面与修正主义的创始人伯恩斯坦处于极端的对立。政治方面，《怎么办?》谴责了伯恩斯坦在俄国的追随者们崇拜工人阶级的自发性，而忽略了运动的革命任务。哲学方面，列宁在他的《哲学笔记》中表明了一种比马克思和恩格斯更大的对黑格尔哲学的尊重。列宁从不批评黑格尔的实践概念，并且对他的“绝对意志”[38]尤其印象深刻。在列宁这里，唯物主义哲学变成了一种独立的学说，实践仍然被看做理论的标准，但不是被看做对理论的扬弃。[39]列宁最重要的实践创新，即有纪律的职业革命政党，尤其显示了对马克思主义的智慧和使命的自信。马克思没有完全把政党精英的职责系统地设计出来，可能是因为他假定群众将感受到他们的阶级利益，并相应地采取行动。然而，列宁承认，群众会不自觉地倾向于改良主义。他的结论是，群众越多地参加到政治斗争中来，就越有必要具备一个稳定的领导人的组织，否则的话，煽动者——“工人阶级最坏的敌人”——可能会使群众当中比较落后的部分受到牵制。[40]党并不以阶级纯洁性为特色，也不允许在它的等级范围内做出这样的区分。至于广泛的民主，它对于革命党来说是“一个无用而有害的游戏”[41]。因此，党与群众的关系是单向度的：通过鼓动和宣传，党努力提高群众的阶级政治觉悟。列宁主义政党宣称是群众真正的先锋队，不是由于某种授权，而是由于它是一个由全身心投入群众利益的革命专门人才组成的组织。对于这样一个组织而言，承认无知或错误将有损于它自身的团体精神（espirit de corps）和它所宣称的合法性。对群众的监护意味着它掌握了这样一种理论，该理论为系统而可靠地表达正确的政策提供了机会。党的路线与群众当前的思想没有必然的联系，它来自领导人所拥有的那些东西：一种正确的、科学的理论，以及对工人阶级最佳利益的毫无保留的职业献身。因为在运动的派系斗争过程中正确的理论的意义变得越来越明确，所以对领导职责的主观背离成为唯一可被容许的犯错误的理由。

虽然中国共产党是在共产国际特使的指导下建立的，但是列宁主义不会犯错的说法在它的前15年中是站不住脚的。中国共产党不仅要对那些明显的和代价惨重的错误负责，而且作为共产国际的下属，它在政策问题上还缺乏最高的权威。这种中间领导的地位纵容了在党的领导人中不负责任和动辄争论的作风，而对中国实际条件的无知和冲突的利益压力导致共产国际滥用它的权威。正如毛泽东后来所说的：“没有充分的经验，还不能充分认识中国革命的规律。……中国这个客观世界，整个地说来，是由中国人认识的，不是在共产国际管中国问题的同志们认识的。共产国际的这些同志就不了解或者说不很了解中国社会，中国民族，中国革命。”[42]

其间，毛泽东自己作为农民运动和红军的一个组织者，获得了关于中国实际条件的第一手资料。在上海大屠杀和早期苏维埃被镇压之后，党由于毛泽东对研究实际情况和避免教条主义的强调而变得成熟了。多样化而混乱的政治局面允许共产党的根据地在中国持续存在，而这种局面所要求的能力是，为了利用政治和军事形势的多样性和获得发展，必须正确地区分不同的政策。具有毛泽东特色的理论观点的起源正是这种政治游击战争的经验。在很大程度上，毛泽东的理论假定了一种框架，该框架更加体现了把马克思和列宁的理论统一和集中起来的特色，不过他的风格和重点与共产主义经典著作相去甚远。虽然毛泽东在“知和行之间”的关系中强调实践，这对于一个像拥有他这样的经验的中国共产主义者来说是可以理解的，但他所强调的认知过程的领域在从前的正统理论中都是被当作没有问题而被忽略掉的。欧洲的社会哲学和认识论的状况使得马克思主义关于理论与实践的关系的公式成为重要而具有创新性的公式，但这种状况没有促使人们对如何从实践中达致正确的理论和政策的实践问题，或如何修改不正确的或替代的理论和政策的问题做长期的思考。虽然黑格尔、马克思、恩格斯和列宁都投入了相当大的精力去进行调查，但这种研究大体上来自对他们理论的正确性的自信，进行这种调查更多地是为了说服那些持怀疑态度的人，并且具体地表述自己的理论，而不是谨慎地寻求正确而适时的政策。*

毛泽东的方法与伯恩斯坦对事实和工人阶级的眼前利益的强调在表面上的相似性具有误导别人的嫌疑：伯恩斯坦把革命的理论与实践看做过时的东西而加以拒斥，并用一种阶级经验主义来替代意识形态；毛泽东则强调要在不断流变的形势中对革命行动具体的可能性进行调查。[43]关于毛泽东的马克思主义的正统性问题，与它本身有无意义的问题一样难以解决——多大的偏差才构成异端的问题是仁者见仁、智者见智的。但毛泽东无疑是一位献身于在中国成功建立共产主义事业的革命家。有人可能会说，毛泽东的正统问题的性质在于：由于中国的条件使得一条未经尝试的道路看上去似乎更加合适，所以这导致了对于成功的重新定义。

毛泽东关于理论与实践的概念与中国的和马克思主义的思想传统的关系，是一种创新的关系而不是一种外来物的关系。在这两大传统中，他都没有动摇原有的秩序：在两种传统中争论的范围，以及在他进行系统阐述时事物的状态都使得这种创新可以被理解。但在其中发生的是一种在马克思关于物质基础的意义上所说的“根本

*指出这一点是很有趣的，马克斯·韦伯把马克思称做“到目前为止最重要的理想类型建构的案例”。理想类型被认为对社会科学研究是必需的，但又是危险的，因为很容易把它们与现实混淆起来。谈到关于马克思主义的社会规律时，韦伯说：“当人们使用这些理想类型来与现实进行**比较**时，正如它们所具有的危险性一样，一旦它们被看做具有经验上的依据，或者是**真正的**（比如，形而上学的）‘积极的推动力’、‘趋势’等等，这些理想类型的杰出的，甚至是独具**启发性**的意义，对于任何使用过马克思主义概念的人来说都是明显的。”引自“Die Objektivität sozialwissenschaftlicher Erkenntnis”；黑体字为原文所加。Shlomo Avineri 在他的杰作 *The Social and Political Philosophy of Karl Marx*（Cambridge: Cambridge University Press，1970），pp. 157 - 162 中针对这种批评为马克思做了辩护，但我怀疑他是否能够把他的辩护扩展到恩格斯和列宁的身上。

的”创新，毛泽东所坚持的理论与实践的关系给毛泽东思想在中国的各个方面都赋予了一种鲜明的特色。

理论对实践的依赖以及作为其结果的程序性规则

毛泽东关于实践及其与理论的关系的理念最重要的来源是《实践论：论认识和实践的关系——知和行的关系》，这篇文章最早是作为1937年7月在抗日军政大学所做的演讲而发表的。[44]因为这篇文章不长，而且到处能够找到，所以这里只给出最重要的参考文献。虽然这个问题不像在毛泽东的其他著作中得到那么系统的处理，但这些参考文献有时候确实能够提供重要的洞见，并确证了《实践论》的命题的重要性，所以我才引用它们。我一般不提及不能归于毛泽东自己所说的话——例如，《人民日报》的社论，因为他对在那里表达的即使是权威性的观点所负的个人责任的程度都是有限的。

理论与实践之间的关键性的相互关系，使得任何关于理论或实践的优先性的讨论看上去都有点简单化，但是理论对实践的依赖有三种基本的方式：

第一，实践优先于理论，一个人的思想特色的范围是由他与世界的互动限定的。实践活动的基本范围是生产，但社会实践也包括阶级斗争、政治生活和科学与艺术研究。在所有这些形式的实践当中都存在阶级分裂：每一个阶级从它自身的实践基础上发展出它自身的政治和文化。在一个阶级社会里，理论一定是某个特定阶级的理论。

第二，具体的理论也由它与实践的关系来决定。关于某事物的知识是通过试图去改变该事物的经验而获得的。第一印象不能等同于事物的本质，而是需要实践的第一手经验来作为有意义的思考的基础。在经验的基础上形成了前提或体系之后，它还必须得到客观现实的检验。理论的真理并不存在于它与其他理论的逻辑关系之中，而是存在于它正确地描述和预测客观世界的能力之中。“一般的说来，（这些理论、政策、计划、办法）成功了的就是正确的，失败了的就是错误的，特别是人类对自然界的斗争是如此。”[45]

第三，除了这种理论在形成和检验方面对实践的依赖以及理论的范围要由客观条件来限定以外，理论对人的价值来自它可以改善人类生活的能力。理论来源于实践，并试图通过实践来抓住事物的本质，以便应用新的知识从而改善实践。理论的意义在于它在改造世界的活动中的有效性。通过改造世界，理论也改变了它自身实践的认知基础，而旧的公式必须根据新的环境重新加以检验。因此，理论的执行是旧的认知过程（证实）的最后一步，并形成了一个新的认知过程的实践基础，而人类的理解和改善就在这种无限的辩证过程中前进。

正如早先所指出的，毛泽东在关于理论与实践的关系的原则中几乎没有前提性的创新。马克思在《〈政治经济学批判〉导言》中说，不是人类的意识决定了他们的存在，而是相反，他们的社会存在决定了他们的意识。[46]而且，《论费尔巴哈》一文还评论说，教育者本人需要被教育，重要的任务不是解释世界而是改造世界。[47]毛泽东与马克思的区别在于，马克思所说的是作为理论批判的前提，而毛泽东所论述的是对行动而言基本的问题领域。因此，马克思把他对实践的强调用作批判费尔巴哈的“冥想的唯物主义”（contemplative materialism）和青年黑格尔派的反神学的武器；而毛泽东则利用它来批评在实践中不切实际的教条的马克思主义者，并且积极地将它作为灵活而注重实效的决策的基础。

在承认理论只具有不重要的抽象功能的意义上，毛泽东并不准备让理论屈从于实践。他批判机械唯物主义是因为在其中“思想仅被赋予了一种消极被动的功能，并且被当作一面反映自然的镜子”[48]。他描述了理论对实践的至关重要的作用以便表明：不能为了理论本身而去寻求或应用理论，此外，单独追求正确的理论是错误地理解了其目标的性质。当人们就一个问题收集了足够多的材料后，理性发挥了两个对人类的努力来说是关键性的作用。首先是它把感受到的现象转化成为概念知识。也就是说，通过思考一个人所具有的关于某个事物的各种信息，他可以达致“反映整个的事物，反映事物的本质，反映事物的内部规律性”[49]的概念。这个过程把杂乱无章的感觉到的信息转化成为关于事物的内在矛盾以及一个过程与另一个过程之间的必要关系的知识。不能把它与广泛的调查和检验分割开来：犯主观错误通常“并不是他在行动之前不留心计划，而是他于计划之前不留心了解社会实际情况”[50]。

理性的第二种作用更为重要，即，从理性知识到革命实践的飞跃。“抓着了世界的规律性的认识，必须把它再回到改造世界的实践中去，再用到生产的实践、革命的阶级斗争和民族斗争的实践以及科学实验的实践中去。”[51]在实践的改善方面概念和理论在实践中的应用具有重要的价值，但期待它与结果之间的差异也是有用的，因为它们可以找到理论中的错误。

如果对形势的正确理解是显而易见而且不会出错的话，那么有意识地训练自己在实践中进行学习就是不必要的，而如果真理是完全不可能达到的，那么这种训练也是没有用处的。毛泽东的观点是，关于事物最初的理念很少是完全正确的，但是经过一段时期的试错之后，就基本上可以达到“在某一发展阶段内的某一客观过程”[52]的完整的观点。这种真理是相对的，因为人的思想不可能抓住作为一个整体的客观对象[53]；随着这个过程的发展，此阶段将会丧失其重要性，所以人们必须总是准备去改变其主观信念以便与变化了的现实相适应。现在，人们总是坚持那些已经丧失其真理性的旧经验，而既定的各阶级则阻止一个新的世界秩序的出现。“世界到了全人类都自觉地改造自己和改造世界的时候，那就是世界的共产主义时代。”[54]

这一种有关理论与实践相统一的观点在实践上的影响不是意义明确的政策决定的影响，因为经验在理论上的重要性和不断变化的环境，预先排除了从理论中简单推导出任何最佳的具体政策的可能性。因此，它对毛泽东的政策内容的实际影响不可能有任何直接的征兆。但这并不否认它在毛泽东的成功中可能发挥了关键的作用，因为在具有难以置信的多样性的条件下取得自我保存和最终胜利——中国共产党正是在这样的环境中生存下来并且蒸蒸日上的——要求在实践中理解运动的可能性，并要求在感受客观形势的变化和它们可能导致的政策后果时保持警觉。在党不断变迁的命运中存在的这种政策与形势的相互依赖，使它的成功很难与特定的社会变量发生关系。至于何种原因可以解释共产主义在中国的成功这一问题，最近的也是最全面的尝试之一——罗伊·霍夫赫兹（Roy Hoffheinz）的文章《中国共产主义成功的生态学：农村影响的模式（1923—1945）》——总结道："在中国，共产主义的成功或影响没有单一的模式。"[55]

虽然各种各样的社会因素，比如农民的国家主义，是中国共产党在特定阶段活动的特色，但下面的说法好像又站不住脚，即如果在一种不同的形势下，或如果没有利用这个因素，那么他们将会失败。毛泽东在1930年宣称："无产阶级要取得胜利，就完全要靠他的政党——共产党的斗争策略的正确和坚决。"[56]保守主义者一直同意，文明失序主要归因于有组织的鼓动家，但在中国的情况下，甚至一位政治科学家也同意"中国共产党人自己的行为"是"对中国共产主义的成功的所有可能的解释中最重要的也是最少得到考察的解释"[57]。

毛泽东关于理论与实践相统一的理念以两种基本的方式促进了共产党人行为的成功。首先是强调经验和客观条件，反对教条主义或主观主义的政策命令。在组织上，他赞成地方的职责和首创精神，并阻止了官僚的中央集权化。[58]第二，可能是更为重要的一点，就是对两种政策变化的鼓励：从错误的政策到正确的政策，以及与形势发展相一致的政策变化。

正确的理论对经验的依赖使得在革命的最初阶段犯错误成为不可避免的。当然，这不是为胆怯找理由。[59]正如弗朗西斯·培根（Francis Bacon）所说的："真理更容易来自错误而不是迷惑"[60]。当然，目标是犯更少的错误。[61]但是关于某种形势的知识是在犯错误的过程中获得的，这些错误指出了政策修正的需求。当"大跃进"的错误在1959年变得明显的时候，毛泽东有力地阐述了犯错误所具有的重要性：

> 什么是辩证法？辩证法意味着分析任何事物并且承认一个人不可能避免犯错，而且也不能由于他的错误而被否定……我犯过很多错误，并且从其中获得了巨大的好处，因为它们教给我很多教训。[62]

对不断变化的形势进行正确的解读的困难也导致了对多样化的观点的更大的包容：

> 只要不是违反纪律的，只要不是搞秘密集团活动的，我们都允许他讲话，而且讲错了也不要处罚。讲错了话可以批评，但是要用道理说服人家。说而不服怎么办？让他保留意见。只要服从决议，服从多数人决定的东西……起初，真理不是在多数人手里，而是在少数人手里。[63]

甚至更为基本的错误——比如教条主义和经验主义，它们为那些可避免的错误提供了主观主义的原因——都是可以矫正的，毛泽东还坚信一旦用正确的观点来教育犯错者，那么他就不会重蹈覆辙。错误是不可以宽容的，“因为毒药是不能吃的”[64]。在大多数情况下，错误被认为是可以纠正的，而并不被看做叛徒的标志：“不要有这样的空气：似乎犯不得错误，一犯错误就不得了，一犯错误，从此不得翻身。”[65]这种观点虽然可能不太普遍，但它使得中国共产党至少在派系斗争中比苏联更少一些暴力的性质。

不仅一项政策在错误时应当得到纠正，而且非常适当的政策经由形势的变化也会变得过时。毛泽东评论说，经验承认只有在某一特定的发展阶段才能达到对于该过程的严格的理解，因此，“真正的革命的指导者，不但在于当自己的思想、理论、计划、方案有错误时须得善于改正……而且在于当某一客观过程已经从某一发展阶段向另一发展阶段推移转变的时候，须得善于使自己和参加革命的一切人员在主观认识上也跟着推移转变……要使新的革命任务和新的工作方案的提出，适合于新的情况的变化。”[66]

因此，既定政策在习惯和情感上的附属物——这些附属物构成了组织惰性——是毛泽东的理论的首要目标；而党在土地政策、政治联盟和军事战略上的主要变化包含了他的实用主义观点对各种“顽固分子”团体的重要胜利。另一方面，很明显，如果中国共产党的政策变化仅仅是党的狭隘的机会主义问题，那么它的意识形态连续性将会丧失。如果一个政党更加感兴趣的是它的组织生存，而不是被它看做唯一体现其合法性功能的计划纲要，那么该党将可能及时地与它的群众基础相脱离，并且以某种形式与当时的各种势力相妥协，从而保证它自身的政治安全。[67]如果毛泽东在政策上的灵活性不是一个自觉的理论问题，那么江西苏维埃的共产党将很可能在抗日战争的非常不同的环境中失去它的身份。有人可能主张，一个民主政党可以通过不断反映它的大众基础的意愿，从而在保持自己身份的同时改变政策；但政策灵活性包括一定程度的组织灵活性，而这种组织灵活性在长期战争的压力之下是不可行的。

理论的相对性源于它对不断变化的环境的多方面的依赖，这种相对性导致了对思考方式而不是它的特定产物的特殊强调，因此，它强调政策的正确应用和发展的规则，而不是政策本身纯理论的派生物。这些政策决定和执行原则有一定的稳定性，虽然某些类型的工作和形势可能要求特定的方法论，但该方法论在形势转变之后就将变得不太有意义。游击战或机动战技术的适应性取决于当下的军事形势，只要战争还在持续，那么决定哪种战略适当的艺术就是重要的。

最一般的方法论是学习过程本身，正如《实践论》中所概述的，调查情况，形成关于如何改变形势的概念描述，执行这种改变形势的努力，并从错误中进行学习。毛泽东继续强调了这一过程中的每一个基本环节：写于 1936 年 12 月的《中国革命战争的战略问题》就是一个好例子：

> 指挥员的正确的部署来源于……周到的和必要的侦察，和对于各种侦察材料的联贯起来的思索。……然后将自己方面的情况加上去，研究双方的对比和相互的关系，因而构成判断，定下决心，作出计划……
>
> 认识情况的过程，不但存在于军事计划建立之前，而且存在于军事计划建立之后。当执行某一计划时，从开始执行起，到战局终结止，这是又一个认识情况的过程，即实行的过程。此时，第一个过程中的东西是否符合于实况，需要重新加以检查。如果计划和情况不符合，或者不完全符合，就必须依照新的认识，构成新的判断，定下新的决心，把已定计划加以改变，使之适合于新的情况。部分地改变的事差不多每一作战都是有的，全部地改变的事也是间或有的。[68]

对于党的政治工作来说，可以很容易找到与这种普遍的军事方法相关的一种方法。[69]政治调查研究涉及对群众的状况和意见以及普遍的政治形势的调查。[70]政策的系统阐述应当经由委员会的充分讨论后才得以完成，而且应当告知群众新的政策。[71]

没贯彻到这一过程的任一阶段都是主观主义，即犯不必要的错误的原因。这是人性特有的缺陷，消除主观主义的途径就是好干部的工作作风。主要的问题就是逐渐意识到自己的主观主义观点，因为几乎没有人会坚持他们知道是不真实的东西。突出错误及其主观主义的根源是批评与自我批评的任务[72]，批评表达了对改善其成员状况的公共责任。批评应当公开提出，针对特定的负责人，并能够传达给普通人，不具有派性等。[73]对个人进行处理时应当有一种谨慎的态度，重点应当放在对错误得以滋生的环境的分析方面。[74]

自我批评是纠正错误的更为重要的阶段，在这个阶段中个人自己认识到了自己的错误以及这些错误的严重后果，并决心加以改正。几乎每个人都能够通过自我批评重新赢得党的支持。即使在“文化大革命”当中，该政策也是“犯了错误的干部可以官复原职，只要他们不再坚持他们的错误，而是改正它们，就可以得到革命群众的原谅”[75]。因此，可以预测，将有超过95%的干部与党和解，虽然在“文化大革命”之初党的差不多90%的团队工作在导向上都犯了普遍的错误。[76]

避免在政治事务上犯错的特定的方法论是群众路线原则。“在我党的一切实际工作中，凡属正确的领导，必须是从群众中来，到群众中去。这就是说，将群众的意见……集中起来……又到群众中去作宣传解释，化为群众的意见”[77]。中国共产党把宣称科学地代表中国人民的利益作为它的合法性；假定理论与实践相互依赖，那么共产党的政策与关于这些政策的流行概念之间的关系就变得至关重要。“党与群众的关系类似于鱼和水的关系。”[78]因此，“文化大革命”被看做群众对党的考验。[79]由于在社会主义社会也存在资本主义复辟的危险，所以“所有的党员和我们国家的人民不应认为在一次两次、三次或四次大的文化革命之后，就会实现和平和安宁”[80]。团结群众不仅是党的不变的目标，而且也是对它的成功的最后检验。

理论与实践在认识论和方法论上的相互作用与相应的以变化为特点的世界观以及各种现象之间至关重要的相互依赖联系在一起。创造一种“又有集中又有民主，又有纪律又有自由，又有统一意志又有个人心情舒畅、生动活泼”[81]的政治局面的目标，其理由不仅在于认为人类的知识不能有把握地从抽象的绝对的前提中推导出来，而且倾向于用下述观点来对此做出证明，这两个观点是：辩证过程实际上是事物运作的方式，客观的过程至少与人类认知的过程类似。

对毛泽东的世界观最为系统的说明是《矛盾论》，该文完成于毛泽东在抗日军政大学所发表的一篇针对教条主义者的演讲的基础上，这个演讲的发表比《实践论》晚了一个月。[82]文章潜在的主题是，内在矛盾是各种现象发展的原因，但每一种事物都是特殊的，外部条件可以成为内在发展的一个必要条件。[83]对于那些习惯于更加审慎的哲学风格的人们，这篇文章可能看上去是无可置疑的，但是——这可以从它的反教条主义的意图和毛泽东对实践的偏好当中预料到——在共产主义的背景中，这种强调是落实在矛盾的特殊性以及外部环境有时也能发挥主导作用的可能性之上的。[84]由此得出的实践推论是，在决定矛盾规律如何应用于各个矛盾的各个方面的各阶段时，经验和调查是必要的。对矛盾规律的掌握并不允许一个人在理解某一事物时跳过实践的环节，因为它只是提供了实践的分类。因此，毛泽东的理论观点的例证是从中国共产党的历史中抽取的。

唯物辩证法的功能也可以补充《实践论》的认识论，它是对调查和经验进行正确的概念化的方法，并“更深刻、更正确、更完全地”[85]反映了自然，以便对之进行彻底的变革，使它的发展与它的革命性质相一致。一些带有实践含义的普遍真理出现了——例如，在每一过程的每一阶段都只有一个主要矛盾，而矛盾也只有一个主要方面[86]——但它们并不能决定如何看待每一种具体形势的优先的方面。即使是非常有马克思主义特点的规则——该规则可能对客观的检验怀有偏见——也遭到了批评。“生产力和生产关系的矛盾，生产力是主要的；理论和实践的矛盾，实践是主要的；经济基础和上层建筑的矛盾，经济基础是主要的：它们的地位并不互相转化。这是机械唯物论的见解，不是辩证唯物论的见解。”[87]在特定的条件下，这些关系中的任何一种都可能被颠倒过来。

尽管如此，可被允许的历史主题和方法论主题把对实践和经验的可能的概念化限制在特定的解释水平上。如果这是帝制时代，那么任何对政治发展的解释都必须据理说明这种发展对于时代规律的服从。如果党代表群众，那么在对党内的发展进行概念化的时候一定要将此考虑在内。每一种层次的一般性都可以被看做这样的普遍性条件，在该条件下，更为有限的发展具有自身的意义。[88]

毛泽东理论的假设

到目前为止，我已经系统阐释了毛泽东关于理论与实践相统一的思想，并描述了它的意义：从他对这种关系的明确论述出发，我们已经考察了它对中国共产党的实践方法论的含义，最后我们考察了它与毛泽东的存在论的关系。但即使是这样一种理论与实践的普遍统一也不是独立自足的，所以我们的下一项任务就是考察它的假设。假设限制了理论的价值，因为它们指出了理论本身不能加以辩护的事物对于事实的依赖。

对任何经验理论的价值来说必要的一个假设是，在产生理论的环境和理论将要应用的环境之间具有基本的同一性。下面的说法是公正的：在形势的发展以及对于这种发展进行概念化之间必然出现时间上的滞后，这是共产主义理论的一个特殊的致命伤。虽然每一种理论都倾向于抵制由新兴问题所导致的困窘，但共产主义宣称掌握了真正的历史发展规律，这使得对新问题的认知和具体化显得很困难。重要的发展总是常年被忽视，直到一种理论重述将它们考虑在内为止，例如在列宁系统阐释之前的帝国主义，以及在吉拉斯之前——在某些地方是在他之后——的“新阶级”问题。但毛泽东意识到了这个问题，并且没有天真地处理这个问题。他观察发现，任何知识只是可能经过的某一发展阶段，因此他激励革命的领导人要对时代的征兆保持警觉，并随时准备在新的条件下抛弃旧的公式。在进行预测时，毛泽东有时过于保守，有时又过于乐观。[89]但是，他确实很早就评论说“马克思主义者不是算命先生”[90]，并且总是准备抛弃那些预见，如果它们被证明是错误的话。通过对较早时期的观察可以发现，毛泽东对错误持宽大的态度既是他的体系灵活性的结果，又是体系的一个关键因素。

毛泽东的思想中一个更深层次的假设是关于目标和价值的假设。关于事实与价值的普遍的两分法所暗示的武断的假定，首先被这样一些原则构成的相互连贯的网络有效地加以限定。[91]而且，对于这些将要予以宣传的价值（或者将要被接受为合法的、源自这些价值的行动）来说，它们必然不会超出其同事可接受的范围。尽管由这些局限所暗示的文化定位是一条必然为“外来者”所克服的理解的边界，但毛泽东的社会价值对于他原来的读者来说是很容易理解的。

毛泽东从事政治和理论工作的目标是建立一种最有助于促进中国大众的进步的社会体系。正如陈志让（Jerome Chen）所评论的："自从他的文章《民众的大联合》于 1919 年发表以来，毛泽东一刻也没有丧失他对人民作为能量和力量之源的信仰。"[92]中国的民族主义，一种"卢梭主义"的进步观念，以及对底层阶级的认同，是毛泽东的社会目标所依赖的、毫无疑问的"背景假设"。[93]它们还决定了为他的决策提供信息的实践调查的方式。[94]这些价值构成了毛泽东的一种愿望，即，领导人民通过自身的努力以其自身的方式来克服他们的障碍。[95]他的理想社会的形式是把无私的个人彻底地整合在一起，在那里"全人类都自觉地改造自己和改造世界"[96]。而三大差别——工农差别、城乡差别和脑体差别——都将消除。正如莫里斯·梅斯纳（Maurice Meisner）已经指出的，这些价值中的一些对中国的生产性努力有积极的影响，但同样明显的是，在这样一些理想与专业化、分层化之间存在一定的紧张，后两者从亚当·斯密时代开始就被认为对经济进步来说是必不可少的。[97]

价值与目标假设的问题存在于两个层面。首先，如果价值不是普遍有效的，那么由它们所引导的努力会不断遇到各种形式的抵制，这些抵制来自那些信仰其他价值的人们。其次，用于表达价值或实现目标的手段，一般来说不是从那套特殊的价值和目标当中意义明确地派生出来的。吉勒廷（Guillotin）博士在提出使用后来被称作断头台（guillotine）的东西时，他的心中并没有想到他自己将来也会被执行死刑。政治权力的地位在被用于反对它们最初的目的时是特别脆弱的，因此，对资本主义复辟的担心就尤其令人感到恐惧。因此，毛泽东的一些一般的程序性规则——例如，群众路线的政治和游击战争——如果没有相当程度的群众支持，其发展将是难以想象的。

对于毛泽东来说，第三种假设是"马克思列宁主义的普遍真理"[98]。这是一个更加值得商榷的范畴，因为它作为一种普遍导向是至关重要的，但对它的研究只会吸引那些书呆子。正如毛泽东在与陈伯达和康生于 1965 年的一次谈话中所抱怨的："哲学的麻烦是没有实践的哲学，只有书本学习的哲学。我们必须提出点新东西。不然我们在这里干什么？我们想要下一代怎么做？”[99]弗兰斯·斯柯曼（Franz Schurmann）所使用的术语“纯粹的意识形态”提供了这样的框架：“马列主义可以提高我们对我们将要走向的未来和命运的理解，可以拓宽我们的视野，可以从褊狭当中解放我们的思想。”[100]它正确“决不是因为马克思这个人是什么‘先哲’，而是因为他的理论，在我们的实践中，在我们的斗争中，证明了是对的”[101]。迟至1958年，毛泽东都不认为他的思想是对马列主义的代替，正如这篇1958年的评论所表明的：“张东荪说他错了是因为他没有认真学习毛泽东的著作。这是不对的，他应该说，主要是因为他的马列主义水平不高。”[102]

这种为马列主义所做的辩护，与教条主义者和那些对马列主义进行专门研究的学者之中充斥着的对马列主义的滥用形成了强烈的对比，这可以通过参考熊玠（James Hsiung）对中国共产主义意识形态中思想所具有的非凡重要性的强调来更好地加以解释。[103]正是理论的适用性，而不是它的普遍性，决定了它的价值。如果对它的研究导致实践的领导职责被忽略，那么马列主义作为一种以实践为导向的科学理论的意义将遭到贬低。[104]虽然马列主义在为毛泽东的思想提供普遍框架方面发挥了重要作用，但用“纯粹的意识形态”和“实践的意识形态”的区别来描述它们的关系则显得太过僵硬。马克思、列宁和毛泽东都被这样加以描述：他们是在实践事务中进行“思考”的[105]，而随着马克思主义革命的具体化，他们每个人的著作都成功地充当了其他革命者的一般框架。由于这是一个历史的、渐进的过程，此前的“经典著作”绝大多数保持了它们的重要性，既作为最初的研究，也作为合法性的来源。

1970年以来，又有一种重新强调研究马克思、恩格斯、列宁和斯大林的势头[106]，虽然毛泽东在“文化大革命”中仍然保持了他的杰出地位。潜在的观点似乎是，共产主义的“经典著作”已经提供了并将继续提供一种普遍的概念框架，在此框架内中国人发动了他们自己的革命。虽然正是毛泽东思想决定了中国革命的内容，但马克思主义理论的概念范围限定了对这场革命进行阐释的术语。

有疑问的领域

基于它的那些必要假设，毛泽东的理论存在一定的具有本质性困难的领域，对这些领域的认识或解决与本文所提出的理论框架不相符合。任何试图借助人类经验的有限性、毛泽东思想的马列主义框架和中国革命运动的历史必然性来整合理论与实践的努力所造成的局限，是产生这些有疑问的领域的根源所在。

理论与实践的相互关系使得对环境的分析不同于环境自身的问题；因此，环境不同质疑了对于其他国家的政治形势进行解读的基础。共产国际对早期中国共产党的政策下达命令的结果，必然强化了毛泽东对在决策时依靠外国经验的厌恶之情。通过范例，并在与莫斯科培养出来的教条主义者的争论中[107]，毛泽东坚持研究中国的历史和分析中国的条件，以便得出独立的和实际的结论。与此相反，中国人对世界事件的分析可能永远达不到像对其国内经验一样的确定性。正如弗兰斯·斯柯曼已经指出的：

> 如果毛泽东思想间接地应用于其他的民族解放运动，那么人们将可以想象到在中国官方的出版物上对于除了中国之外的那些国家的革命过程的详细而具体的分析，与共产国际关于世界革命运动的长篇文献相类似。我几乎没有看到过这样的分析。以某种方式，中国共产党的意识形态避免正式提出这样的分析。如果实践的意识形态是纯粹的意识形态结合具体行动的结果，那么它只能由来自正被讨论的这个国家的某个人创造出来并加以利用。没有任何一个中国人能够假定自己拥有必不可少的知识。因此，将由各个国家的革命势力自身提出毛泽东对中国革命所做出的那种分析。中国人可能会给他们提出建议，但不能从北京把这样的分析传递给他们。[108]

然而，外交上与每个国家都建立明确的关系的必需，以及“社会主义国家最后的胜利……也包括世界革命的胜利”[109]这种意识形态问题，都要求政策决定的关键是对国际事务的分析，这就导致理论超出了实践的范围。在相关的条件与中国经验不相似的情况下（即使这是一个有问题的判断），马列主义的“普遍真理”必然提供了分析工具与范畴。

虽然中国的外交政策宣言似乎具有平等外交的基调，但看上去国际关系中具有优先地位的两个方面已经认识到了上面描述过的那个问题；然而，两者都可以用其他的理由来进行充分解释。首先，中国把宣传要点指向不发达国家，并且坚持认为那些国家的革命运动必须依赖他们自身的力量。在这里，真正的外交政策的可能性与毛泽东的理论结合到一起。其次，存在一种相对不重视外交政策而集中关注国内问题的事实。虽然毫无疑问这也是由国内问题所有的巨大的紧迫性所决定的，但这种紧迫性并不是机械地发挥作用的，许多有国际问题的国家都采取了冒险的外交政策。在毛泽东思想的谨慎与马克思主义的无所不知之间的理论关系在这一领域仍然是空白的。

第二个困难的领域是由马列主义所提供的普遍导向与毛泽东所设计的理论和实践相统一之间的关系。接受共产主义在某些方面作为“理论优先”的一个例子是显而易见的：“由于中国社会的落后性，今天的辩证唯物主义哲学运动不是中国自身遗产的继续和再造，而是从对马列主义的学习中获得的发展。”[110]这种接受并不是一种盲目信仰的行为，如果不是发现它对中国的条件有用，那么这场辩证唯物主义哲学运动或者会失败，或者被拒斥。这种舶来的理论为中国的实践革命工作所提供的服务，与一种科学范式——例如，牛顿物理学——在科学实验上所发挥的作用非常相似。它为人们奋斗的领域提供了普遍的理论解释，以便正常的研究可以攻破有限的、同等的问题。[111]对于这样一个范式的接受使得人们开始认真考虑创造性地应用它的实践工作，而不是必须从头建构一种新的世界观。而且，与毛泽东对实际的成功与失败的强调而不是教条主义的忠诚相结合，这种导向的特性在实践中可被无数次修正。

然而，该范式在直接关注特殊问题上所发挥的作用被随之发生的对下面这些问题的忽略所抵消——这些问题太过明显而被忽视，它们没有被这种意识形态真正揭示出来。1956年的匈牙利起义，以及它在中国引起的同情的骚乱，对毛泽东来说，都明显是一种真正的打击[112]，因为他曾经相信，有了共产主义理论，社会主义国家中是不可能发生这样的事情的。对“隐藏在党内的叛徒，内奸，工贼”刘少奇的特定的批判形式，毫无疑问要归因于毛泽东不能在马克思主义的框架中从本质上区分精英行为和阶级行为。作为领导人的精英逐步脱离了群众基础[113]，或者，用毛泽东和黑格尔的术语来表达，统治结构由“自在”的集团发展成为“自为”的集团，这与生产工具的私有制没有必然联系；然而，把刘少奇的集团称为“资本主义”的，乃是马克思主义术语学中与实际问题最为接近的标题。随之而来的对术语学的滥用有了另外两个恶劣影响：要么严肃看待术语学而扭曲了现实，要么词汇的意义变得曲折从而使对话成为不可能。执着于一个不适当的框架——这表明了意识形态的腐蚀作用——只能扭曲对中国现实的理解，并导致相应程度的教条主义或伪善。

最后一个问题的领域在理论上最令人感兴趣，而且在实践上可能也是最重要的，这就是：政治领导人的内在要求与理论和实践相统一之间的关系。毛泽东的革命运动模式是个人认知过程的产物，这个模式既有个人主义的体现也有集体主义的体现。一方面，每个人都是具有自身经验的个体，因此有权拥有自身的理念：“干部们应当像总指挥一样行动。”[114]另一方面，运动有一个“灵魂”，这个“灵魂”比它在任何特定时刻所持有的任何公式或制度都更为重要，很明显，毛泽东是这个“灵魂”的监护人。在个人主义的个人和集体主义的个人之间以某种方式架设的桥梁，是通过群众路线的方法论而建立起来的。其实这种桥梁是不稳定的，因为它依赖于领导人的个性以及他对群众的需求和能力的正确理解。但在群众和领导人间存在着其他两种调解方式——党和宣传——使得这种关系变得更加复杂。

中层领导的角色扮演在毛泽东时期的中国尤其困难。对于实践和经验的强调意味着对领导人是唯一决策核心的强调，因为他们的个人经验是他们最重要的实践基础。在干部们处于他们自身管辖范围内的“总指挥”地位的情况下，他们的职责和权威被加强了；但是在他们作为中央控制的延长线的情况下，他们被安排在有效执行命令的位置上，这样，他们的创造性就几乎不能发挥作用。毛泽东关于理论与实践的观点所允许的政策自由也意味着一种政策的不确定性，这种不确定性使得下属作为个人依赖于领导。在下属的角色和《实践论》所建议的行为之间明显存在矛盾，这个矛盾只有在客观条件最佳时才能减轻，也就是说，在政策具有连续性或关于政策变化的必要性获得了普遍同意时才可以减轻矛盾。

这个问题不仅仅只是中国领导人的一种心理的或内在的张力，它与最高权威之间的模棱两可的关系从结构上规定了领导人在调节信息和决策时所扮演的角色。在“文化大革命”中，党自身被解除武装并遭到抨击，这导致了“红宝书”和“最新指示”泛滥的不可救药的教条主义。[115]然而，即使在相对正常的时期，党对于毛泽东的依赖也使得诉诸他的著作和指示作为最高权威成为必需，而毛泽东的思想也表现出教条主义的功能，这都证明它自身的方法论的内容是不真实的。它在宣称具有合法性时所表达出来的价值迅速被“文化大革命”的双方所发现。“打着红旗反红旗”的现象表明，这种用法既不取决于内容，也不取决于官方的认可。还有更多的实践中的教条主义用法。散布于各种指示和社论间的来自毛泽东的口号保证了顺从的实现，这种实现的途径是：使被发扬的路线或模式合法化，并且提供一种意识形态武器来反对那些持不同意见的人，这些意见触动了有关的原则而不仅仅涉及执行的问题。最后，毛泽东的思想认可了那些已经获得成功的独立的首创行为，这样，既为首创者带来了声望，又进一步加强了毛泽东思想的合法性。

毛泽东个人与群众达成的和谐最终取决于他的领导天才，这种和谐稳固了他与党的关系，因此，不必考虑他本人对错误的容忍态度，他必然展露给世人一种永不会犯错的形象。如果所制订的方案超出了群众的能力，那么群众对领导人的信心就丧失了，或者应当丧失掉。降低这种信任损失的主要方式就是宣传。宣传的一个方面就是压制坏消息："在大混乱的现局之下，只有积极的口号积极的态度才能领导群众。"[116]毛泽东在庐山会议上所做的自我批评中也提出了同样的观点："如果你要出版的报纸只登坏消息，如果你冷酷无情地工作，那么不用一年（国家就会垮掉），但一周之内你的报纸就会消失。"[117]这种扭曲确定无疑的方面是中国媒体对毛泽东的阿谀奉承。领导人的形象问题不同于理论与实践的关系问题，人为地保持这种形象必然扭曲了像群众路线这样派生出来的方法论。这是危险的，因为它既造成了"信任鸿沟"（credibility gap），也使领导人关于群众的能力和忠诚的看法遭到扭曲。

关于毛泽东的理论与实践相统一的继续，最为基础性的问题——正如在中国的领导人中已经确立起来的那样——是对他个人的天才和经验的基本依赖。这些特性太过个人化，以至于不能传承给他的继任者。毛泽东试图通过培养一个党内精英来创造他的接班人的做法失败了，因为在刘少奇领导下的党发展出了一种官僚主义—精英主义的倾向。一个组织令决策者或者受制于一种清楚表达的理论，或者受制于组织程序，从而寻求决策核心的具体化，这是不可避免的趋势，因为这会使决策稳定化，并为中层领导提供更大的信心。

但是培养一个接班人来继承衣钵同样会有问题。个人对最高决定所负的责任，对毛泽东来说，既是领导人品质的产物，又是他的领导风格的一个条件。而继承下来的政治权力却是另一番景象：它的最高合法性是任命，而奠基者的灵活性通常在继任者对于他的具体决定的忠实执行当中被牺牲掉了。[118]随着林彪被清除，对于逝去的英雄进行最为彻底的神圣化的形式得以避免；但是，在继任者的合法性存在问题的情况下，对于前任的崇拜是不可避免的。无论是由一个忠实的接班人还是由一个组织来继位，都意味着"毛泽东思想"走上了这条命中注定的道路，即，从合法化的话语变成神圣性的话语。剩下来的问题就是：接班人将能在何种程度上实现毛泽东主义，以及对毛泽东遗产的神圣化将采取何种形式。

第三种可能性是，毛泽东关于理论与实践相统一的概念以及与此有关的革命政治的灵活性，将继续保持其卓越地位。它可以用来检验先例，并解决由毛泽东思想中存在疑问的领域所产生的持续的问题，这些问题我们在上面已经讨论过了。如果是这样，那么新的解决办法和新的经验可能导致新的实践和政策，后者反过来又构成了新的理解和改进的理论的基础，正如它们在毛泽东的治国艺术中最具创造性的行动以及他对于这些行动的思考中所发挥的作用一样。以此方式，当中国的历史和人类的经验沿着它们未知的和难以预测的路线继续发展时，“毛泽东思想”本身将在他的接班人手里继续发扬光大。

附录二

毛泽东在何处误入歧途：毛泽东“左”倾政治中的认识论与意识形态*

毛泽东提出了一个有如此重大意义的政治—思想难题，以至于此后中国几代知识分子都把他看做一个可以产生丰富成果的解读和再解读的对象。对他的总体评价不可能一直像目前这样片面地否定，可以预见，他的思想、范例以及在他的行动中所体现的那些价值都将继续对中国政治发生重要而有创造性的影响。

在这种关于毛泽东的相当乐观的长远观点与对他的厌恶情绪之间存在着一定的紧张关系，这种情绪自毛泽东去世十多年来在中国国内日益表达出来，并被西方媒体和中国观察家们放大。不难发现产生这些不公正判断的原因。尽管长远的观点是根据毛泽东一生所从事的职业和作为一个历史人物来进行评价的，但是当前的观点是将毛泽东定位为一位当代的政治人物，而正是他支撑了极左主义思潮，这种思潮在后毛泽东时代已经被决定性地扭转过来。在中国，现代化的新的方向和价值意味着对从 1957 年到 1976 年毛泽东去世这段时期内他的政治的批判。中国人对毛泽东的评价，即“七分功三分过”，多少有些误导性。他被视为，在他 70％的职业生涯中是完全正确的，而在另外的 30％中则几乎是完全错误的。

将毛泽东的职业生涯划分为成功的革命生涯和灾难性的极左结局两个部分，以把对他的长期称颂和短期批判协调起来，但是这种划分为对毛泽东进行认真的学术研究提出了一些基本的问题。这种把毛泽东划分为“好的”一面和“坏的”一面的两分法，对于毛泽

*本文最早发表在 *The Australian Journal of Chinese Affairs*, Volume 0, Issue 16 (Jul., 1986), 23-40。——译者注

东之后中国的正统学说而言是非常方便的，这种划分允许它去维护毛泽东思想（得到正确理解的毛泽东思想），但仍然拒绝毛泽东的“左”倾主张。但对学者而言，这种所谓的精神分裂症（schizophrenia）会产生一些问题。毛泽东的政治实际上是在20世纪50年代末发生改变的吗？如果是，那么如何将他的“左”倾思想与他较早时期的政治进行比较？这种断裂是归因于他在其立场上的一种意识形态变化，还是在他的政治实践中的一种不连续性，抑或是造成了新的理论与实践关系的一种形势变化？如果假定（正如几乎每个人所做的那样）“大跃进”和“文化大革命”是毛泽东新的行动方针所特有的错误，那么，他在何处误入歧途了呢？

这些问题永远不会有确切的答案，因为一个全面的解答必须建立在对于毛泽东1949年以后的著作进行系统而深入的分析的基础之上。这个大有前途的文献研究领域超出了本文所能涵盖的范围。我所打算去做的，是提出一种关于“毛泽东在何处误入歧途”的最初的解释视角，我很愿意将这种解释视角提交给同行学者，以期得到苛刻的批评。我的解释之于中国实际的现代化论者是不合适的，正如把毛泽东划分为好的一面和坏的一面对理论家来说也是不适当的一样。

我们承认，毛泽东的“左”倾主义导致了不适宜的、灾难性的政策。但是，毛泽东所误入歧途的地方并不在于他的“毛泽东主义”，即在他的职业生涯中发展而成的对政治的独特方法，而在于他的“马克思主义”，也就是说，他教条地被客观主义的列宁—斯大林主义意识形态框架所束缚。1949年以后毛泽东对中国政治发展所保持的实用主义的警觉，日益被一种不恰当的概念框架所左右，这个框架一直未被他置疑。后毛泽东时代的中国既继承了毛泽东的实用主义的胆识，并将它应用于新的和更富建设性的方向；又继承了那个曾扭曲了毛泽东的政治的、未被置疑的意识形态责任。幸运的是，后毛泽东时代的政治比毛泽东的政治连贯性更少，它的正统思想对中国现代化的“中层政治”而言更不重要。但是，意识形态的消退留下了伪善的和仪式的虚弱残余，而且就像对古代的骑士提出自杀性的挑战一样，正统思想布下了用以捕捉最大胆和最出色的理论天才的政治陷阱。

这篇文章分为四大部分。

第一部分涉及对毛泽东在 1957—1976 年期间的政治活动的评价，这段时期的政治被看做一种“左”倾主义。这部分从分析当前关于毛泽东的“左”倾阶段的正统观点出发，又处理了这样一些问题，如这个阶段是否是“左”倾的，其中包括了哪些错误，以及这些错误是否是有意图的，等等。

第二部分考察了毛泽东的政治价值和方法的连续性。认为毛泽东的政治思想产生了变化，不是因为毛泽东政治思想的“内在”改变，而是因为 1956 年以后他对中国形势的理解发生在一种改变的背景中。

第三部分讨论了毛泽东的政治中的转折点。毛泽东的政治在 1957 年发生转变，因为中国向社会主义过渡的完成既巩固了他对自身领导的信心，也提出了以后中国的社会主义政治应当采取何种发展方向的问题。同时，赫鲁晓夫对斯大林的批判导致了对作为榜样的苏联的怀疑，而匈牙利革命则提出了关于在社会主义制度下坚持阶级斗争的问题。一旦“大跃进”被发动起来并且遭到了失败，那么这种政策失败及其后果就提供了一种额外的政策变化的动力。

第四部分指出，毛泽东的“左”倾主义的潜在问题是一套关于马列主义分析框架的不加批判的假定。毛泽东对正确领导的强调是以经验为根据的自我修正，但成功与失败则是通过一套假定为真的意识形态框架来界定的。由于意识形态设定了第一次革命胜利以及随后向社会主义过渡的中级目标，所以直到 1957 年之前，由意识形态来判断成功与失败都没有成为一个问题。但是 1957 年之后，并不存在中级的、注重实效的目标，因为从社会主义到共产主义的历程，以及匈牙利和苏联的经验都说明了出轨的危险是存在的，而“大跃进”和“文化大革命”的失败又将毛泽东的政治进一步推进到思想产生危机的状态。毛泽东在他的最后 20 年里仍然是注重实效并以群众为导向的，但是他的解释框架不适当地推动他的政策沿着无效的和具有毁灭性的方向发展。

本文的结论将简要地回到当前的问题上来，即毛泽东的“左”倾时期为后毛泽东时代留下了什么样的遗产。

一、毛泽东的“左”倾主义的问题

一些人将毛泽东称为左派并且视“左”倾主义为错误，这不是一件令人吃惊的事情。湖南军阀张敬尧于1919年查封毛泽东的第一份报纸时无疑也是这样认为的。但是，值得关注的是，毛泽东去世10年以后，他那些继承者之间，达成了一个一致的官方意见，即，由于“左”倾主义的错误，他最后10年或20年的政治活动对中国的危害极深。* 当然，在过去的10年中官方立场并不是始终不变的，但我的印象是，自从1978年以来对毛泽东的公开批评的发展只是把对毛泽东晚年政治的全面谴责逐渐公之于众，而不是对他的评判日益变得苛刻。另一方面，毛泽东由于对革命和社会主义建设所做的贡献以及他的政治思想而受到尊敬。在可以预见的将来，这种对毛泽东的基本评价看上去不太可能发生变化。

*在一开始应当指出一个术语上的细微差别。在中国，“左”总是好的，而它的对立面当然就是右。因此，说一些人或一些政策是右的，就是一种有敌意的说法，在后毛泽东时期，很少看到人们在政治意义上使用这个词汇。“左”是好的，但太“左”就不好了，有时存在虚假的“左”倾主义。当中国人在这种轻蔑的意义上使用“左”时，它总是要被加上引号。由于今天该词几乎总是被轻蔑地加以使用，所以几乎看不到不加引号的“左”。

目前有许多对毛泽东的官方和半官方的评价**，其中需要特别注意的是，《关于建国以来党的若干历史问题的决议》（以下简称《决议》）是作为中华人民共和国时期的官方党史在1981年6月27日被中国共产党十一届六中全会所采纳的。[1] 该决议回顾了1945年通过的一个类似的决议，后者设定了自1921年到1945年党的官方历史，因此巩固并确立了毛泽东在党内的政治支配地位。1981年

** 《在扩大的中央工作会议上的讲话》这份出版物中已经暗含了对毛泽东的公开批评，因为在这篇1962年的著作中，毛泽东做了自我批评，见“Talks at an Enlarged Work Conference”，*Peking Review*，vol. 21，no. 27（7 July 1978），pp. 6－22。第一个官方的批评是叶剑英关于中华人民共和国建国30周年的讲话，见 Beijing Review，vol. 22，no. 40（5 October 1979），pp. 7－22。对毛泽东的最广泛也是最能引起争论的评价没能在中国大陆发表，但在中国台湾可以找到。那就是廖盖隆的《历史的经验和我们的发展道路》，这是1980年10月25日廖盖隆在中央党校党史编纂会议上的一篇讲话。它在《中共研究》，第15卷，第9期（1981年9月15日），108～177页上得以重印。

《决议》试图对后毛泽东时代的领导发挥同样的影响，而这件工作最微妙的地方就是对毛泽东所犯错误的评价。

《决议》的政治目的是谨慎的，也就是说，要建立一个与邓小平联系在一起的、后毛泽东时代领导人的新的正统。因此它并不是一篇开放的、只达成初步结论的文章，它的评价都是指向那些“不冒任何风险”的方面，比如结构缺陷的有限的含义，或那些可能会继续发生的党的错误。然而，在其政治目的所确立的限度内，该文件认真地试图就近期的党史，尤其是“文化大革命”达成一个统一意见。这个问题是重要的，因为中国政治 20 年来的潮流发生逆转，造成了严重的方向上的迷失。

对毛泽东的错误的主要评价出现在关于 1949 年以后的政治史的详细叙述之中（10～36 页），但是紧随其后的是一个简短而更具暗示性的部分，这部分的内容是关于“文化大革命背后的社会历史原因”（37～39 页）。类似的，文件结尾对毛泽东思想的积极评价包括一个关于“毛泽东思想多方面的内容”的长篇目录——这本来是至今仍被肯定的各种主题范畴的标题下相关内容的集合，此外还有一个更简洁更有趣的部分，论述毛泽东思想“活的灵魂”。这些文本上的特征，如果不是一种潜在的异议，至少也表明在对毛泽东的评价中存在着一种暧昧。一方面，有根据党的领导核心的观点而记录下来的相当尖锐的个人评价。另一方面，又有更为深入的分析所包含的暗示，这种分析对作为个人而言的毛泽东至少不像对“左”倾主义的谴责那么苛刻。采取前一种观点对后毛泽东时代的领导人来说要便利得多，因为它实际上是说，毛泽东抨击党的当权派是错误的，而且随着他的去世和“四人帮”的倒台，“左”倾主义的错误不太可能会重演。与这种斯大林主义的自以为是相比，第二种观点把“左”倾主义视为一个结构问题，这个问题要求“党—国”进行体制改革。[2]而且，前一种观点将“左”倾主义等同于“文化大革命”，而后一种观点则上溯至 1957 年。1981 年以来，后一种观点获得了更多的支持。

即使政治叙述的部分也承认党中央的领导人应该与毛泽东共同

为1955—1966年期间所犯的错误负责。实际上，《决议》并未提及毛泽东与1957年反右派运动的过度行为有关，该运动仍被界定为“完全正确和必要的”（23页），而且“大跃进”那些不切实际的目标也只是部分地归咎于“毛泽东同志、中央和地方不少领导同志在胜利面前滋长了骄傲自满情绪，急于求成，夸大了主观意志和主观努力的作用”（23页）。毛泽东在这一时期所犯的其他错误是更为个人化的错误。《决议》提到了他对彭德怀的批判以及在1959年发动的反对右倾机会主义的运动，尽管对毛泽东在1960年开始纠正“左”倾错误给予了部分赞同。但是毛泽东于1962年9月把“阶级斗争扩大化和绝对化”（25页），这导致了“左”倾主义的日益增长直至“文化大革命”的爆发。概言之，在“文化大革命”期间，日益严重的个人专断和个人崇拜是有目共睹的。

政治叙述指出了毛泽东在“文化大革命”当中的四个错误假设。前两个假设与资产阶级代理人的出现以及领导核心当中的“资产阶级司令部”有关。第三个假设涉及大众动员的方法，而第四个假设是一个判断，即，“文化大革命”是一场一个阶级推翻另一个阶级的伟大的政治革命，这场革命会不断地重演。《决议》宣称“文化大革命”被定义为一场阶级斗争是错误的，人民和敌人被混淆了，大众参与最初是因为支持毛泽东和共产党，之后则逐渐变得疏离了，还有，“文化大革命”“不是也不可能是任何意义上的革命或社会进步”（30页）。除了发动了“文化大革命”的错误以外，在1969—1973年期间，当周恩来纠正了许多“文化大革命”的过分行为的时候，毛泽东继续坚持认为极右分子是主要的问题所在。后来，尽管邓小平于1975年在毛泽东的支持下接替了周恩来的职责，但毛泽东仍然不能容忍邓小平继续纠正“左”倾错误，发动了一场“反击右倾翻案风”的新的批判运动。最终，毛泽东误解了1976年4月的天安门事件，并且加强了对邓小平的批判。政治叙述评论说，毛泽东纠正了一些特定的“左”倾错误，领导了粉碎林彪集团的斗争，有时也对“四人帮”进行批评，这种评论在某种程度上软化了对毛泽东的批评。

关于“‘文化大革命’的社会历史原因”的讨论增加了两个批判毛泽东的重要视角。第一，在分别适合于革命斗争年代和社会主义社会的继续发展时期的不同的方法与任务之间没有做出足够的意识形态区分。这不完全是毛泽东的思想的问题，而是总体社会主义的理论和经验的储备问题。因此当感受到新问题的时候，“习惯于沿用过去熟习……的进行大规模急风暴雨式群众性斗争”（37 页）。教条地学习马列主义“使我们把关于阶级斗争扩大化的迷误当成保卫马克思主义的纯洁性”（38 页）。第二，毛泽东走向更加专断和主观主义的行为是由于封建的组织习惯在党内残余的影响。因此，“我们没有能把党内民主和国家政治社会生活的民主加以制度化，法律化，或者虽然制定了法律，却没有应有的权威”（39 页）。

如果我们对上面所介绍的关于毛泽东的评价进行严格的分析，就会发现，在这些政治叙述中所提出的对毛泽东的“左”倾主义的谴责不是特别具有说服力。《决议》适时地指出了像“大跃进”这样共有的错误，但主要是毛泽东抨击他当前的审判者的那一段历史遭到了强烈的谴责。《决议》明确宣称，“文化大革命”的四个错误命题出现在 1966 年的“五一六通知”当中[3]从 1966 年 8 月 8 日《中央委员会的决定》当中可以很明显地看出，“文化大革命”的混乱和它所批判的领域都是事先未曾预料到的。

而“‘文化大革命’的社会历史原因”更加具有说服力，但它们看上去适用于整个 1949 年以后的时期。这一部分对于所发生的“左”倾政治错误以及允许毛泽东那样行动的制度弱点都提出了看似合理的解释。但正是因为意识形态的不完备和封建主义的影响成为普遍的解释理由，它们没能把作为一个犯错者的毛泽东与作为一个重大错误的“文化大革命”区分开来。实际上，毛泽东的“左”倾政治是作为共产党或共产主义普遍的“左”倾主义的表征而出现的——这可能是一种可以纠正的意识形态的弱点，但却不可以被简单化约为一种个人的背离。为什么毛泽东会误入歧途在这个部分体现得更加明显，但是作为个人，他在何处误入歧途的问题，仍然留给这个政治叙述的部分去回答。

上面对于毛泽东和“文化大革命”的正统批判的总结表明了批判毛泽东的“左”倾主义对于后毛泽东政治的重要性，但是从研究毛泽东的角度，作为一种批判性的分析它并不是令人满意的。因此，我们必须回到评判的一些基础问题上来。首先，毛泽东是不是一个左派？例如，如果他的政治思想是一种农民观点的表达，那么我们可能是在错误的分析层面上看待这种情形。其次，毛泽东在1957年之后的决策是否表明了那些不是作为他的早期政治活动特征的错误？我将指出，毛泽东的“左”倾主义的两个基础性错误是独断的乐观主义（authoritarian optimism）和教条主义，这些错误导致了甚至他自己也不满意的政策后果。因此，我主张，毛泽东是在他自己的标准上误入歧途。最后一个观点要求说明毛泽东是如何对那些由他的干预所导致的未曾预料的结果做出回应的，由于这涉及毛泽东对政治错误而不是他的意图所负的责任，所以《决议》中并没有提出这些内容。

中文中关于政治导向的术语极其模棱两可，并加载了足够的政治负荷，结果需要我们提出这样的问题，即，说毛泽东是一个左派意味着什么？当然毛泽东会把他自己视为一个左派，而且他期待社会主义革命进行左派斗争。正如他在1957年所说的：“在我国社会主义革命时期，反共反人民反社会主义的资产阶级右派和人民的矛盾是敌我矛盾，是对抗性的不可调和的你死我活的矛盾。”[4]但是，正如我在先前的一个脚注中所说的，在中国，作为一个左派和作为一个“左”倾主义者是有区别的。前者是一个无产阶级革命者，而后者则是倾向于主观主义、教条主义和冒险主义的某些人。如果毛泽东不是一个左派，那么当前的政权在它的政策变革中将是右倾的。在中国，最后一个公开做出这种断言的人是在审讯期间的江青。如果像《决议》中所评论的那样，毛泽东错在向左转，那么后毛泽东时代的政权就完全是“左”倾的，而不是右倾或走中间道路的，即使它主要的批判目标是指向它的左翼，而且它把自身看做同时面对着两条战线上的反对派。[5]所以，在中国的政治术语中，毛泽东或者是左派或者是“左”倾，但肯定不是右派（没有“右倾”，因为所有的右派都是错的）。

但是，除了左派—右派的两分法以外，还有很多的分析层面。莫里斯·梅斯纳[6]和其他人发现，将毛泽东描述成为一个平民主义者、一个农村革命家或者一个乌托邦主义者会更有意义，当然，这种解释会为进一步理解毛泽东的政治活动拓展深度、凸显特性。然而，人们很难声称毛泽东是一个平民主义者而不是一个左派，尤其是在 1957 年以后的时期。毛泽东号召实现最大程度的公有制和公共控制、将所有的社会差异降低到最小程度、大众的参与以及与资产阶级进行彻底斗争。尽管毛泽东的农村革命背景渲染了这些政策的产生，但仍然可以很容易地看出毛泽东为什么会对 20 世纪 60 年代西方发达国家的城市激进分子产生吸引力。正如斯图尔特·施拉姆已经令人信服地指出的那样[7]，毛泽东在“文化大革命”中的行动表明了他对马列主义组织和意识形态的责任。他不愿意使共产党遭到毁灭，或者被军队所取代，而且他也没有公开放弃现代化而赞同农村的各种价值。尽管毛泽东的政治活动不是单向度的，但我认为，在 1957 年之后它们是“左”倾的，这一点几乎是没有问题的。

下一个问题是，毛泽东的“左”倾主义是否是一个错误。我认为，毛泽东在 1957 年以后的主要政策创新未能达到他所想要的成功，而且它们的未预料到的结果迫使他采取进一步的行动，这些行动从他的左派价值视角来看是不可取的。通过对比可以发现，毛泽东从 1926 年到 1956 年间的政治基本上是成功的，而且就是那些失败的活动也促使了更有力的改善。举例来说，由“大跃进”造成的破坏和大饥荒当然不是他所要的结果，而毛泽东也同意在出于必要而非偏好的情况下缩减这些政策。由于这次运动造成了令人不快的结果，并减少了实施更可取的行动的机会，所以从毛泽东自己最初的意愿所设想的种种有利条件来判断，它可以被视为一种失败。对于“文化大革命”也可以做出同样的评价。它的混乱迫使毛泽东依靠军队去控制群众的各个派系斗争，最终与林彪进行较量，使党的老一辈领导人官复原职，并通过平衡各种敌对的派系来开展工作。

可以肯定地说，这不是毛泽东想要的结果。一种新的无产阶级文化没有建立起来，资产阶级文化也没有得到消除，阶段性地铲除资产阶级因素的成功模式也没有逐步形成。如果毛泽东再发动一次“文化大革命”的话，很难想象他会以同样的方式来进行。在上述两个例子中，事后的反思都没能提出一条可行的途径。如果毛泽东本人不会重蹈覆辙，那么他一开始就误入歧途了。

1957 年以后毛泽东的政治思想有两个新的特点，我认为这两个特点应该直接为他的那些“左”倾错误负责。第一个错误就是独断的乐观主义。乐观主义并不是毛泽东的政治的典型特征，他的整个农村革命战略是一种相当谨慎和封闭的战略。他憎恶由于李立三和“二十八个半布尔什维克”的冒险主义以及后来王明对国民党的轻信而使军队遭到损耗的事情。除了长期对日斗争以外，他决不承诺任何事情。他将内战的时间多估计了数年，而且直到 1956 年他还预期社会主义过渡将花费比实际所需更长的时间。我能记起只有在两次事件中，历史给予他的比他自己所期望的要少。第一次是五四运动，当时他盼望着人民大众的伟大呼声能够引导历史进入一个新时代；第二次是他在自己那篇著名的《湖南农民运动考察报告》中所预测的 1927 年农民革命的强有力的潮流。这两次令人失望的事件都促使了重大的组织和政策转变。然而，他以“反右派运动”为开端，提出了一种有计划的乐观主义的新论调，它用未来的转型为前提为当前的行动提供正当性，而且不管实际的结果如何，这些前提永远不能被公开证明是错误的。

我把这种错误称作“独断的乐观主义”是因为利用对媒体的垄断来进行宣传而不是提供信息促成了对于形势的过高估计。20 世纪 50 年代末有线广播系统建立以后，中国成为一个媒体社会，这种新的控制方式除了用于大众动员以外，还被用来制造无可置疑的成功与成就的典型。当地方领导人制定超过自身能力的不切实际的目标并伪造成就的时候，政策就成为它自己所保障的成功的牺牲品。由于抵制和失败所造成的代价，在“大跃进”期间甚至连内部的信息体系也完全扭曲，最终造成了灾难性的后果。[8]

“文化大革命”期间，媒体控制力的影响更加异乎寻常——毛泽东在形势处于最低谷时宣称“形势一片大好”就是对此最好的证明。[9]

毛泽东的“左”倾错误背后的第二个缺陷是教条主义。自 1957 年起，毛泽东主要的政策关注便是路线的正确性而非实际的成就。毛泽东以前认为教条主义和右倾机会主义是并列的危害，但从 1957 年开始，他便认为右派是对社会主义革命的主要威胁。他并没有排除“左”倾教条主义产生问题的可能性，但在这一点上他声称，教条主义不是一个主要的问题，因为它还没有变成一条系统的路线。[10]中国主要的问题是“走那一个方向呢？走这边就是社会主义，走那边就是资本主义。右派就是要倒转这个方向，走资本主义道路”[11]。有人可能会说，毛泽东在反对右派的立场上适当地冒了教条主义的风险。

但是，1957 年以后毛泽东自己的教条主义问题比他所提出来的更加严重，这与他先前的政治形成了更强烈的对比。毛泽东没有将教条主义视为一条“路线”，因为它形成了他自己用以观察和判断政治的范式。在毛泽东的政治中，理论与实践的关系中的一些基本内容在这些年里发生了变化。尽管毛泽东没有放弃生产这个目标或者对于物质繁荣采取“坏即是好”的态度，但他仍乐意赞同这样的主张，比如“破字当头，立也就在其中”[12]，而且他也不愿意对左派政治提出基本的批评。毛泽东在做出政策后退决策方面拥有足够的实际经验，但他却不去考虑改变方向。正如我将在下面讨论的，这里边的问题是，他的意识形态框架预先排除了方向的转变。

毛泽东对政策结果的回应性问题既表明了这些后果的不可预见的性质，也表明了他对于“左”倾政策导向的坚决献身。在 20 世纪 50 年代末期，毛泽东逐步形成了我所谓的“帝王式的革命风格”(imperial revolutionary style)。这部分源自由先前的成功而形成的自信，还有一部分源自对社会主义在中国的日益增强的个人责任感。因此，在他的“左”倾主义干预中，毛泽东的攻击在权威和意识形态上都具有绝对优势，几乎没有人会愚蠢到公开反对他的地步。但是也有一段时期毛泽东从积极的干预活动当中撤离出来，甚至也有这样的时候，他积极地去改变由他所造成的那些政策结果，因此，在责任与意图之间应当做出一个明确的区分。前者对于政治，并因此对于《关于建国以来党的若干历史问题的决议》更加重要，但是后者则对理解毛泽东本人更为重要。

二、毛泽东的政治的二阶连续性

上述对毛泽东自1957年以来的政治活动的讨论赞同《决议》的这些主张：即，在毛泽东的政治中存在一种断裂，无论在政策的意义上还是在冒险主义和教条主义的意义上，这都是一种“左”倾的转变，这一转变导致了那些后来被修正但不会被逆转的灾难性政策。我接着要论及的问题是，这种政治转变在何种程度上体现了毛泽东的思想变化。行动的不连续性并不必然暗示着价值或思想方法的不连续性，因为同样的价值和方法应用于变化以后的环境可能导致不同的行动方式。为了探究毛泽东的思想的二阶连续性的问题，我们必须将环境差别和政策结果的问题放在一边，而专注于他的政治活动中所包含的价值和方法。如果人们展开这种关于意图的现象学，那么他们会惊讶地发现，毛泽东思想的基本因素在进入他的政治活动的“左”倾阶段之后一如其旧，几乎没有任何变化。简言之，毛泽东并没有改变他的理念，也没有变成左派。由于他所应对的环境变化了，于是思想的连贯性要求他的政治发生“左”倾。

第一，在1957年前后毛泽东的政治是建立在这样一种信念的基础之上的，即，动员起来的大众力量是根本的政治力量。因此，毛泽东通过走向大众并动员他们起来展开批评来应对党内右派的挑战就不会让人感到奇怪了。1957年，毛泽东宣布了“四大自由”——“大鸣、大放、大辩论、大字报”——这样，社会主义革命的“内容找到了它的很适合的形式”[13]。他在1962年论述民主集中制的讲话中，进一步鼓励一种以群众为导向的政治风格，并进行公开的批评。[14]

毛泽东极力主张红卫兵“炮打司令部”是对群众的最终诉求。虽然这些政策本身是新颖的，但毛泽东对群众动员的依赖，以及他坚信他们是党的美德和力量得以复兴的基础，这些均是比他的马克思主义还要早的价值和方法。[15]毛泽东有关群众的观点中可能较新的一个地方是，1957 年以后他在谈论群众时，倾向于把他们当作处在左派和右派的少数人之间的可塑造的中间派。关于大众是可塑造的这一假设并不新奇，但是这种表述看上去贬低了大众的创造力。

第二，毛泽东以有效行动、调查和实验为导向，这都可以从他 1957 年之后的政治当中看出来。我的这种主张可能会引起争论，因为在毛泽东关于“大跃进”和“文化大革命”的种种期待中缺乏现实主义，即使那些政策仍有经验上成功的范例。然而，必须承认的是，1957 年之后毛泽东较少关注政策的实践性，他的经验范例似乎更多地成为新政策的借口，而不是像根据地时期的试错过程一样发挥作用。以下这段话是一个很好的例子：

> 只要拿出一个办得好的合作社，就可以把反对合作化的一切怪论打下去。为什么这个社能办好，别的社就不能办好？……当然，你搞几十个也可以，但是，你只要搞好一个，就算胜利。[16]

这种不惜任何代价的态度很快就对建立成功模式产生了一种强大的政治压力，而且这些模式所具有的政治和宣传价值歪曲了他们的经验内容和特色。其中最悲惨的案例便是陈永贵和大寨大队。不过，毛泽东对实施有效政策的承诺可以从他对左派的能动性所作的调整当中看出来。他经常说中国没有建设社会主义的充足经验，错误是不可避免的，但是这并没有让他减少勇气。总体而言，当时，“实事求是”仍然是毛泽东的价值，但它已经被修正，以适应非常新颖的实验。

在毛泽东的“左”倾阶段具有强烈连续性的第三种价值观是阶级斗争的重要性。尽管在较早时期阶级斗争的作用有时被统一战线的政策所遮蔽，但从毛泽东在 20 世纪 20 年代所做的阶级分析中仍能清楚地发现，他把社会视为一个由各阶级构成的现实体，而社会变迁则是阶级斗争的产物。[17] 1957 年之后他关于各阶级的概念变得更加僵化，远离经济现实的基础，但是他对阶级分析的利用并不新颖。如果阶级分析得到发展和应用，那么关于对抗性矛盾和非对抗性矛盾的讨论，以及关于政治而不是阶级可以使这些矛盾相互转化的建议，在理论上就会变得更加新颖。[18] 不幸的是，“反右运动”和后来的“文化大革命”倾向于将每一种差别都变成一个路线问题，因此也是一个阶级问题。但是这些假设——革命者应当自下而上建立他们的阶级联盟，党和群众在本质上是共生的，以及在阶级斗争中可以存在联盟但不存在妥协——均是毛泽东长期坚持的原则。

讨论毛泽东思想中其他的理论连续性也许是可能的，但我认为下面这个论点是可以成立的，毛泽东的“左”倾阶段并不是通过他信念中发生的变化来加以定义的。的确，毛泽东思想中相当高水平的二阶连续性使得像斯塔尔这样的研究——这种研究不考虑政策的发展而去讨论毛泽东的思想——成为可能。他思想中的种种变化和反复强调之处可以被观察到，尤其是当我们从自己的角度看到那些价值在政策中发挥不同作用的时候就更是如此。但是，可以说，毛泽东的价值和思想方法的发展，与他的政治相区别，其本身不足以在他的发展中勾画出一个“左”倾阶段。因此，我们可以期待在毛泽东对他的政治背景的理解中出现一个重大转变。

三、转折点

1957 年毛泽东的政治中所发生的变化是与中国的政治环境——或至少是毛泽东所理解的环境——中的一些重大变化联系在一起的。向社会主义过渡的完成是当时最重要的变化，它又被赫鲁晓夫对斯大林的批判、匈牙利革命、“百花齐放”运动的失败，以及农业合作化的显著成就所强化。在中国缺乏属于自己的相关经验，并且不能再依靠外国模式的形势下，这些因素共同将毛泽东置于一个更加突出的权威地位。况且，他在谈及这种形势时已经察觉到一种关于革命的意识形态的危险，随着“大跃进”的失败，这种感觉变得更加强烈，也因此驱使他进行了更加极端的干涉。在此过程中，毛泽东基本的政治导向并没有发生变化。事实上可以说，连贯性是毛泽东的问题，因为他的意识形态要求他与那些不可避免的倾向进行斗争，并且追求那些难以到达的目标。他形成连贯性的部分原因是基于这样一个事实，即，他早期的成功开创了新的局面，这种局面最初并没有被看做一种危机，而是被视为一个伟大的机遇，于是可以理解，这更使他致力于原来的价值和意识形态。

随着向社会主义过渡任务的完成，毛泽东实现了他职业生涯中第二个重大的政治任务，第一个任务乃是 1949 年的胜利。如同那次胜利一样，向社会主义的过渡提出了相当明确的物质上和组织上的任务。这些任务已经被概括在党关于向社会主义过渡的总体任务之中：“要在一个相当长的时期内，基本上实现国家工业化和对农业、手工业、资本主义工商业的社会主义改造。”[19]这不仅为过渡设立了相当明确的目标，而且还加上了苏联的榜样和建议，苏联已经在 1936 年完成了向社会主义的过渡。由于工业化和合作化取得的出人意料的成功，中国向社会主义的过渡于 1957 年被宣布完成，比最初的预期大大提前。

社会主义的实现的含义远远超出了仅仅作为中国历史发展中的另一座里程碑的意义。过渡时期中国的政治经济结构已经被设计出来。过渡时期的经济是一种混合经济，即在国家的控制下以及私有部门受到更大压力的条件下的市场经济。过渡时期的政治本质上是 1949 年以前的统一战线政治的继续。1954 年《宪法》是以 1949 年 10 月 1 日前夜中国人民政治协商会议起草的《共同纲领》为基础的。更重要的是，这部《宪法》是为向社会主义过渡而特别起草的，它并未宣称自身将是一个永久的公共契约。[20]苏联可能成为中国社会主义政治的一个榜样，但它不能再继续充当向导，因为它自己仍未实现由社会主义向共产主义的过渡。而且在事实上，苏联甚至作为一个榜样也是极其成问题的。赫鲁晓夫在苏共二十大上对斯大林的批判使苏联过去和现在的领导都显得很糟糕。因此中国——以毛泽东作为她取得非凡成功的领导人——缺乏榜样的指引并且肩负着从社会主义向共产主义转变的新任务，正处在历史发展的边缘。

这是一个艰难的时期。1956 年 9 月中共八大的文件表达了这一时期欢欣鼓舞的乐观主义，而鼓励广泛开展讨论的政策导致了许多新理念和对当前实践的批评。许多人意识到中国和共产党正站在一道方向性的分水岭上，而且他们希望是他们影响了决策。一些人认为，如果在社会主义条件下阶级斗争是过去的事物，那么一个具有更加民主的形式的大众政府就应当被组织起来。比如，董必武认为，已经到了从革命性司法向一套制度化的社会主义法制体系转变的时候了。[21]其他人，包括中共八大报告的作者们，认为社会主义条件下的主要问题应该是生产力的提高，换言之，即经济任务。

然而，到了 1957 年夏天，乐观主义情绪已变成了一种意识形态危机。国内出现了一些骚动、罢工以及狂热的言论，而党对这些危及其领导的事件的不安被匈牙利和波兰发生的骚乱所强化了。赫鲁晓夫看上去不仅正在全盘抛弃斯大林，而且也在全盘抛弃列宁（正如毛泽东对他的理解）。在这些情况下，毛泽东认定在党内修正主义比教条主义具有更大的危险，而且主要由知识分子所传播的资产阶级右派思潮，无论在党内或党外都仍然是一个重大的威胁。[22]到 1957 年 10 月，大约在八大召开一年后，毛泽东明确批判了八大的温和的经济取向，并断言主要矛盾是社会主义和资本主义之间的矛盾。[23]虽然无产阶级已经领导大众与封建主义和帝国主义进行了斗争，但当时斗争的矛头要直指资产阶级。

这种重新定位的直接后果当然是反右运动，但是它的影响则更加深入。对毛泽东关于修正主义的看法进行讨论可以揭示更为深刻的影响。

> 修正主义是一种资产阶级思想。修正主义者抹杀社会主义和资本主义的区别，抹杀无产阶级专政和资产阶级专政的区别。他们所主张的，在实际上并不是社会主义路线，而是资本主义路线。在现在的情况下，修正主义是比教条主义更有害的东西。[24]

对修正主义的综合批判——认为修正主义模糊了资本主义和社会主义之间的界限——对存在于西方的任何社会形式的利用都表示了怀疑。而苏联也正在明显地转向修正主义的方向，所以中国将不得不探索新的社会主义模式，这种探索应当只以马列主义的原则为指导，并以资本主义与修正主义的反面教材为借鉴。因此，在这样的意义上，中国将竭力反对那些抛弃意识形态责任的路线。不竭力反对这些路线就是走资本主义道路。尽管意识形态导向对毛泽东的思想而言并不新鲜，但是在其先前的政治应用中，意识形态导向被革命胜利和向社会主义过渡的中级的、实际的目标所缓解。

事后看来，政治对意识形态的直接偏离的政治含义是显而易见的。第一，对于这样设想的社会主义政治来说，统一战线是一种不恰当的形式。从前的联盟伙伴现在变成了一种威胁。把毛泽东在中共八大的开幕词中欢迎民主党派和肯定统一战线的热情话语与 9 个月后他对《文汇报》的过分严厉的谴责相对比，就可以看出毛泽东的政治中这种转变的突然性。[25]在“文化大革命”的派系之争中，使革命队伍纯洁化的倾向被推向了一个极端。第二，对于政治问题的制度性解决遭到了怀疑。在 1954—1956 年间一度繁荣的立法、政治和宪政的制度化，在 1958 年中途夭折。从 1959 年到 1977 年，司法部被关闭，一直到 1979 年为止，司法决定都是直接由党委做出的。[26]具有讽刺意义的是，正式的组织和程序的外壳还一直存在，因为这个问题不是关于特定的制度本身，而是总体而言的制度。由于不应对群众的力量加以束缚，所以中国从 1957 年到 1977 年间都不是一个宪政国家。第三，在政治压力上有巨大的增长。在某种程度上，这是政治觉悟的提高：那些不直接具有政治性的行动所包含的政治意义也被揭示出来。但是做出含有敌意的解释的可能性并没有减少，而且没有任何行动能够无可争议地在实践中推进社会主义。最佳的防卫就是无所作为并且重复当前的路线。康生在进行这种遭人怨恨的解释方面是个能手。在一个纪念场合，一个极左团体充满激情地发表了支持毛泽东的讲话，他接受了这一讲话并且把它转变为一篇对毛泽东的攻击之辞，还声称这种攻击受到苏联和美帝国主义的支持。[27]

我们大体上可以从两种不同但相互补充的视角来看待 1957 年这个分水岭。从毛泽东的基本政治思想的视角来看，他仅仅是在社会主义革命的新环境下继续他从 1919 年就开始从事的革命斗争。在这个层面上，对于基本的价值几乎没有什么疑问，而对于这些价值在政治活动中的应用也无可怀疑。但是从政治影响的视角来看，毛泽东政治活动的影响力开始下降。革命斗争现在是由上级来领导，并借助理论和权威的力量，而不是自底层发动，并通过实际的成就和统一战线的动员来完成。因此，毛泽东新的“左”倾政治的特征是独断的乐观主义和教条主义，而不是注重实效的谨慎和政治上的温和，关于后两者，毛泽东在面对早期的像“二十八个半布尔什维克”那样的教条主义者时已经展现了出来。

四、毛泽东考虑得足够远吗?

我们现在将要处理这篇文章的根本问题，也就是说，决定毛泽东不适应社会主义阶段的思想根源。即使毛泽东的政治思想在转向一个错误方向的意义上并没有误入歧途，而仅仅在应用于不同的环境时犯了错误，毛泽东不能对变化后的环境做出更为恰当的回应也反映了他思想的一种僵化，而这种僵化必然被看做一个缺陷。对于毛泽东来说尤其如此，因为他的思想的实用主义导向——该导向以提出适应环境的领导方式为目标——在某种程度上被颠倒过来，从而导致了不适当的领导。他对理论与实践间难以解决的关系的集中关注，变成了由理论来对实践实行统治。我认为，这种变化的原因是毛泽东的政治思想与客观主义的马列主义之间存在的不加批判的关系。毛泽东的思想的这种意识形态限度不适应于1957年以后的形势，而毛泽东对这种意识形态的忠诚导致他采取了更为极端的手段，而不是重新思考他的框架。

我在别的地方也曾提出，毛泽东的思想的焦点是正确的适应环境的领导能力的问题。[28]毛泽东不仅极为关心经济基础的社会上层建筑问题，而且尤其关注领导与群众之间的关系所具有的互动的、政治的性质。在认真考虑政治领导问题时，毛泽东不得不处理被马克思和列宁视为理所当然的政治问题。在乡村地区建立政治、军事和经济势力来反抗一个更为强大的政府的问题，不在毛泽东的意识形态导师的考虑范围之内，但它们对毛泽东来说则是生死攸关的问题。根据地的生存取决于避免脱离群众，以及在那些整合群众和党的利益的运动中动员群众。这种非常困难的、实际的领导任务要求对具体环境进行调查，期望纠正错误，并具有政策的灵活性。那种教条主义方法——该方法轻视对正确的领导在认知和态度上的挑战——将会产生危险的误导倾向。[29]革命领导人必须应付非常复杂而且不断变动的情况，这种形势要求领导人要大胆，预料会犯错误，并具有值得尊重的经验。这种由领导的实用主义所导致的注重实效的认识论，富有洞察力地体现在《实践论》和《矛盾论》两篇文章中，而这种认识论的逻辑则隐藏在毛泽东所有著作的外表之下。

但实用主义并不是以自身为导向的，它也不能纠正自身的导向。行动者对自己正在正确地适应世界的自信，在逻辑上是内在于他去改变那个外在的客观世界的努力之中的。实践理性预期这个客观世界布满了陷阱和困难，难于改变，然而又充满惊喜，但是它也预期这个世界“就在那儿”（to be out there），它假定那些被它当作任务的目标是可以实现的。在一定程度上，它假定它的理论是正确的。[30]通常意义上的实用主义从社会环境中获得信息。没有人怀疑的就假定为真。毛泽东的实用主义是革命的实用主义，它的导向是由他对于马列主义的理解所决定的。为了成为他的实践活动的方向仪，它不得不真的“就在那儿”。它不得不成为一门科学，成为来自西方的最好的和最高级的知识，并具有“赛先生”在20世纪的中国所曾有过的全部奥秘。毛泽东的马列主义趋向于不加批判的客观主义，因为即使没有斯大林它也有它的用处，但是如果有了斯大林，毛泽东就拥有了一种预先建构的正统观点。1949年之后正统思想的作用被中国长期的国家正统的传统进一步提升，毛泽东的角色也被列宁和斯大林的范例以及最高权力的庇护所提高。

虽然毛泽东和教条主义者都共同接受一种不加批判的具有意识形态导向性的框架，但他们在意识形态的利用方面存在巨大的分歧。至少可以区分出三种不同的教条主义错误。第一种教条主义——它从未吸引过毛泽东——是卖弄学问，就其本身而言的意识形态。这些人“仅仅把箭拿在手里搓来搓去，连声赞曰：‘好箭！好箭！’却老是不愿意放出去”[31]。这种学术上的马克思主义（1927年之后在中国开始兴盛起来）基本上与革命无关。

第二种教条主义对毛泽东来说要棘手得多，就是利用意识形态来推翻从事具体的调查和进行适当的领导的必要性。其中所暗含的假定是，由于意识形态是正确的，所以它包含了具体问题的答案。正如毛泽东所说的：“‘理论和实际联系’，在许多同志中间也是一个糊涂观念。他们天天讲‘联系’，实际上却是讲‘隔离’，因为他们并不去联系。”[32]换句话说，这些教条主义者（毛泽东称为主观主义者）并不把理论与实践的联系看做一个需要具体调查的问题，他们把它看做一个从理论中派生出来的问题。对他们来说，正确领导的问题是领导的意识形态纯洁性的问题，而不是实行适合于形势需要的领导的问题。在这个意义上理论“联系”实际事实上意味着使二者隔离开来，因为理论完全压倒了实际。这种分析使毛泽东面临着解释“追求意识形态纯洁性的领导如何是不适当的”这样一个微妙的理论任务。他在《矛盾论》中主张矛盾的特殊性是普遍的，从而绝妙地解决了这个问题。如果每一个矛盾都是特殊的，那么它的解决之道就不能从更高的矛盾的解决办法那里派生出来，因而必须对它进行具体的研究，并根据它自身的特点来加以解决。毛泽东与这种教条主义的关系在1957年确实发生了转变。一种哲学上的征兆就是他把辩证法化约为对立面的统一的规则，这个规则的变化多端的潜力很容易服务于主观主义。[33]

第三种教条主义是不愿使行动的理论框架遭受批评。在这个意义上，毛泽东也是一个教条主义者。虽然他并不从教条当中推导出实践任务，但他也不把经验作为对教条的实践批评。毛泽东能够使他的领导远离教条主义的考虑，他的做法是利用中级的实践目标作为行动的标准。例如，革命的生存与成功，后来是社会主义过渡时期在经济和组织上的要求。毛泽东可以回避从马克思那里为他做的每一件事寻找注脚的问题，因为革命的成功当然是一个马克思主义的目标，他可以根据成功的有效性来解释他的实践行为（并批评教条主义的行为）。中级目标是由意识形态予以设定的，它们为注重实效的领导提供了足够的向导——直到1957年。

但中国到1957年为止所获得的成功和苏联的麻烦留给毛泽东的仅仅是马克思主义的理想和他自己的成功经验，这种经验成为一种更为宽泛的政治领导角色的向导，也就是说，找到中国式的通往共产主义的道路。形势引诱他并驱使他进入一种革命的最高权力角色，而由马列主义的正统为他的政治思想所设置的最高限度变成了一个圈套，这个圈套随着他的实用主义努力的发展而越收越紧。无论是根据地的经验还是马列主义都没有暗示集体领导或一个有限国家是可取的，赫鲁晓夫的例子以及“大跃进”的副作用都使他确信他正带着中国在悬崖边上徘徊。他对政治领导问题的警觉使他不可能忽略由党的霸权所造成的那些新问题，但他用来解释这些问题的框架和语汇仍然是马列主义的。因此，日益恶化的党群关系被理解成为一场由个人背叛造成的阶级斗争，而不是一个要求制度性解决的组织问题。日益恶化的形势只是把意识形态霸权强化到了偏执狂的程度。

关键的问题是，为什么毛泽东对适应形势的领导方式的关注不能把他从1957年后的“左”倾错误当中解救出来。当然，在一种有限的意义上它做到了，因为一旦那些政策遭到明显失败，他就会收回这样的政策。但是，经由试错的过程，并没有逐渐接近一种普遍正确的政策。并不存在一种经验上不断修正的循环，即《实践论》中所描述每一种后来重申的政策都改进了从前的政策错误的循环，而是产生了一种失败、危机、临时退却，但最终是更为极端的干预的恶性循环。造成这种差异的原因不是毛泽东产生了新的不切实际的想法，而是在调整标准上发生了变化。毛泽东没有设定像谋求生存这样的中级实践标准，而是在一种意识形态标准下开展工作。在这种标准之下的实用主义意味着对意识形态纯洁性的改善和对资产阶级影响的消除。毛泽东仍然对理论与实践的难以解决的关系保持警觉，但现在他用意识形态的术语来定义什么是适应形势的领导方式。而由于实践形势不断恶化，对领导人提出的意识形态要求也变得越来越急迫。

如果反思一下刚刚描述过的形势，我们可以看到，毛泽东对于政治领导问题的警觉和他不加批判地运用他的马列主义意识形态框架都促成了他的“左”倾主义。如果他致力于密切联系群众的活动衰退了，那么他可能已经接受了斯大林的格言，即历史使得社会主义超越了这样的问题。如果他已经感到由外在于马列主义框架的党的霸权所造成的这些问题，那么这个问题明显的制度性特点将可能导致一种制度性的解决。甚至“大跃进”，虽然它是毛泽东主义的，但也取决于公社式的未来具有实用性这样一个假设，而对于这个未来毛泽东是作为科学的事实来加以接受的。

当然，关于一个非马克思主义的毛泽东或一个非毛泽东主义的毛泽东的假定都是不现实的。毛泽东致力于正确的政治领导和马列主义，这两者至少从1927年以来就紧密地结合在一起，而这种结合在组织上的具体化就是中国共产党。[34]但这种分析上的假定还是有用的，因为它使我们对毛泽东在何处误入歧途可以进行更为细致的判断。自鸣得意的正统派会说，毛泽东在他所提出的那些问题上误入歧途；而一种更具挑战性的观点认为，毛泽东的错误在于他在自己所提出的问题上走得还不够远。如果他能够超越阶级斗争的假定和制度的无足轻重，并且把群众的福利或中国的福利作为最终的领导标准，那么意识形态的不足可能就能够得到批评，并通过实践得以改善。不管怎么样，明显的是，一个不适当的框架所具有的连贯性，比同是这个框架的不连贯性，或一个适当的框架的连贯性更加具有破坏力。

结论：1957 年以后毛泽东的思想的理论遗产

这篇论文已经提出，毛泽东基本的政治价值和观点在他的“左”倾时期并没有改变，但他的政治活动通过与他的马列主义的意识形态发生更为直接的关系，从而迷失了方向。毛泽东的“左”倾主义并不是对于“毛泽东主义”的背离。《关于建国以来党的若干历史问题的决议》所赞扬的作为“毛泽东思想活的灵魂”的三点价值：群众路线、实事求是和独立自主，在 1957 年之后继续发挥作用。这些都是重要的价值，但毛泽东自身的经验表明它们本身并不能保证与专制的乐观主义和教条主义相对抗。只要这些价值服务于中级的实践目标，它们就能产生出有效的、注重实效的政治领导。然而，当领导的标准变成了客观主义的和不加批判的马列主义意识形态，毛泽东的警觉、连贯性和精力就会推动中国政治沿着有损于这个国家的物质福利和政治安宁的方向发展。毛泽东的“左”倾政策有大量的积极的遗产，但这些政策的中心意图是无法实现的。

后毛泽东时代对于毛泽东的“左”倾主义的主要解决之道是重新树立起一种中级的实践的政治目标。现代化对于毛泽东之后的政治具有 1957 年之前的革命胜利和社会主义改造所曾具有的同样的功能。正是一个近似的政策目标为判断特定政策的适当性设定了实践的标准。当然，中国政治在现代化的标准下与它早期在追求革命成功时一样具有创新性和灵活性，而且，正像在革命时期一样，政权的政策取决于物质利益，以及在某种程度上取决于群众的首创精神。马列主义的正统思想和中国共产党仍然处于领导地位，但正统思想的影响日益从实际政策中去掉，而共产党已经使自身受制于一种更为制度化和自我约束的规则形式。

对于重新考虑中国的意识形态框架还有一些试探性的趋向。在过去的几年里经常有人说，马克思主义并不能回答当代的所有问题，中国的理论家们在他们的思想上应该更大胆和更富创造性。廖盖隆论述党史的文章是关于这种坦诚而具有创造性的思考的一个绝佳的范例，他毫不犹豫地指出了列宁的政治思想的弱点，列宁的政治思想正是造成“文化大革命”中对阶级斗争的解释的原因。这样的理论化并没有超越马克思主义，但它不是从马克思主义的教条主义前提出发的。

于布里斯班（Brisbane）

1986 年 10 月

注　释

中文版序

［1］竹内实（Takeuchi Minoru）编：《毛泽东集》，10 卷本，东京，北望社，1983—1986。

［2］中央文献研究室：《毛泽东早期文稿》，北京，内部，1989。

［3］Stuart Schram，ed.，*Mao Zedong's Road to Power：Revolutionary Writings，1912—1949*，10 vols.（Armonk：M. E. Sharpe，1992—2003）.

［4］即《毛泽东主义之前的毛泽东》，载《史学集刊》，2001（2）（总第 83 期），85～91 页。

译者的话

［1］See Stuart Schram，“Mao Studies：Retrospect and Prospect，” *China Quarterly* 95（March 1984），pp. 95—125；Richard Levy，“Mao，Maoism and China：A Review Essay，” *Bulletin of Concerned Asian Scholars*，16：4（October-December 1984），pp. 58—62；Raymond F. Wylie，“Book Review：The Foundation of Mao Zedong's Political Thought 1917—1935”，*Journal of Asian Studies*（August 1984）.

［2］Stuart Schram，“Mao Studies：Retrospect and Prospect，” p. 108.

［3］参见杨德：《〈一九一七年至一九三五年毛泽东政治思想基础〉一书内容简介》，载《文献与研究》，1984（12），30～32 页；

《西方学术界有关毛泽东建党思想研究的一些情况》，载《文献与研究》，1986（4），55～63页；唐秀兰编译：《英美学者评沃马克著〈毛泽东政治思想的基础（1917—1935）〉》，载《中共党史研究》，1988（2），88～91页。

［4］参见唐秀兰编译：《英美学者评沃马克著〈毛泽东政治思想的基础（1917—1935）〉》，90页。

［5］See Stuart Schram, “Mao Studies: Retrospect and Prospect,” p. 109.

［6］施拉姆在他的评论文章中不同意沃马克对于他的论点的推论，认为那是一种曲解。他指出，特里尔（Ross Terrill）实际上批评他把毛泽东看做终其一生都具有一种基本的连贯性。不过，施拉姆承认，他至今仍然认为，自始至终在毛泽东的思想中都具有一些连续性的因素。参见Stuart Schram, “Mao Studies: Retrospect and Prospect,” pp. 108—109。

［7］参见唐秀兰编译：《英美学者评沃马克著〈毛泽东政治思想的基础（1917—1935）〉》，90页。

［8］比如，作者在第一章介绍毛泽东青年时代的背景时，在一个注释中说：“我不打算详细说明对于毛泽东的各种思想影响，因为几乎不可能对魏斐德（Frederic Wakeman）在《历史与意志：毛泽东思想的哲学透视》一书中关于该主题的研究再有任何改进。”

［9］不过施拉姆又指出，这种文献上的不足有可能是由于出版社方面的工作拖沓造成的，因为在当时，一本学术著作的出版花费两三年是常有的事。See Stuart Schram, “Mao Studies: Retrospect and Prospect,” p. 110.

［10］See Stuart Schram, “Mao Studies: Retrospect and Prospect,” p. 122.

导　言

［1］参见Stuart Schram, trans. and ed., *Chairman Mao Talks to the People* (New York: Pantheon, 1974)，这是一部毛泽东1949

年以后的著作集。

［2］See Brantly Womack，"Theory and Practice in the Thought of Mao Tse-tung，" in James Hsiung，ed.，*The Logic of Maoism*（New York：Praeger，1974），pp. 1—38.（参见本书附录一《毛泽东思想中的理论与实践》。——译者注）

［3］参见《十一届三中全会公报》，英文版见"Communique of the Third Plenum of the Eleventh Central Committee"，*Peking Review* 52（20 December 1978）：6—16。

［4］对于1978年运动的更为充分的讨论，见Brantly Womack，"Politics and Epistemology in China since Mao，" *China Quarterly* 80（December 1979）：768—792。

［5］参见《邓小平在军队政治工作会议上的讲话》，载《人民日报》，1978-06-03，第1～2版。

［6］那些对毛泽东之后的领导人致力于非精英主义价值表示怀疑的人都应该读一读《不能忘记鱼水关系》，载《人民日报》，1978-08-19，第2版。这篇文章讨论了党自1949年以来脱离群众的倾向。

［7］宋田章：《北京是否批毛》，载《争鸣》，第11期（1978年9月），6～7页。（由于原文难以查到，所以这里的引文及作者的姓名均系从英文转译而来。——译者注）

［8］See Hong Yung Lee，*The politics of the Chinese Cultural Revolution*（Berkeley：University of California Press，1978）.

［9］出于Carlo Schmid，教授兼德国社会民主党的领导人，见"Ein Denker in der Politik，" *Die Zeit* 50（10 December 1976）：6。

［10］《关心群众生活，注意工作方法》（1934），《毛泽东选集》，第1卷，139页，北京，人民出版社，1991。

［11］［12］Schram，*Chairman Mao Talks to the People*，p. 293.［参见《毛主席在外地巡视期间同沿途各地负责同志的谈话纪要》（1971年8月中旬至9月12日），载《"文化大革命"研究资料》（中册），555页，中国人民解放军国防大学党史党建政工教研

室编，1988。——译者注]

[13] 原文如此，疑为“二十八个半布尔什维克”。——译者注

第一章 接受马克思主义之前的毛泽东

[1] See Richard Solomon, *Mao's Revolution and the Chinese Political Culture* (Berkeley: University of California Press, 1971).

[2] See Frederic Wakeman, Jr., *History and Will* (Berkeley: University of California Press, 1973).

[3] 毛泽东所说的这些话出自埃德加·斯诺（Edgar Snow）对毛泽东所作的自传式的访谈，见 *Red Star over China* (New York: Grove Press, 1961), pp. 121—188。虽然学术研究提供了另外的信息和视角，但这些叙述仍是关于毛泽东早期职业生涯最可读的和最令人兴奋的资源。

[4] See Stuart Schram, "From the 'Great Union of the Popular Masses' to the 'Great Alliance,'" *China Quarterly* 49 (January 1972): 88.

[5] 萧三：《毛泽东同志的青少年时代》，北京，人民出版社，1949；李锐：《毛泽东同志的初期革命活动》，北京，人民出版社，1957；李锐：《青年毛泽东的思想方向》，载《历史研究》，第 1 期（1979 年 1 月），33～51 页。

[6] 这是由李锐所记录的毛泽东在弗里德里希·泡尔生（Friedrich Paulsen）的《伦理学原理》（*System der Ethik*）一书上所作的页边评注，参见李锐：《毛泽东同志的初期革命活动》，43 页。

[7] 参见萧三：《毛泽东同志的青少年时代》，7～10 页。顺便说一句，在这方面毛泽东与列宁正好相反，Maxim Gorky 这样形容列宁：“我从没遇见或认识一个人像他这样对人民的不幸、悲哀和苦难如此强烈地感到憎恨、厌恶和轻蔑。” M. Gorky, "O Lenine," *Russkii Sovremennik*, 1924/1，转引自 N. Valentinov [N. V. Volski], *The Early Years of Lenin*, trans. Rolf Theen (Ann Arbor:

University of Michigan Press，1969），p. 206。

［8］毛泽东所回忆的与此有关的一个例子，见 Snow，*Red Star*，p. 130。

［9］同上书，p. 125。

［10］《湖南自修大学倡立宣言》，见竹内实（Takeuchi Minoru）等编：《毛泽东集》（10 卷本），（东京：北望社，1971—1973）第 1 卷，82 页。

［11］我不打算详细说明影响毛泽东的各种思想，因为几乎不可能对魏斐德（Wakeman）在《历史与意志：毛泽东思想的哲学透视》一书中关于该主题的研究再有任何改进。

［12］Snow，*Red Star*，pp. 129—130.

［13］陈志让（Jerome Chen）在 *Mao and the Chinese Revolution*（London：Oxford University Press，1965）一书中勇敢地尝试叙述毛泽东青年时期的中国政治史。

［14］中国台湾除外。

［15］参见《湖南近百年大事纪述》，311 页，长沙，湖南人民出版社，1959。

［16］1920 年毛泽东卷入了一场湖南省自治的运动，并为运动撰写了几篇文章，本章的后面部分将详细讨论这些文章。毛泽东论述湖南自治的文章的中文原文由 Angus McDonald 发表在 *Hogaku Kenkyu*（法律研究）第 2 期（1972 年 2 月），90～107 页。McDonald 后来发表了这些文章的英文译文，见 "Mao Tse-tung and the Hunan Self-Government Movement，1920：An Introduction and Five Translations," *China Quarterly* 68（December 1976）：751—777。

［17］《〈湘江评论〉创刊宣言》（1919 年 7 月 14 日），见《毛泽东集》，第 1 卷，55 页。

［18］Snow，*Red Star*，p. 133.

［19］引自《五四时期期刊介绍》（北京，人民出版社，1958）所引用的一封信，见该书第 1 卷，154 页。（原文说法有误，这句话其实是向警予说的。——译者注）

［20］参见 Snow，*Red Star*，pp. 155—156；李维汉：《回忆新民学会》，载《历史研究》第 3 期（1979 年 3 月），3～24 页。

［21］原文如此。关于中共一大召开的时间在党史研究上是一桩公案，根据邵德正的说法，一大是于 4 月召开的。沃马克可能参考了邵德正的研究。——译者注

［22］这么说是因为考虑到这样一个事例，即四川共产党人于 1924 年建立了一个省级党支部，但却不知道有一个中央委员会已经存在了三年之久。见《吴玉章》（“Wu Yuchiang”），载 Anne B. Clark and Donald Klein，*Biographical Dictionary of Chinese Communism*（Cambridge：Harvard University Press，1971），vol. 2，p. 961。

［23］关于这本文集，在《五四时期期刊介绍》中有一段长达 11 页的描述，但是由于作者找不到这本文集，所以只能望洋兴叹。见该书第 1 卷，151～161 页。

［24］我在参考文献中所使用的这部著作的版本是两卷本的第三版（Berlin：Wilhelm Hertz，1894）。在第三版中有一些章节更换了标题，蔡元培对这些标题的翻译表明他所使用的是后来的标题。从李锐引用的风格及所给出的页码标注，我猜想蔡元培的翻译不会比“Book Two：Basic Concepts and Questions of Principle”（vol. 1，pp. 145—429）的内容多出很多。但是，我还没有看到中文译文。对泡尔生哲学的总的看法，见 Wakeman 的 *History and Will*，pp. 195—206，以及 Paul Fritsch，*Friedrich Paulsen Philosophischer Standpunkt*，vol. 17 of *Abhandlungen zur Philosophie und ihrer Geschichte*，ed. R. Falchenberg（Leipzig：Quelle und Meyer，1911）。

［25］这篇著作的大部分内容可以在 Stuart Schram 的 *Political Thought of Mao Tse-tung*（New York：Praeger，1969）中找到。Schram 还完成了该文的完整而华丽的法文翻译，见 Mao Zedong，*Une Étude de l ‘Éducation Physique：Article troduit et presenté par Stuart R. Schram*（Paris：Mouton，1962）。

［26］《毛泽东集》，第 1 卷，53～55 页。《湘江评论》仅正式出

版了四期。第五期就被湖南军阀张敬尧查禁了。

［27］《民众的大联合》，《毛泽东集》，第 1 卷，57～69 页。Stuart Schram 对该文所作的英文翻译，见 *China Quarterly* 49 (January 1972)：76—87。

［28］参见李锐：《毛泽东同志的初期革命活动》，38～44 页；李锐：《青年毛泽东的思想方向》，45 页。

［29］See Paulsen，*Ethik*，vol. 1.

［30］Fritsch 的一个观点，参见 *Paulsen*，pp. 14，30。

［31］毛泽东的旁注多达 12 000 字（泡尔生的著作一共 100 000 字），书中的下划线也很丰富。毛泽东在 1950 年说："我们当时学的尽是一派唯心论，偶然看到像这本书上的唯物论的说法，虽然还不纯粹，还是心物二元论的哲学，已经感到很深的趣味，得了很大的启示，真使我心向往之了。"见周士钊：《第一师范时代的毛主席》，载《新观察》2（2）（1951 年 1 月 25 日），12 页。我们可能还记得，马克思在《论费尔巴哈》第 1 卷中表明了一种相似的对于唯心主义的尊敬。

［32］原文为 1958 年，但李锐为毛泽东所写的传记系于 1957 年出版。——译者注

［33］参见李锐：《毛泽东同志的初期革命活动》，42 页。

［34］同上书，43 页。

［35］毛泽东在体育方面的努力，以一种适当的方式收到了满意的效果：第一师范学校在 1917 年的全省体育比赛中获得了 60 多块奖牌。

［36］这篇文章重新刊印在《毛泽东集》第 1 卷，35～47 页上。此外，还印行了一个原始文本的影印本，并配以施拉姆的法文翻译。这一影印本比《毛泽东集》的版本更好用，因为它保存了毛泽东所做的大量的重点标记。施拉姆教授的英文和法文译文在我翻译这篇著作的引用部分时帮助极大，他的法文翻译的导论包含了大量相关的背景信息。

［37］《毛泽东集》，第 1 卷，41 页；Schram，*Political Thought*，

p. 158。

［38］《毛泽东集》，第 1 卷，35 页。

［39］同上书，39 页。

［40］参见《毛泽东选集》，第 3 卷，1101～1104 页。

［41］萧三和李锐都曾描述过这些活动。

［42］Snow，*Red Star*，p. 145.

［43］张国焘：《我的回忆》，第 1 册，19 页，北京，东方出版社，1998。英文版见 Chang Kuo -t'ao，*The Rise of the Chinese Communist Party，1921—1927*，vol. 1 of Autobiography of Chang Kuo-t'ao (Lawrence：University of Kansas Press，1971)，p. 17。

［44］参见《毛泽东集》，第 1 卷，49～51 页。

［45］同上书，53 页。

［46］《五四时期期刊介绍》，第 1 卷，146～147 页。

［47］本章译为"democracy"的词汇在中文里是"平民主义"，该词更通常被英译为"populism"。但毛泽东在第一次使用该词时，在括号里附注的对应词是"兑莫克拉西"（democracy 的中文音译），并注明"一作民本主义，民主主义，庶民主义"，因此我倾向于毛泽东的译法而不是标准的译法。

［48］《毛泽东集》，第 1 卷，54 页。

［49］李锐：《毛泽东同志的初期革命活动》，42 页。

［50］参见《五四时期期刊介绍》，第 1 卷，150 页。

［51］《毛泽东集》，第 1 卷，58 页；Schram，"The Great Union of the Popular Masses，" *China Quarterly* 49（January 1972)：77，84。

［52］参见上书，68～69 页；Schram，"Great Union，" pp. 86—87。

［53］See "Zur Kritik der Hegelschen Rechtsphilosophie：Einleitung，" in *Marx-Engels Werke*（Berlin：Dietz，1972），vol. 1，pp. 390—391. 马克思从德国社会的特殊苦难和落后状况中，推导出它具有激进革命的潜力（p. 387)，并总结道：德意志的解放就是全

人类的解放（p. 391）。

［54］《毛泽东集》，第 1 卷，57 页；Schram，“Great Union，” p. 76。

［55］同上书，69 页；Schram，“Great Union，” p. 87。

［56］See Schram，“From the ‘Great Union’ to the ‘Great Alliance，’” p. 94.

［57］McDonald，“Chinese Texts，” p. 100； “Translations，” p. 769. ［《湖南建设问题的根本问题——湖南共和国》（1920 年 9 月 3 日），《毛泽东早期文稿》，504 页，长沙，湖南出版社，1990。——译者注］

［58］《毛泽东集》，第 1 卷，59～60 页；Schram，“Great Union，” pp. 78—79。

［59］Solomon，*Mao's Revolution*，p. 184.

［60］张国焘与大多数无政府主义者一起创建北京共产党的核心组织时所遇到的困难，差不多相当于一个幽默故事。参见《我的回忆》，第 1 册，104～109 页，英文版见 *Autobiography*，vol. 1，pp. 110—113；又见 Wolfgang Bauer，*China und die Hoffnung auf Glück*（Munich：Carl Hanser，1971），p. 489。

［61］江群：《无政府主义之解剖》，载《共产党》第 4 期（1923 年 5 月 7 日），14 页。Keio 缩微胶片集，第 1 盘。（由于原文难以查到，所以这里的引文以及作者姓名均系从英文转译而来。——译者注）

［62］毛泽东提到“贫富的阶级”以及“强弱的阶级”（59 页），但他们没有被看做群众联合的基本单位。

［63］See Snow，*Red Star*，p. 147. 我的意思不是说，这种看法是怀有偏见的——这种混合是内在连贯的，而非表面上的。

［64］Roxanne Witke 在她的文章中翻译了这些片断的许多内容，见“Mao，Woman and Suicide in the May Fourth Era，” *China Quarterly* 31（July-September 1967）：128—147。

［65］《〈中国农村的社会主义高潮〉按语》。

［66］See McDonald，“Chinese Texts，” pp. 90—107；“Translations.”

［67］McDonald，“Chinese Texts，” 英文摘要，见 p. 105。

［68］《自治运动与社会革命》，载《共产党》第 3 期（1921 年 4 月 7 日），8 页。Keio 缩微胶片集，第 1 盘。（由于原文难以查到，这里的引文是译者根据英文转译的。——译者注）

［69］《五四时期期刊介绍》，第 1 卷，156 页。转引自《新民学会会员通信集》，第 2 卷。

［70］Snow，*Red Star*，pp. 154—155.

［71］《文化书社组织大纲》，《毛泽东集》，第 1 卷，71 页。

［72］参见上书，77 页。第一期报告是关于书社的建立。印刷部出版了由毛泽东编辑的三卷本《新民学会会员通信集》。

［73］See Robert Owen，*A New View of Society*（London：Everyman，1963），pp. 7—10.

［74］Han Suyin，*The Morning Deluge*（Boston：Little，Brown，1972），p. 101.

［75］《毛泽东集》，第 1 卷，81 页。

［76］参见上书，82～83 页。

［77］同上书，84 页。

［78］李锐指出了一种反击，见《毛泽东同志的初期革命活动》，154 页。

［79］参见《毛泽东集》，第 1 卷，37，41，61～62 页。

［80］该词也曾用于《民众的大联合》（同上书，58～59 页）一文当中，但只是一般地加以使用。

［81］同上书，83 页。同样作为一个排他的压迫群体的阶级概念在毛泽东于 1964 年提到的“官僚阶级”中重新出现。这个灵活的、非经济的阶级概念成为对“四人帮”的政治分析的中心问题。见 Tang Tsou，“Mao Tse-tung Thought，the Last Struggle for Succession，and the Post Mao Era，” *China Quarterly* 71（September 1977）：498—527，尤见 pp. 506—510。

［82］对于“排他的”，我的意思是把它界定为反对一个更大的

群体。毛泽东是在工人夜校的广告中最接近一个排他的参照群体的。在那里，他向可能的入学者解释“我们学生”的动机。但是，毛泽东尽其所能地通过使用一种提问—回答的格式来使这一计划与工人对其自身利益的理念相一致。而且夜校的直接目的就是消除工人与学生之间的主要障碍——识字。

[83] 参见《体育之研究》，《毛泽东集》，第1卷，35页；McDonald, “Chinese Texts,” p. 99。

[84]《五四时期期刊介绍》，第1卷，152页。

[85] 《毛泽东集》，第1卷，76页。相似的情况，见McDonald, “Chinese Texts,” pp. 99—100，以及《湖南自修大学倡立宣言》，同上书，84页。

[86]《五四时期期刊介绍》，第1卷，152页。

[87] 参见《〈湘江评论〉创刊宣言》，《毛泽东集》，第1卷，54页；《湖南自修大学倡立宣言》，同上书，82～83页。

[88] McDonald, “Chinese Texts,” p. 100; “Translations,” p. 772. [《再说“促进的运动”》(1920年9月28日)，《毛泽东早期文稿》，522页。——译者注]

[89]《毛泽东集》，第1卷，41页；Schram, *Political Thought*, p. 158。黑体为原文所加。

第二章　毛泽东、共产党与国民革命（1923—1927）

[1] 参见《〈新时代〉发刊词》，见《毛泽东集》，第1卷，85页。

[2] 参见《五四时期湖南人民反帝反封运动报刊记叙辑录之三》，见《湖南历史资料》第4辑（1959年），76～77页。

[3] 就毛泽东而言，这是一个有意图的组织战略。参见李维汉：《回忆新民学会》，14页。

[4] 同上书，18页。

[5] 创建俄罗斯研究会的一个令人感兴趣的理由，见殷波（彭晃）（人名均为音译。——译者注）：《对于发起俄罗斯研究会的感

言》，载《湖南大公报》，1920-08-27；收入《湖南历史资料》第4辑（1959年），87～90页。

［6］萧瑜这个名字更为人所知。见 Snow，*Red Star*，p.144。毛泽东在1934年谴责他从北京故宫博物院盗窃；可能萧瑜对毛泽东的报复就是他的书 *Mao Tse-tung and I Were Beggars*（New York：Collier，1959）。

［7］最长的原文摘录由施拉姆翻译，见 *Political Thought*，pp.296—298。第一个评论见《五四时期湖南人民反帝反封运动报刊记叙辑录之三》，74～85页，第二个评论见《五四时期期刊介绍》，第1卷，151～161页。

［8］《五四时期湖南人民反帝反封运动报刊记叙辑录之三》，83页。（由于原文难以查到，所以这里的引文系从英文转译而来。——译者注）

［9］吴协：《我为什么主张共产党主义?》，载《共产党》第4期（1921年5月7日），24页。Keio缩微胶片集，第1盘。（由于原文难以查到，所以这里的引文和作者姓名系从英文转译而来。——译者注）

［10］孙铎：《中国国民运动之过去及将来》，载《前锋》第1期（1923年7月1日），8～9页。Keio缩微胶片集，第1盘。（由于原文难以查到，所以这里的引文和作者姓名系从英文转译而来。——译者注）

［11］关于这种对比，见孙铎（音）《中国国民运动之过去及将来》，2页。

［12］在《共产党》前几期中，草率理解马克思主义的一个表现是，在恩格斯名字的汉字之后应当标注的"Engels"被拼写成了"Eongeles"——顺便说一句，在同一篇文章中，克鲁泡特金（Kropotkin）的名字却被拼写对了（第4期，14页）。中国当时的社会结构被描述为资本主义结构（26页）。

［13］例如，《本报露布》，载《前锋》第1期（1923年7月1日），1页。

［14］参见张国焘：《我的回忆》，第 1 册。英文版见 Zhang Guotao，*Autobiography*，vol. 1。

［15］关于这些活动以及这些活动对于湖南的意义，在 Angus McDonald，*Urban Origins of Rural Revolution*（Berkeley：University of California Press，1978）中有细致的描述。

［16］See Maurice Meisner，*Li Ta-chao and the Origins of Chinese Marxism*（Cambridge：Harvard University Press，1967），pp. 180，188.

［17］参见《英国人与梁如浩》，载《向导》第 38 期（1923 年 8 月 29 日），收入《毛泽东集》，第 1 卷，93～95 页；《"省宪经"与赵恒惕》，载《向导》第 36 期（1923 年 8 月 15 日），收入《毛泽东集》，第 1 卷，91～92 页。

［18］参见孙铎（音），《中国国民运动之过去及将来》，4 页。

［19］"语言游戏"这种表达法出自维特根斯坦（Ludwig Wittgenstein）的哲学，指的是语词使用、行为以及在社会生活中理解世界，这三者准制度性的统一。See Karl Otto Apel，*Hermeneutik und Ideologiekritik*（Frankfurt：Suhrkamp，1973），p. 8n.

［20］《北京政变与商人》，《毛泽东集》，第 1 卷，87～90 页。这一期《向导》的每一篇文章开头都是"北京政变与……"。

［21］这种强制实行的机制是另一篇文章《纸烟税》（原载《向导》第 38 期，1923 年 8 月 29 日）的主题。参见上书，97～98 页。

［22］同上书，88 页。

［23］同上。

［24］参见《纸烟税》，同上书，97 页。

［25］即《资产阶级的革命与革命的资产阶级》，载《向导》第 22 期（1923 年 4 月 25 日）。在《关于毛泽东同志在第一次国内革命战争时期的两篇著作》（北京，人民出版社，1953）这本书中，张如心把陈独秀的文章与毛泽东的《中国社会各阶级的分析》和《湖南农民运动考察报告》作了比较，从而说明陈独秀的机会主义和毛泽东革命的马克思主义思想之间的区别。当然这对陈独秀是极

大的不公平，因为他的文章是在毛泽东的文章的 3 年前所写的。但与毛泽东论述同一问题的文章相比，陈独秀的风格是作一种更严格区分的阶级分析，并对群众活动加以节制或控制。

[26] 对此的解释，见《中国国民党第一次全国代表大会宣言》（1924 年 1 月 30 日），收录在 *The Kuomintang: Selected Historical Documents, 1894—1969*, ed. Milton Shieh (Baltimore: St. John's University Press, 1970), pp. 75—86。

[27] 例如，冯玉祥的国民军和由老国民党员组成的反共的西山会议派，都认同这个目标。关于西山会议派的反帝国主义，参见 Tang Leang-li, *The Inner History of the Chinese Revolution* (New York: Dutton, 1930), pp. 230—231。

[28]《资产阶级的革命与革命的资产阶级》，164 页。陈独秀在这里试图说明的内容，可以用主要矛盾和次要矛盾的术语来更好地进行阐述。

[29] 参见陈独秀：《中国国民革命与社会各阶级》，载《前锋》第 2 期（1923 年 12 月），1～9 页。

[30] 陈独秀没能指出，由于帝国主义的渗透，在一个未独立的国家里，无产阶级可能比民族资产阶级发展得快。越南人用这种分析论证了在他们的民族革命中早期无产阶级领导地位的正当性。See Le Duan, "Hold High the Revolutionary Banner of Creative Marxism" (1963), in *Le Duan Selected Works* (Hanoi: Foreign Languages Press, 1977), pp. 66—67.

[31]《汪陈联合国共合作到底》，载《晨报》，1927-04-06；见 *Gendai Shina no kiroku*（《现代中国档案选集》），April, 1927。Keio 缩微胶片集，第 13 盘。

[32] 参见《新民主主义论》，《毛泽东选集》，第 2 卷，662～711 页。

[33] 关于毛泽东后来在统一战线中的政治活动的完整的研究，见 Lyman Van Slyke, *Enemies and Friends: The United Front in Chinese Communist History* (Stanford: Stanford University Press,

1967)。

[34] 参见《中国列宁——毛泽东》，见林轶青编：《中国的红星》，145～152 页，上海，新中国出版社，1937。

[35] 《〈政治周报〉发刊理由》，载《政治周报》，第 1 期，1925-12-12；《毛泽东集》，第 1 卷，111 页。

[36] 参见《向左还是向右?》，载《政治周报》，第 2 期，1925-12-13；《毛泽东集》，第 1 卷，127～128 页。

[37] 源于 1925 年 5 月 30 日上海国际租界的警察枪杀示威者，引发了“五卅运动”，这也是反帝情感和反帝组织的一次主要高潮，并在 1925—1926 年的省港大罢工当中达到顶点。

[38] 也许第二阶段将会有点复杂，因为可以预期吴佩孚和孙传芳将为分赃而起争执。参见《中国国民党之反奉战争宣传大纲》，《毛泽东集》，第 1 卷，102 页。

[39]《毛泽东集》，第 1 卷，105 页。

[40]《三三三一制》，载《政治周报》，第 1 期，1925-12-12；《毛泽东集》，第 1 卷，113 页。

[41] 孙中山（逸仙）逝世于 1925 年 3 月 12 日，当时冬天未尽，所以作者说“1925 年冬天孙中山逝世”。——译者注

[42] 《右派的最大本领》，载《政治周报》，第 3 期，1925-12-20；《毛泽东集》，第 1 卷，140 页。

[43]《毛泽东集》，第 1 卷，139 页。

[44] 这种过分的强调在最近已经得到热心的纠正，见 Roy Hofheinz, *The Broken Wave* (Cambridge: Harvard University Press, 1977)。关于早期农民运动最好的著作，是彭湃自己对于他在海陆丰的活动的说明，见 *Seeds of Peasant Revolt: Report on the Haifeng County Peasant Movement*, trans. D. Holoch, East Asia Papers no. 1 (Ithaca: Cornell University, 1973)。

[45] Snow, *Red Star*, p. 160.

[46] 参见王首道：《革命的摇篮》，载《历史研究》第 4 期（1977 年），60～61 页。

［47］张国焘：《我的回忆》，第 1 册，293 页。英文版见 Zhang Guotao，*Autobiography*，vol. 1，p. 308。

［48］参见 Peng Pai，*Seeds of Peasant Revolt*；陈独秀：《中国农民问题》，载《前锋》，第 1 期，1923 - 07 - 01，51～57 页。Keio 缩微胶片集，第 1 盘。

［49］即《告中国的农民》，载《共产党》第 3 号，1921 - 04 - 07，3～7 页。

［50］同上书，6 页。

［51］同上书，3 页。

［52］参见陈独秀：《中国农民问题》，55 页。

［53］See James Harrison，*The Long March to Power*（New York：Praeger，1972），p. 61.

［54］参见《全国农民概观》，最早载于《中国农民问题》，并被收录于一部内容丰富的文集：《第一次国内革命战争时期的农民运动》，北京，人民出版社，1953。

［55］参见《第一次国内革命战争时期的农民运动》，20～32 页。又见王首道：《革命的摇篮》。

［56］《中国农民中各阶级的分析及其对于革命的态度》，载《中国农民》第 1 期（1926 年 1 月）；收入《毛泽东集》，第 1 卷，153～159 页。

［57］同上书，156 页。

［58］同上书，154 页。

［59］我们可以推测，"军阀军事力量建立在地主经济权力的基础之上"，是一本已经遗失的、毛泽东在这一时期所写的小册子的主题，关于这本小册子《赵恒惕的阶级基础和我们面临的任务》，参见 Snow，*Red Star*，p. 161。

［60］《中国社会各阶级的分析》，载《中国农民》第 1 卷，第 2 期（1926 年 2 月）；《毛泽东集》，1 卷，161～173 页。《毛泽东选集》第 1 卷的第一篇文章是该文的一个简写本。

［61］《毛泽东集》，第 1 卷，161 页。

［62］《毛泽东集》，第 1 卷，162 页。

［63］同上。

［64］《国民革命与农民运动》，是为《农民问题》丛刊所写的序；该文还发表在《农民运动》第 8 期（1926 年 9 月 21 日）上；《毛泽东集》，第 1 卷，175～179 页。

［65］《毛泽东集》，第 1 卷，175 页。

［66］同上书，176 页。

［67］这种论辩模式的第一个例子出现在《体育之研究》中，在那篇文章中毛泽东争辩说，德育、智育和体育是相互联系的，但体育是基础。这种模式对于毛泽东 1956 年《论十大关系》的讲话产生了决定性的影响。

［68］最初这本书拟定的范围可能更加广泛，既包括人为（帝国主义、地主等等）造成的压迫问题，也包括自然（干旱、疾病、虫害等等）造成的压迫问题。即使第二类问题最终被排除在外，毛泽东还是强调，甚至在第一类问题被解决之前，也要对这类问题给予积极的关注。

［69］《毛泽东集》，第 1 卷，177 页。

［70］See Martin Rein，*Social Science and Public Policy*（New York：Penguin，1976），p. 86.

［71］《毛泽东集》，第 1 卷，177 页。

［72］参见 *KMT Documents*，pp. 120，123—124；张国焘：《我的回忆》，第 2 册，210～211 页，英文版见 Zhang Guotao，*Autobiography*，vol. 1，pp. 599—600。

［73］根据 Tang Leang-li 的说法，这种方式早在 1921 年就被引进广东（*Inner History*，p. 139）。但是，迟至 1926 年 11 月，湖南农民运动还没有建议县长应选举产生（《毛泽东集》，第 1 卷，193 页）。

［74］See *KMT Documents*，p. 131.

［75］《向导》，第 184 期，“读者之声”栏目，1927－01－21，1957 页。

［76］具有讽刺意味的是，这一评论出自陈独秀的一篇短文：《广东农民与湖南农民》，载《向导》，第48期，1923-12-12，368页。这篇短文论述的是1923年彭湃在海丰的努力中所遭遇的挫折。

［77］张国焘：《我的回忆》，第2册，209页；英文版见Zhang Guotao，*Autobiography*，vol. 1，p. 598。

［78］参见《毛泽东同志主办的中央农民运动讲习所》，载《历史研究》第5期（1977年），26～27页。

［79］对这种反击的细节描述，见舒坚（音译）：《广东农民运动最近状况》，载《向导》，第185期，1927-01-27，1927～1974页。

［80］《广东农民运动概况》，见《第一次国内革命战争时期的农民运动》，39页。

［81］参见上书，17～19页。

［82］参见史锋：《方志敏》，15～22页，上海，上海人民出版社，1975。

［83］由于5月21日被称作"马日"，这一事件就叫做"马日事变"。参见《大革命时期毛主席在武汉》，载《历史研究》第5期（1977年），24页。

［84］在第一届也是惟一的一届中央农民运动讲习所里，一共有800多名学员（大约180名农民，40名"农民武装负责人"，140名做过农民运动工作的农民觉悟分子，40名工人和400名学生）。这届讲习所于1927年3月7日开始，到1927年6月18日结业。见《毛泽东同志主办的中央农民运动讲习所》。

［85］参见《毛泽东集》，第1卷，201～205页；《毛泽东同志主办的中央农民运动讲习所》，31页。

［86］《毛泽东集》，第1卷，205页。

［87］同上书，17页。

［88］同上书，205页。

［89］参见上书，207～248页；《毛泽东选集》第1卷，12～44页。

［90］参见《大革命时期毛主席在武汉》，19 页。

［91］参见上书，19 页；又见 Hofheinz，*The Broken Wave*，pp. 310—311。

［92］关于《毛泽东选集》的修改，最好的讨论是 Jerome Chen 论述“毛泽东的写作风格”（“Mao's Literary Style”）的论文，见 Chen，*Mao Papers*（London：Oxford University Press，1970），pp. xv—xxxi。

［93］《革命同志》，《毛泽东集》，第 1 卷，208、212 页；《革命党》，233 页；《革命派》，212 页。

［94］《毛泽东集》，第 1 卷，207～208 页。在原文允许的情况下，我尽可能地遵循《毛泽东选集》英文版的翻译。

［95］但是，应当指出的是，毛泽东并没有假定他在农民事务上无所不知。虽然很明显他期待合作社的普及能够成为乡村重建的一个基础部分，但他确实只是指出了它们的潜力，因为它们的实验才刚刚开始。

［96］这一用语以及在报告中普遍缺乏历史参考资料，与李大钊 1926 年早期的《土地与农民》一文形成有趣的对比。在李大钊的文章中，重点是强调当前中国农民的反抗所伴随的动荡与太平天国起义所伴随的动荡之间的连续性。参见《李大钊选集》，523～536 页。

［97］《毛泽东集》，第 1 卷，212 页。

［98］同上书，213 页。

［99］同上书，219 页。

［100］See Hofheinz，*The Broken Wave*，pp. 34—53.

［101］《毛泽东集》，第 1 卷，249 页。“叶公好龙，见汉朝刘向所作《新序·杂事》：‘叶公子高好龙，钩以写龙，凿以写龙，屋室雕文以写龙。于是天龙闻而下之，窥头于牖，施尾于堂。叶公见之，弃而还走，失其魂魄，五色无主。’”《毛泽东选集》，第 1 卷，42 页，及注释 27。

［102］同上书，295 页。

［103］参见 Peter Lösche: *Der Bolschewismus im Urteil der deutschen Sozialdemokratie*（Berlin: Colloquium Verlag，1967），尤其是 269～270 页。德国和中国在接受布尔什维主义上的另一个相似之处是凡尔赛和会的作用："由于《凡尔赛条约》所提出的苛刻条款而对西方议会制民主失去信心的（德国）知识分子和文人，不加批判地就在情感上转向俄国苏维埃，从而为后来德国共产党的布尔什维克化准备了基础。"（同前，272 页）

［104］参见上书，250～257 页。

［105］卢卡奇（Georg Lukacs）的用语，柯尔施（Karl Korsch）在对卢卡奇论述列宁的一本书的评论中，曾赞许地加以引用。见 K. Korsch，*Die materialistische Geschichtsauffassung*（Frankfurt: Europäische Verlagsanstalt，1971），p. 149。

［106］See Georg Lukacs，*Geschichte und Klassenbewusstsein*（Berlin: Malik，1923），pp. 298—342.

［107］*Geschichte und Klassenbewusstsein*，p. 335.

［108］Georg Lukacs，*Geschichte und Klassenbewusstsein*（Berlin: Malik，1923），p. 327.

［109］"党所有力量的真正完全的集中，将自然而然地由于其内在的动力而推动党朝着活跃和主动（activity and initiative）的方向前进。"（*Geschichte und Klass enbewusstsein*，p. 334）

［110］Karl Korsch，*Revolutionary Theory*，ed. Douglas Kellner（Austin: University of Texas Press，1977），该书提供了一个出色的导论，以及对柯尔施（Korsch）原作的有代表性的摘选。

［111］Antonio Gramsci，*The Modern Prince and Other Writings*（New York: International Publishers，1957).

［112］"The Southern Question"（1926），*The Modern Prince and Other Writings*，pp. 30—31.

［113］Lukacs，*Geschichte undKlassenbewusstsein*，p. 300.

［114］最明显的是他在《〈湘江评论〉创刊宣言》（《毛泽东集》，第 1 卷，54 页）和《民众的大联合》（《毛泽东集》，第 1 卷，

59 页）中不赞成暴力政党，以及他关于《中国农民中各阶级的分析及其对于革命的态度》（《毛泽东集》，第 1 卷，154～156 页）一文中对于小地主和富裕的自耕农的观点的特性描述。另外一个矛盾是他在 1923 年对商人的革命作用的评价，以及在 1926 年把关注的焦点转向农民两者之间的矛盾。

[115] 参见《〈湘江评论〉创刊宣言》，《毛泽东集》，第 1 卷，54 页。《体育之研究》在文章结尾处介绍的那套练习方法是基于同样的考虑。

第三章　农村革命（1927—1931）

[1] 对于第二有趣的根据地，即方志敏所在的江西东北角的根据地（闽浙赣根据地）的一个简短描述，见 Ilpyong Kim，*The Politics of Chinese Communism*（Berkeley：University of California Press，1973），pp. 40—46。又见史锋：《方志敏》。

[2] 参见《中共“八七”会议告全党党员书》，见胡华编：《中国新民主主义革命史参考资料》，217 页，北京，中国图书发行公司，1951。

[3] 原文见胡华编：《中国新民主主义革命史参考资料》，191～223 页。文件见 C. Brandt，B. Schwartz，and J. K. Fairbank，*Documentary History of Chinese Communism*（Cambridge：Harvard University Press，1952），pp. 102—118。

[4] Roy Hofheinz 对此作了叙述，见“The Autumn Harvest Uprising，” *China Quarterly* 32（October-December 1967）：37—87；又见刘星（音译）：《秋收起义前后的片断回忆》，见《中国共产党在江西地区领导革命斗争的历史材料》，第 1 卷，57～61 页；又见《湖南近百年大事纪述》，536～540 页。

[5] 参见《湖南近百年大事纪述》，540 页。

[6] 从 1927 年 10 月到 1928 年 3 月的“宁汉战争”。见《湖南近百年大事纪述》，542～544 页。

[7]《毛泽东选集》，第 1 卷，78 页。

［8］参见《中国共产党第六次全国代表大会文件》，见胡华编：《中国新民主主义革命史参考资料》，234 页。另见 Brandt，Schwartz，and Fairbank，*Documentary History*，pp. 127—155。

［9］See Chen，*Mao*，p. 153.

［10］全中国都注意到这种共产主义的复兴。参见《中国共产党的命运》，载《天津大公报》，1930－05－31。收于 *Gendai Shina no Kiroku*（《现代中国档案》），1930 年 6 月。Keio 缩微胶片集，第 21 盘。

［11］《湘赣边界各县党第二次代表大会决议案》，《毛泽东集》，第 2 卷，15～23 页；《毛泽东选集》，第 1 卷，47～56 页。

［12］《井冈山前委对中央的报告》，《毛泽东集》，第 2 卷，25～66 页；《毛泽东选集》，第 1 卷，57～84 页。

［13］参见《毛泽东集》，第 2 卷，16 页；John Rue，*Mao Tse-tung in Opposition*（Stanford：Stanford University Press，1966），p. 149。

［14］如果承认派系政治的盛衰沉浮，那么许多领导人的坚挺就比他们的流转更引人注目。比如：段祺瑞、吴佩孚、冯玉祥。

［15］《毛泽东集》，第 2 卷，54 页。

［16］原文是 center，翻译中根据上下文的需要而灵活地译为“中心”或“中央”。——译者注

［17］参见 Edward Shils，“Center and Periphery,” 载于他的 *The Logic of Personal Knowledge*（London：Routledge and Kegan Paul，1961）。但是，Shils 几乎单独强调了中心。在我对中心和边缘的相互依赖的分析背后是黑格尔的自在之物（Ansichsein）和自觉之物（Fürsichsein）的概念。

［18］Philip Kuhn，“Local Self-Government under the Republic,” *Conflict and Control in Late Imperial China*，ed. F. Wakeman and C. Grant（Berkeley：University of California Press，1975），pp. 257—298.

［19］《毛泽东集》，第 2 卷，65 页。

[20]《毛泽东集》，第2卷，65页。

[21] 参见上书，81～82页。

[22] See Kuo，*Analytical History*，vol. 2，pp. 41，43.

[23]《毛泽东选集》，第1卷，103～104页。

[24] 参见《毛泽东给袁国平的信》(1932年)，《毛泽东集》，第3卷，95～97页。

[25]《给林彪同志的信》，《毛泽东集》，第2卷，127～141页；《毛泽东选集》，第1卷，97～108页。

[26] 见由Kuo在*Analytical History*，vol. 2，pp. 38—43当中提供的那些1930年4月的信件。张国焘介绍说，这时根据地在财政上是支持李立三的。见《我的回忆》，第2册，482页，英文版见*Autobiography*，vol. 2，p. 166。

[27]《毛泽东集》，第2卷，129页。

[28]“今王发政施仁，使天下仕者皆欲立于王之朝，耕者皆欲耕于王之野，商贾皆欲藏于王之市，行旅皆欲出于王之涂，天下之欲疾其君者皆欲赴愬于王。其若是，孰能御之?”见《孟子》，卷一，梁惠王章句上，七。英文译本见*Mencius*，bk. 1，pt. 1，chap. 7 : 18；trans. James Legge (New York：Dover，1970)，pp. 146—147。毛泽东主义的典范：对敌军的宣传最有效的就是释放俘虏、医治敌方伤兵两事（《毛泽东集》，第2卷，44页）；红军纪律是一种对群众的实际宣传（同上书，105页）。

[29] 参见《毛泽东集》，第2卷，130页。

[30] 同上书，132页。

[31] 参见上书，16页。

[32] 最早的和最典型的用法是在《中国农民中各阶级的分析及其对于革命的态度》(1926年)，《毛泽东集》，第1卷，155页。其中他把中国中产阶级的态度描述成矛盾的，因为它既反对帝国主义，也反对共产主义。其他的例子，见《毛泽东集》，第1卷，164页，和《毛泽东集》，第2卷，13页。

[33]《共产党宣言》，第4节。

［34］修正主义者的代言人是伯恩斯坦（Eduard Bernstein）；激进立场最值得注意的思考是列宁的《怎么办?》。

［35］See Robert Michels, *Political Parties* (New York: Free Press, 1962)，最早于1915年出版。

［36］在当时的争论中，对“资产阶级”和“修正主义者”这样的词汇的模糊用法，可以被认为是最初接受布尔什维克有关背离的话语体系的派生物。

［37］《毛泽东集》，第2卷，41页。

［38］同上。

［39］同上书，246页。

［40］毛泽东记录道：兴国县永丰区40%的村一级和区一级的官员是中农；参见上书，218页。

［41］See William Skinner and Edwin Winckler, "Compliance Succession in Rural China," in Amatai Etzioni, ed., *A Sociological Reader in Complex Organizations*, 2ed. (New York: Holt, Rinehart, and Winston, 1969), pp. 410—438. 这种观点受到Andrew Nathan的攻击，见“Policy Oscillations in the PRC: A Critique”，并由Winckler作了辩护，见“A Reply”，均载于*China Quarterly* 68 (December 1976): pp. 720—733, 734—750。服从（Compliance）是Amatai Etzioni, *A Comparative Analysis of Complex Organizations* (New York: Free Press, 1961) 一书的主旨。

［42］See Skinner and Winckler, "Compliance Succession," p. 428.

［43］这也是越南民族解放阵线的基本组织。见William Andrews, *The Village War* (Columbia: University of Missouri Press, 1973), p. 105。

［44］即《中国共产党红军第四军第九次代表大会决议案》，《毛泽东集》，第2卷，77～126页。第一部分在《毛泽东选集》第1卷，85～96页中名为《关于纠正党内的错误思想》。这次大会在福建省西部的古田召开。

［45］《毛泽东集》，第2卷，51页。

［46］《毛泽东集》，第 2 卷，52 页。

［47］同上书，51 页。

［48］同上书，79 页。

［49］同上书，81 页。

［50］同上书，90 页。

［51］实际上，《毛泽东选集》删除了这部分内容。

［52］参见《毛泽东集》，第 2 卷，113 页。

［53］See Rue，*Mao Tse-tung in Opposition*，p. 193.

［54］See Philip Huang，"Intellectuals，Lumpen-proletarians，Workers，and Peasants in the Communist Movement：The Case of Xingguo County，1927—1934，"未刊稿，1976 年 7 月。

［55］See Hsiao Tso-liang，*Power Relations*，vol. 1，pp. 110—111.

［56］《毛泽东集》，第 2 卷，145 页。

［57］如果毛泽东没有在前言中指出这一点的话，我将不会对李家坊的重要性留下深刻印象。

［58］参见《毛泽东集》，第 2 卷，155～160 页。

［59］同上书，第 2 卷，185～252 页。这个长篇调查可能是未被翻译的、毛泽东在 1935 年以前时期的著作中最为重要的一篇。现有的一个摘要，见 Brantly Womack，"The Foundations of Mao Tse-tung's Political Thought"（政治学专业博士论文，芝加哥大学，1977），第 3 章。

［60］同上书，185 页。

［61］同上书，185 页。我所指的这种模式可以从孔子那里得到最好的说明："古之欲明明德于天下者，先治其国；欲治其国者，先齐其家；欲齐其家者，先修其身；欲修其身者……"［《大学》，经一章，大学之道。英文译本见 *The Great Learning* 1：4；Legge，*Analects*，*Great Learning*，*and Doctrine of the Mean*（New York：Dover，1971），pp. 357—358］。毛泽东的论证关心的是相似性而不是道德上的因果关系，但对于模范所发挥的功能（经验的或道德的）来说，规模问题的无足轻重是类似的。

［62］《农村调查序言》（《毛泽东集》，第 2 卷，289～292 页；参见《毛泽东选集》，第 3 卷，789～792 页）和《农村调查跋》（《毛泽东集》，第 2 卷，297～300 页；《毛泽东选集》第 3 卷，792～794 页）。《农村调查》是一本 1941 年的文集，内容是毛泽东的江西调查，包括所有在本章中考察过的篇目，该文集是为“整风运动”的干部学习运动而出版的。1947 年为了普遍发行而重印，大概是通过强调调查并给出调查的模式，来帮助内战时期的农村工作。由于这些短篇是毛泽东对我们刚刚考察过的材料的概括和评论，所以它们在这里似乎是适当的。

［63］《不做调查没有发言权，不做正确的调查同样没有发言权》，《毛泽东集》，第 2 卷，255～257 页。

［64］《毛泽东著作选读》，上册，48 页。

［65］同上书，57 页。这里预示的辩证的领导概念，可以从毛泽东在 1919 年所写的论述湖南自治的文章，发展到《正确处理人民内部矛盾》（1957 年）中对领导者与被领导者之间存在疑问的关系的认识（见《毛泽东著作选读》，下册，758 页），再一直到作为使这种关系获得新生的一种努力的“文化大革命”。

［66］《毛泽东著作选读》，上册，51 页。

［67］同上书，50～51 页。

［68］同上书，50 页。

［69］同上。

［70］《毛泽东选集》，第 3 卷，790 页；《毛泽东著作选读》，下册，466 页；参见《毛泽东集》，第 7 卷，290 页。

［71］《毛泽东著作选读》，上册，52 页。

［72］同上书，53 页。

［73］同上书，55 页。

［74］《毛泽东集》，第 2 卷，255 页。

［75］同上书，256 页。

［76］参见《怎样分析阶级》（1933 年 6 月），《毛泽东集》，第 3 卷，265～268 页，和《关于土地斗争中一些问题的决定》（1933

年 10 月 10 日)，见《毛泽东集》，第 4 卷，43～65 页。

[77] 浙江党部著:《浙江省之农民政治经济状况》，载《中国农民》第 8 期 (1926 年 9 月)，60 页。(由于原文难以查到，这里的引文是根据英文转译过来的。——译者注)

[78] See Arthur Stinchcombe, "Agricultural Enterprise and Rural Class Structure," *American Journal of Sociology* 67 (2) (September 1961): 165—176.

[79] See William Hinton, *Fanshen* (New York: Vintage, 1966).

[80] See Karl Marx, *The Eighteenth Brumaire* (1852), sec. 7.

[81] See Huang, "Xingguo County."

[82] 参见《毛泽东集》，第 2 卷，204 页。

[83] See Hamza Alavi, "Peasants and Revolution," *Socialist Register* (1965): 241—277，把富农界定为有资本的农民 (p. 244) ——就是说，为了生产而雇佣劳力的人。毛泽东这时使用了一个更宽泛的定义，见 Tso-liang Hsiao, *The Land Revolution in China, 1930—1934* (Seattle: University of Washington Press, 1969), pp. 152—153。我认为 Alavi 在把农民界定为乡村中的原初资本主义分子这一点上是正确的，但农村企业家的机会是多方面的，而利用机会甚至比生产本身更具有资本主义性质。

[84] 参见《毛泽东集》，第 2 卷，205～210 页。

[85] 参见上书，52、161～163、217 页。

[86] 参见上书，217～218 页。这些后面的费用可以达到一户家庭收入的 1/3。见 Chao Kuo-chun, *Agrarian Policy of the Chinese Communist Party 1921—1949* (Bombay: Asia Publishing House, 1960), p. 5。

[87] 参见上书，46～50 页。

[88] 参见上书，第 2 卷，220～222 页。

[89] 参见上书，222～225 页。

[90] 参见上书，172 页。Hsiao, *Land Revolution*, p. 152.

[91] 我把这些人称作流氓无产者似乎是不适当的，因为他们

与城市无产阶级没有关系，他们与乡村的工薪劳动者的关系比与其他阶级的关系也并不更为紧密。“流氓无产者”仅仅最接近正统的马克思主义的范畴。马克思对这个概念的最著名的使用是在《雾月十八日》（*The Eighteenth Brumaire*）中，在那里它被用于指称那些组成了路易·波拿巴（Louis Napoleon）的巴黎打手队的地痞流氓。

［92］参见《毛泽东集》，第2卷，246页。又见Huang，“The Case of Xingguo”。

［93］执政官主义，源于罗马帝国执政官的近卫军的例子，指的是政治领导人由于军队在武器装备上的优势而进行的军事统治。在罗马，皇帝用武装起来的士兵来保卫自己，结果他发现自己被武装着的士兵所包围。

［94］文献见Kuo，*Analytical History*，vol. 1，p. 455。这并不意味着瞿秋白完全依赖于自发性。这个通知的下一项内容是：“湖北和湖南的农民起义必须在9月10日开始。”但是通知的日期是9月14日。（由于原文难以查到，这里的引文系从英文转译而来。——译者注）

［95］Kuo，*Analytical History*，vol. 2，p. 53.

［96］参见《毛泽东集》，第2卷，58、244～246页。

［97］参见上书，53～55、246页。

［98］See Stinchcombe，“Agricultural Enterprise and Rural Class Structure.”

［99］See Alavi，“Peasants and Revolution” Eric Wolf，*Peasant Wars of the Twentieth Century* (New York：Harper&Row，1969).

［100］参见《毛泽东集》，第2卷，46～48页。

［101］参见上书，162页。

［102］Alavi，“Peasants and Revolution，” p. 259.

［103］《毛泽东集》，第2卷，48页。

［104］See Trygve Lötveit，*Chinese Communism，1931—1934* (Lund：Studentenlitteratur，1973)，p. 168.

［105］ See Huang，“The Case of Xingguo.”

［106］ 文献见 Kuo，*Analytical History*，vol. 1，p. 475。（由于原文难以查到，这里的引文系从英文转译而来。——译者注）

［107］ 文献见 Kuo，*Analytical History*，vol. 1，p. 457。（由于原文难以查到，这里的引文系从英文转译而来。——译者注）

［108］ 参见“Resolution on the Peasant Movement”，载于 Brandt，Schwartz，and Fairbank，*A Documentary History*，pp. 156—165。

［109］ See Hsiao，*Land Revolution*，pp. 127—130.

［110］ See Hsiao，*Land Revolution*，pp. 5—11；Hsiao，*Power Relations*，vol. 1，p. 21.

［111］ See Hsiao，*Land Revolution*，pp. 11，39—40.

［112］ See Hsiao，*Land Revolution*，pp. 152—170；又见他的评论，pp. 34—37。

［113］ 参见《毛泽东集》，第 2 卷，179～184 页；Hsiao，*Land Revolution*，pp. 130—135。

［114］ 这种倾向在《赣西土地分配情形》中最为明显，这是一个对 12 个地区的调查；参见《毛泽东集》，第 2 卷，155～160 页。

［115］ 在早期关于土地再分配的阶段的讨论中明显的是，这种“让步”是相当复杂的。但仍然留在农村中的有产家庭一定期待着再分配。

［116］ 毛泽东估计（《毛泽东集》，第 2 卷，170 页）只有 25％的农村人口能够充当全劳力，37％的人口能够充当半劳力，37％的人口不能为生产出力。如果一个家庭有较高比例的劳动力，在其他方面相等的情况下，就能够积累起剩余。但是按人口平均计算的土地再分配，将使该家庭在自家的土地上劳力过剩。

［117］ 参见《毛泽东集》，第 4 卷，250、256 页；《毛泽东集》，第 2 卷，158～160 页。

［118］ 关于这种解释的一个尤其糟糕的例子，见 Jen Chuohsuan，“An Analysis of the Thought of Mao Tse-Tung，”载于 *Collected*

Documents of the First Sino-American Conference on Mainland China（Taiwan：Institute of International Relations，1971），pp. 307—324。

［119］参见《毛泽东集》，第 2 卷，51 页。关于议会制民主在保护英国农村的穷人利益方面的有效性的一个批评观点，见 J. L. 和 Barbara Hammond，*The Village Labourer*，*1760—1832*（New York：Harper & Row，1970），尤其是第 2 章和第 3 章。

［120］See E. J. Hobsbawm，*Primitive Rebels*（New York：Norton，1959），p. 80.

第四章　治理中华苏维埃共和国（1931—1934）

［1］张国焘指出了对根据地进行协同领导的早期困难，他声称"直到 1932 年春，我们才接到关于中央情况的可靠消息。"（参见《我的回忆》，第 3 册，95 页；英文版见 *Autobiography*，vol. 2，p. 262）这是在他当选中华苏维埃共和国副主席 5 个月之后。在各苏维埃之间建立有效的中央协调是 1934 年第二次全国苏维埃代表大会的主要目标。

［2］由 Trygve Lötveit 提供的地图和解释，见 *Chinese Communism*，1931—1934，pp. 8—9。

［3］毛泽东在 1958 年评论说，虽然有几百个中国人曾经在苏联学习，但只有"二十八个半布尔什维克"。他对这个集团给出了如下解释："就是他们'左'得要命，自己整自己，使自己孤立。"引自《三月十日在成都会议上的讲话》，见 Schram，*Chairman Mao Talks to People*，p. 97。

［4］William Dorrill 在"Rewriting History to Further Maoism：The Ningtu Confenrence of 1932"中攻击了"权力斗争"的命题，见 Hsiung，*Logic of Maoism*，pp. 62—85。然而，他的假设，即任何意见分歧都是不重要的，更加具有误导性。Ilpyong Kim 在 *Chinese Communism* 中的观点要稳妥得多。他坚持认为在毛泽东与"二十八个布尔什维克"之间的意见分歧不是根本性的，不足以阻

碍一种可执行的职责划分。

[5] 由于这个团体反对“二十八个布尔什维克”，马上就有这样的怀疑表露出来，即他们已经被出卖了。这种怀疑遭到了反驳——为了制造混乱，其他的右派机会主义分子已经背叛了他们的同党。Warren Kuo，他比大多数人更接近原始资料，说该团体在上海的一个旅馆连续开了两天会，从而吸引了警察的注意，因此“只能怪他们自己的愚蠢”(*Analytical History*，vol. 2，p. 257)。

[6] 参见张国焘：《我的回忆》，第 2 册，486 页；英文版见 Zhang Guotao，*Autobiography*，vol. 2，p. 170。

[7] See Hsiao，*Power Relations*，pp. 155—156.

[8] Kuo，*Analytical History*，vol. 2，p. 389.（由于原文难以查到，这里的引文系从英文转译而来。——译者注）

[9] 中国工农红军总政治部编：《苏维埃政权》，第 1 版（1932 年 1 月），13 页。这是该手册的第三个副本，见陈诚缩微胶片集第 10 盘。(由于原文难以查到，这里的引文是根据英文转译的。——译者注)

[10] See Kim，*Chinese Communism*，pp. 38—39.

[11] 在斯大林的清洗中，与不切实际相比，妥协是更大的罪行。

[12] See Carl Dorris，“Peasant Mobilization in North China and the Origins of Yenan Ommunism，” *China Quarterly* 68（December 1976)：697—719.

[13] See Derek Waller，*The Kiangsi Soviet Republic*，China Research Monograph (Berkeley：Center for Chinese Studies，1973)；Hsiao，*Power Relations*，pp. 170—184.

[14] See Jürgen Domes，*Die Vertagte Revolution*（Berlin：Walther de Gruyter，1969).

[15] 1958 年，毛泽东回忆起下面这些政策差别：“因为富农的数量非常小，我们原则上决定不管他们，并对他们作出让步。但‘左’倾分子们不同意。他们鼓吹‘把不好的地给富农，不给地主

土地’。结果是地主们没的吃，他们当中的一些人逃到了山区，并组成了游击队。” Schram，*Chairman Mao Speaks*，p. 97.（由于原文难以查到，所以这里的引文系从英文转译而来。——译者注）

[16] 参见《斗争》，第 72 期，16 页。转引自 Lötveit，*Chinese Communism 1931—1934*，p. 168。

[17]《论反对日本帝国主义的策略》（1935 年 12 月毛泽东向瓦窑堡会议所作的报告），《毛泽东选集》，第 1 卷，154 页。

[18] 参见《毛泽东集》，第 4 卷，379～397 页。

[19]《毛泽东集》，第 3 卷，44 页。

[20] 同上书，118 页。

[21] William Dorrill 坚持认为毛泽东对福建起义者的合作态度是后来毛泽东主义的“官方史学”的创造。但是，证据的分量明显是支持官方的观点的。当毛泽东在该事件发生一年以后的遵义会议上批评对福建事件的处理时，他在政治上还没有强大到能够为那些作为新近的事件参与者的听众捏造一种“官方史学”。见 William Dorrill，“The Fukien Rebellion and the CCP：A Case of Maoist Revisionism，” *China Quarterly* 37（January 1969）：31—53。

[22] 参见《毛泽东集》，第 4 卷，389 页。在《中国革命战争的战略问题》（《毛泽东选集》第 1 卷，236 页）中，毛泽东描述了在福建事变中可用的另一种军事选择。

[23] 参见《毛泽东集》，第 3 卷，93～94 页。

[24] 参见上书，99～105，107～112 页。

[25] 同上书，96 页。

[26] 同上书，101 页。

[27] 参见上书，107～112，123～125 页。

[28] 同上书，109～110 页。

[29] 参见《关于继续改造地方苏维埃政府问题》，载《红色中华》，第 35 期（1932 年 9 月 27 日）；《毛泽东集》，第 3 卷，131～133 页。

[30] 参见《毛泽东集》，第 3 卷，132 页。这是在毛泽东的著

作中第一次出现重要的关于整顿的比喻修辞：“洗刷……吸引”。

［31］《关于战争紧急动员》，载《红色中华》，第 38 期（1932 年 10 月 16 日）；《毛泽东集》，第 3 卷，143～148 页。

［32］参见《关于各级选举运动的检查》，载《红色中华》，第 43 期（1932 年 12 月 5 日）；《毛泽东集》，第 3 卷，169～172 页。

［33］《毛泽东集》，第 3 卷，169 页。

［34］参见《关于战争动员与工作方式》，载《红色中华》，第 43 期（1932 年 12 月 5 日）；《毛泽东集》，第 3 卷，163～168 页。

［35］《毛泽东集》，第 3 卷，166 页。

［36］同上书，166～167 页。

［37］同上书，168 页。这篇文章中使用的“工作团”和“自我批评”，是第一次出现在毛泽东的著作中。

［38］参见由第一次苏区党代会通过并由苏区中央局在 1931 年 10 月使之得以执行的《红军问题决议案》；陈诚缩微胶片集，第 16 盘。同样的方法在张闻天 1934 年 4 月论苏维埃的文章中是明显的。陈诚缩微胶片集，第 10 盘。

［39］不应假定江西的党的领导人赞成官僚主义。实际上，毛泽东的大多数重新指导选举和动员运动的原则，可以从一场 1932 年 6 月在江西党内树立一种“新的领导作风”的运动中找到。官僚主义、命令主义、形式主义等等都受到详细的批判。见《党的建设》，由中央局组织部出版，特别是第一期邓颖超的和张胜（此人名系音译）的文章。陈诚缩微胶片集，第 17 盘。

［40］从 1933 年 2 月《红色中华》对瑞金的区级苏维埃的一个调查可以判断，重新选举运动在使地方政府重现活力方面没有取得巨大的成功。见岳林（人名系音译）：《瑞金各区检查工作的差点》，载《红色中华》，第 52 期，4 页；陈诚缩微胶片集，第 17 盘。

［41］这一运动，即“节省经济帮助战争”，可以被视为延安“精兵简政”运动的直接源头。见《红色中华》第 55 期（1933 年 2 月 22 日），3 页；第 60 期（1933 年 3 月 12 日），6 页；均见陈诚缩微胶片集，第 17 盘。

[42] 参见《为提前春耕集中力量粉碎敌人大举进攻事》，载《红色中华》，第46期（1933年1月7日）；陈诚缩微胶片集，第17盘；参见《毛泽东集》，第3卷，179～180页。

[43] 参见《毛泽东集》，第3卷，213～214，241～242页。然而，1933年综合的收成比1932年的要好得多。

[44] 参见博古（秦邦宪）：《为着布尔什维克的春耕而斗争》，载《红色中华》，第51期（1933年2月10日），1页；陈诚缩微胶片集，第17盘。这些政策中的一部分已经在中华苏维埃共和国得以应用。"革命的竞争"在《瑞金红旗》第7期2页中被提及，几周后就号召对土地划分进行检查。参见《瑞金红旗》第10期（1931年11月28日），1页；陈诚缩微胶片集，第1盘。

[45] 曾报道过这样的事例：地主保留了他们的利益；贫农没有得到好处，因此不积极参加苏维埃的工作。参见《中央政府对会昌工作的指示》，载《红色中华》，第30期（1932年4月4日）4页；陈诚缩微胶片集，第16盘。

[46] 参见《群众劳动热情组织起来!》，载《瑞金红旗》，第67期（1933年4月8日），2页。

[47] 这是建立在 *A collection of Red Bandit reactionary documents* 见闻广博的编者的叙述基础之上的，6卷本（1935年），第3卷，952页。据前共产党将领龚楚称，最初的刺激因素来自共产国际。See Lötveit，*Chinese Communism 1931—1934*，p. 155.

[48] 参见《中央局关于查田运动的决议》，1933年6月2日；见 *A collection of Red Bandit reactionary documents*，第3卷，952～957页。

[49] 这不意味着党的领导人发明了这些理念。决议的开头是："听取了毛泽东和胡海的报告……"（由于原文难以查到，这里的引文系从英文转译而来。——译者注）

[50]《实行广泛深入的查田运动》，载《红色中华》，第87期（1933年6月20日）；《毛泽东集》，第3卷，223～226页。

[51] 实际上所用的短语是"极重要的"，但没有提及其他的群

众组织。可能毛泽东使用“极”而不是“最”是考虑到以工人为导向的党的领导人，因为“最”更是他的风格的特色。

[52] 例如，《查田运动中夏萧区委与瑞金县委的官僚主义》，载《红色中华》，第 95 期（1933 年 7 月 23 日），5 页；陈诚缩微胶片集，第 17 盘。

[53] 参见《在八县区以上苏维埃负责人查田运动大会上的报告》，载《红色中华》，第 86 期（1933 年 6 月 17 日）；《毛泽东集》，第 3 卷，243～244 页。注意这种分析框架与韩丁（William Hinton）《翻身》（*Fanshen*）一书中的工作队在工作时所使用的分析框架的相似性。

[54]《怎样分析阶级》，载《红色中华》，第 89 期（1933 年 6 月 29 日）；《毛泽东集》，第 3 卷，265～268 页。

[55]《查田运动的初步总结》，载《斗争》，第 24 期（1933 年 8 月 29 日）；《毛泽东集》，第 3 卷，341～356 页。

[56] 这个事件的过程在 Lötveit，*Chinese Communism 1931—1934*，pp. 172—184 中得到了很好的描述。

[57]《查田运动的初步总结》，《毛泽东集》，第 3 卷，341 页。

[58] 参见上书，342～343 页。

[59] 参见上书，348 页。这样的错误不一定是极端热情的标志，也不是查田运动特有的问题。在 1932 年一篇看起来像是毛泽东的文章《中央政府对会昌工作的指示》中，会昌受到批评既是由于缺乏深入的土地斗争（地主仍在收租），也是由于对待富农如同地主，而对待中农如同富农。

[60]《关于土地斗争中一些问题的决定》，《毛泽东集》，第 4 卷，43～65 页。

[61] 而且，那些发现了大量阶级敌人的人们赢得了赞扬，参加的群众分享了被没收的物品。

[62]《毛泽东集》，第 4 卷，49 页。

[63] 参见《关于继续开展查田运动的问题》，载《红色中华》，第 164 期（1934 年 3 月 20 日），1 页；陈诚缩微胶片集，第 17 盘。

［64］See Lötveit，*Chinese Communism 1931—1934*，pp. 179—183.

［65］参见《关于1933年两个文件的决定》，《毛泽东集》，第10卷，151～182页。又见Hinton，*Fanshen*。

［66］参见《毛泽东集》，第4卷，23～27、37页。

［67］参见《毛泽东集》，第3卷，335页。

［68］《长冈乡调查》，《毛泽东集》，第4卷，125页。

［69］同上书，125～126页。

［70］同上书，154页。

［71］参见上书，175～196页。

［72］当他后来提到江西的"社会主义萌芽"时，毛泽东可能想起了像才溪这样的地方。Schram，*Chairman Mao Speaks*，p. 117.

［73］参见《红色中华》，第92期（1933年7月8日），6页。

［74］See Kuo，*Analytical History*，vol. 2，pp. 493—497；*A collection of Red Bandit reactionary documents*，第3卷，953页。

［75］See Waller，*Kiangsi Soviet Republic*，pp. 53—110.

［76］参见《贫农团组织与工作大纲》，见《查田运动指南》；《毛泽东集》，第3卷，283～289页。

［77］参见《查田运动的群众工作》，载《红旗周报》，第63期（1933年12月）；《毛泽东集》，第4卷，199～205页；《毛泽东集》，第3卷，285～286页。

［78］参见《区乡苏维埃怎样工作》，1934年4月；陈诚缩微胶片集，第10盘。这个手册的第一部分，关于乡苏维埃（1～39页），由毛泽东所作，并载于《毛泽东集》，第4卷，337～352页。第二部分，关于区苏维埃（41～63页），由张闻天所作。

［79］参见《地方苏维埃政府暂行组织条例》，由中央执行委员会在1931年11月通过；*A collection of Red Bandit reactionary documents*，第3卷，703～725页。在72篇文章中，第5篇到第17篇论及乡苏维埃。

[80]《中华苏维埃共和国地方苏维埃暂行组织法草案》，未标明日期，但明显与第二次全国代表大会有关；*A collection of Red Bandit reactionary documents*，第 3 卷，725～793 页。这本有 208 篇文章的大部头文献的第 33 篇到第 55 篇文章论及各乡。

[81] 由于原文难以查到，这里的引文系从英文转移而来。——译者注

[82] 这是在毛泽东的著作中第一次提到这种技术，但在第一期《党的建设》上，邓颖超曾向 1932 年 6 月的党的会议建议过这种技术。

[83]《毛泽东集》，第 3 卷，344 页。

[84] 参见“How District Soviets Should Be Governed”。张闻天的方法的一个例子：“基本的原则是，要使区主席委员会（chair committee）成为该区所有工作的领导者和组织者，就要让每一个重要问题的决议经过主席委员会的同意，同时要让主席委员会与各个部门保持适当的关系，让主席委员会的集中领导帮助而不是阻碍各部门的建立。”（42 页）。（由于原文难以查到，系从英文转译而来。——译者注）

[85] 这个总结来自毛泽东关于第二次全国代表大会的公告，见《红色中华》第 101 期（1933 年 8 月 13 日）；《毛泽东集》，第 3 卷，303～305 页。

[86] 参见《中华苏维埃共和国中央执行委员会与人民委员会对第二次全国苏维埃代表大会的报告》，《毛泽东集》，第 4 卷，219～282 页；《关于中央执行委员会报告的结论》，《毛泽东集》，第 4 卷，283～294 页。

[87] Waller 提供了关于该报告的一个详细的描述，见 *Kiangsi Soviet Republic*，pp. 87—90。

[88]《毛泽东集》，第 4 卷，236 页。

[89] 同上书，238～239 页。

[90] 参见上书，250～251 页。

[91] 参见《关于倡办粮食合作社问题》，载《红色中华》，第

94 期（1933 年 7 月 4 日）；《毛泽东集》，第 3 卷，269～270 页。

[92]《毛泽东集》，第 4 卷，253 页。

[93] 以《关心群众生活，注意工作方法》为名，收录在《毛泽东选集》（以及《毛泽东著作选读》）中。《毛泽东选集》，第 1 卷，136～137 页。

[94]《关于中央执行委员会报告的结论》，《毛泽东集》，第 4 卷，286～287 页；又见（有些地方不同）《毛泽东选集》，第 1 卷，136～137 页。

[95]《关于中央执行委员会报告的结论》，《毛泽东集》，第 4 卷，288～289 页；又见《毛泽东选集》，第 1 卷，138 页。

[96] 即《中共中央关于反对敌人五次“围剿”的总结决议》，《毛泽东集》，第 4 卷，379～397 页。

[97] 这种延迟的原因，参见《毛泽东选集》，第 1 卷，143 页注释：“但那次会议（遵义会议——译者注）是在红军长征途中召集的，所以只能够对于当时最迫切的军事问题和中央领导机构问题做了决议。红军长征到达陕北之后，中共中央才获得可能去有系统地说明政治策略上的诸问题。”

[98] 参见《关于目前政治形势与党的任务决议》，《毛泽东集》，第 5 卷，19 页；《论反对日本帝国主义的策略》，《毛泽东选集》，第 1 卷，142～169 页；《毛泽东集》，第 5 卷，19～40 页；《中国革命战争的战略问题》，《毛泽东集》，第 5 卷，83～168 页，《毛泽东选集》，第 1 卷，170～244 页。

[99] 前两点，参见《毛泽东集》，第 5 卷，35～36 页，最后一点贯穿了该决议和该报告的始终。

[100]《中国革命战争的战略问题》，《毛泽东集》，第 5 卷，126 页；《毛泽东选集》，第 1 卷，205 页。

[101]《毛泽东集》，第 5 卷，157 页；《毛泽东选集》，第 1 卷，230 页。

[102]《论反对日本帝国主义的策略》，《毛泽东选集》，第 1 卷，145～146 页。

［103］例如，比较 Waller 的 *Kiangsi Soviet Republic* 和 Dorrill 的“Rewriting History”。Kim 的职责划分的命题更为确切，但他倾向于把这种意见不和的严重性和年代学模式（chronological pattern）最小化。

［104］See Lowell Dittmer，“‘Line Struggle’ in Theory and Practice，” *China Quarterly* 72（December 1977）：675—712.

第五章 毛泽东政治思想的基础

［1］See Chalmers Johnson，*Peasant Nationalism and Communist Power*（*Stanford*：*Stanford University Press*，*1962*），以及最近的“*Peasant Nationalism Revisited*，” *China Quarterly* 72（December 1977）：766—785。

［2］参见《中华苏维埃共和国中央政府执行委员会命令第二号》，1935 年 12 月 15 日；《毛泽东集》，第 5 卷，13～14 页。又见《关于土地政策的指示》，1936 年 7 月 22 日；《毛泽东集》，第 5 卷，63～65 页。应当记得毛泽东在前中华苏维埃共和国时期的土地政策有些倾向于这个方向，他把反富农的路线归于“二十八个布尔什维克”。Schram，*Chairman Mao Speaks*，p. 97.

［3］参见《关于一九三三年两个文件的决定》，《毛泽东集》，第 10 卷，151～182 页。

［4］See Dorris，“Peasant Mobilization in North China.”

［5］See Thomas Kuhn，“Postscript，” *Structure of Scientific Revolution*（Chicago：University of Chicago Press，1970），pp. 186—187.

［6］《毛泽东集》，第 1 卷，173 页。又见本书第二章。

［7］See Bauer，*China und die Hoffnung auf Glück*，pp. 537—572. 由于保尔（Bauer）的论题是跨文化的，所以他关于毛泽东的论述很注重马克思主义的影响。但是，在我看来，这种分析并没有足够地考虑到毛泽东的思想所处的变化的实践环境。

［8］例如，见 F. W. Mote，“China's Past in the Study of China

Today," *Journal of Asian Studies* 32（1）（November 1972）：107—120。

［9］See Thomas Metzger，*Escape from Predicament*：*Neo-Confucianism and China's Evolving Political Culture*（New York：Columbia University Press，1977）.

［10］Thomas Metzger，*Escape from Predicament*，p. 17。Metzger，"The Quest for Traditional Values in Modern Chinese Thought，" *China Quarterly* 73（March 1978）：166—171.

［11］See Metzger，*Escape*，pp. 49—51.

［12］See An-che Li，"Notes on the Necessity of Field Research in Social Science in China，" *Yenching Journal of Social Studies* 1（I）（June 1938）：121—129，Tung-sun Chang，"A Chinese Philosopher's Theory of Knowledge，" Ibid.，2（January 1939）：161—189.

［13］See Stuart Schram，"The Marxist，" in *Mao Tse-tung in the Scales of History*，ed. Dick Wilson（New York：Cambridge University Press，1977），pp. 35—69.

［14］见 Karl Wittfogel 和 Benjamin Schwartz 在 *China Quarterly* 1—2（1960）上发表的系列文章。

［15］这一系列文章始自 Ric Pfeffer 在 *Modern China* 2（4）（October 1976）上发表的一篇文章。

［16］关于毛泽东的背景的复杂性最好的描述，见 Frederic Wakeman 的 *History and Will*。

［17］See Snow，*Red Star over China*，pp. 125—126.

［18］参见《毛泽东集》，第 3 卷，335 页。

［19］这些问题在 Womack，"Theory and Practice，" pp. 21—28 中也曾被讨论过。（参见本书附录一《毛泽东思想的理论与实践》。——译者注）

［20］See "Comrade Mao Tse-tung's Talk at an Enlarged Working Conference Convened by the Central Committee of the Communist

Party of China（30 January 1962），” *Peking Review* 27（7 July 1978）：6—22.

［21］参见《毛泽东思想万岁》，一部在中国台湾和香港重印的三卷本的红卫兵出版物。

［22］毛泽东：《在省市自治区党委书记会议上的讲话（1957 年 1 月 27 日）》。

［23］See “Comrade Mao Tse-tung's Talk”（1962），pp. 7—8.

附录一　毛泽东思想中的理论与实践

［1］S. M. Lipset，*Political Man*（Garden City，N. Y.：Doubleday Anchor，1963），p. xix.

［2］关于这种评论，我从 James Chieh Hsiung 那里受益良多，参见他的 *Ideology and Practice*（New York：Praeger，1970），pp. 143—47。

［3］西方对于意识形态政治的反应通常倾向于要么肯定社会道德特定的非理性的惯性，要么集中关注通过科学的客观公正来拯救那些已得到启蒙但低效率的少数人。关于前者，见 Michael Oakshott，*Rationalism in Politics*（New York：Basic Books，1962）。关于后者，见 Arnhelm Neusüss，*Utopisches Bewusstsein und freischwebende Intelligenz*（Meisenheim am Glan：Hain，1968），pp. 11—35。Frederic Wakeman 在他的杰作 *History and Will*（Berkeley：University of California Press，1973）中就毛泽东关于首创性与环境之间的辩证法提出了丰富的起源学解释。

［4］See James C. Hsiung，*Ideology and Practice*；Michel Oksenberg，“Policy Making Under Mao” in John M. H. Lindbeck，ed.，*China：Management of a Revolutionary Society*（Seattle：University of Washington Press，1971），pp. 79—115；以及 Chalmers Johnson，ed.，*Ideology and Politics in Contemporary China*（Seattle：University of Washington Press，1973）。

［5］参见《毛泽东选集》，第 1 卷，115 页。

［6］英文翻译来自 *Selected Readings from the Works of Mao Tse-tung*，以手册的形式发行（Peking：Foreign Language Press，1966），见该手册第 4 页。中文原文参见《毛泽东著作选读》，上册，50 页。

［7］See Fung Yu-lan，*A History of Chinese Philosophy*，*II*（Princeton：Princeton University Press，1953），533—571.

［8］See David S. Nivison，"'Knowledge' and 'Action' in Chinese Thought Since Wang Yang-ming" in A. F. Wright，ed.，*Studies in Chinese Thought*（Chicago：University of Chicago Press，1953），pp. 112—145.

［9］See Joseph Levenson，*Modern China and Its Confucian Past*：*The Problem of Intellectual Continuity*（Garden City，N. Y.：Doubleday Anchor，1964），pp. 81—105.

［10］Ibid.，p. 84.

［11］这种关于意识形态的观点的发展，见 Clifford Geertz，"Ideology as a Cultural System，" in David Apter，ed.，*Ideology and Discontent*（New York：The Free Press，1964），pp. 47—76。

［12］D. W. Y. Kwok，*Scientism in Chinese Thought*，*1900—1950*（New Haven：YaleUniversity Press，1965），pp. 32—58；引自 "Treatise on the Promotion of Universal Harmony by Machines (1918)，" p. 39。（吴稚晖：《机器促进大同说》，载《吴稚晖学术论著》，141 页，上海书店，1991。——译者注）

［13］Kwok，op. cit.，pp. 133—161.

［14］See Nivison，op. cit.

［15］Jerome B. Grieder，*Hu Shih and the Chinese Renaissance*（Cambridge：Harvard University Press，1970），p. 124.

［16］Ibid，p. 235.

［17］Jerome B. Grieder，*Hu Shih and the Chinese Renaissance*（Cambridge：Harvard University Press，1970），p. 209.

［18］See Ibid.，pp. 191—193.

［19］Ibid.，pp. 193—194.

［20］这个术语来自 Ulf Himmelstrand，“Depoliticization and Political Involvement，” in Allard and Rokkan，*Mass Politics*（New York：Free Press，1970）。

［21］关于马克思从黑格尔那里继承的遗产，有一些一般性的研究，参见 Gustav A. Wetter，*Die Umkehrund Hegels*（Cologne：Verlag Wissenschaft und Politik，1963），以及 Karl Ballestrem，*Die sowjetische Erkenntnismetaphysik und Hegel*（Dordrecht，Holland：D. Riedel，1968）。

［22］虽然在有些情况下，这不是不可能的。据称，马克思在他对德国工人运动的评估上一直是不现实的。See Helga Grebing，*Geschichte der deutschen Arbeiterbewegung*（Munich：Deutscher Taschenbuch Verlag，1970），pp. 65—66.

［23］例如，康德在《纯粹理性批判》中宣称自己为科学地重建形而上学打下了基础，这是一场将把形而上学带到具有数学和自然科学的确定性水平上的“革命”。第 2 版序言，随处可见。

［24］*Enzyklopädie der philosophischen Wissenschaften*，*1830*.（Hamburg：FelixMeiner Verlag，1959），secs. 223—225，445—482.

［25］Cf. *Enzyklopadie der philosophischen Wissenschaften*，*1830*.（Hamburg：FelixMeiner Verlag，1959），secs. 6，p. 38.

［26］Cf. *Enzyklopadie der philosophischen Wissenschaften*，*1830*.（Hamburg：FelixMeiner Verlag，1959），secs. 445—480.

［27］Ballestrem，op. cit.，p. 64，指出马克思对于黑格尔的批评绝大部分要么是针对黑格尔个人，要么涉及对黑格尔实际教学的曲解。

［28］See Karl Marx and Friedrich Engels，*The German Ideology*（Moscow：Progress Publishers，1968），p. 38.

［29］引自一封信，*Deutsch-französische Jahrbücher*（1844）；in Easton and Guddat，eds.，*Writings of the Young Marx on Philoso-*

phy and Society（Garden City，N. Y.：Doubleday Anchor，1967），p. 214。黑体字为原文所加。

［30］这种讨论的基础是“Die Methode der politischen Ökonomie，” in “Einleitung ZurKritik der Politischen Ökonomie，” *Marx-Engels Werke*，XIII（Berlin：Dietz Verlag，1968），631—639。

［31］Ibid.，p. 632.

［32］See “Preface to The Critique of Political Economy，” *Marx-Engels Selected Works*，I（Moscow：Foreign Languages Press：1962），136.

［33］See “Alte Vorrede zum ‘Anti-Duhring’” *Marx-Engels Werke*，（Berlin：Dietz Verlag，1968），334—335.

［34］See “Socialism，Utopian and Scientific，” *Marx-Engels Selected Works*，II（Moscow：Foreign Languages Press：1962），136.

［35］E. Berstein，*Die Voraussetzungen des Sozialismus*（Reinbeck：Rowohlt，1969），p. 63.

［36］E. Berstein，*Die Voraussetzungen des Sozialismus*（Reinbeck：Rowohlt，1969），p. 26. 黑体字为原文所加。

［37］转引自 Grebing，op. cit.，p. 118，又见 Bernstein，op. cit.，p. 37。

［38］在《哲学笔记》中与此相关的一则笔记写道：“在黑格尔最讲唯心主义的著作中体现了最少的唯心主义和最多的唯物主义。虽然矛盾，但这是事实。”引自 Ballestrem，op. cit.，p. 93。

［39］See Ballestrem，loc. cit.

［40］See “What is to be done?” Lenin，*Selected Works*，12 vol.（New York：International，n. D.），II，137—139.

［41］“What is to be done?” Lenin，*Selected Works*，12 vol.（New York：International，n. D.），II，p. 154.

［42］《民主集中制》（1962 年）（“Democratic Centralism”），in

Selections from Chairman Mao（一部红卫兵出版物），Joint Publications Research Service（JPRS）50792，p. 48。

［43］See Stuart R. Schram，"Mao Tse-tung and the Theory of Permanent Revolution，" *China Quarterly* 46（Apr. -June 1971）：221—249.

［44］参见《毛泽东选集》，第 1 卷，282～298 页。

［45］《人的正确思想是从哪里来的?》（1963 年 5 月）（Peking：Foreign Languages Press，1966），p. 2。

［46］See *Marx-Engels Selected Works*，vol. I，p. 363.

［47］Ibid.，vol. II，pp. 403—405.

［48］"Outline of Dialectical Materialism，" in *Selections from Chairman Mao*，在上述引文中，p. 48。（由于原文难以查到，所以这里的引文是从英文转译而来。——译者注）

［49］《实践论》，《毛泽东选集》，第 1 卷，291 页。

［50］《反对本本主义》（1930 年 5 月），《毛泽东选集》，第 1 卷，112 页。

［51］同上书，292 页。

［52］同上书，293 页。

［53］See "Outline of Dialectical Materialism，" p. 48.

［54］《毛泽东选集》，第 1 卷，296 页。

［55］A. Doak Barnett，ed.，*Chinese Communist Politics in Action*（Seattle：University of Washington Press，1969），p. 72.

［56］《反对本本主义》，《毛泽东选集》，第 1 卷，115 页。

［57］Roy Hoffheinz，"The Ecology of Chinese Communist Success，" in A. Doak Barnett，*Chinese Communist Politics in Action*（University of Washington Press，1969），p. 77.

［58］关于毛泽东的组织政策的一个例子，Mark Selden，"The Yenan Legacy：The MassLine，" in Barnett，ed.，op. cit.，pp. 99—154。

［59］参见《毛泽东选集》，第 1 卷，110～111 页。

［60］ *Novum Organum*（London，1620）.

［61］ See "Outline of Dialectical Materialism，" p. 35.

［62］ "On Dialectics"（1959 年）《论辩证法》，in *Selections from Chairman Mao*，p. 35。（由于原文难以查到，所以相关的引文是从英文转译而来。——译者注）

［63］《民主集中制》，55 页。

［64］ *Chinese Law and Government*（Winter 1968/69）：62.（由于原文难以查到，所以相关的引文是从英文转译而来。——译者注）

［65］ 关于"文化大革命"，见《十六条》（1966 年 8 月 8 日）中的第八条对于干部品质的分析。英文译文见 K. H. Fan，ed.，*The Chinese Cultural Revolution*：*Selected Documents*（New York：Grove Press，1968），p. 168。引自《民主集中制》，57 页。

［66］《毛泽东选集》，第 1 卷，294 页。

［67］ 这是 Robert Michels 的一个推断，参见 *Political Parties*（1915），trans. by Eden and Cedar Paul（New York：Free Press，1962）。

［68］《毛泽东选集》，第 1 卷，179～180 页。

［69］ Victor Falkenheim 给出了关于地方层次上政策执行过程的一个绝佳的描述，见"Provincial Leadership in Fukien：1949—1966" in Robert A. Scalapino，ed.，*Elites in the People's Republic of China*（Seattle：University of Washington Press，1972），pp. 220—222。

［70］ 参见《关心群众生活，注意工作方法》（1934 年），《毛泽东选集》，第 1 卷，138 页；《〈农村调查〉的序言和跋》（1941 年），《毛泽东选集》，第 3 卷，790 页；《关于领导方法的若干问题》（1943 年），《毛泽东选集》，第 3 卷，899 页；《整顿党的作风》（1942 年），《毛泽东选集》，第 3 卷，825～826 页。

［71］ 参见《关于健全党委制》（1948 年），《毛泽东选集》，第 4 卷，1340～1341 页；《对晋绥日报编辑人员的谈话》（1948 年），

同上，1318～1320 页。

［72］Lowell Dittmer，见他的“Liu Shao-chi and the Chinese Cultural Revolution”（unpub. Diss.，University of Chicago Dept. of Political Science，1971），pp. 372—397，提出了对于批评与自我批评的结构演进的详细描述。

［73］参见《关于纠正党内的错误思想》（1929 年），《毛泽东选集》，第 1 卷，90 页；《反对自由主义》（1937 年），《毛泽东选集》，第 2 卷，359 页，第二种“自由主义”；《关于纠正党内的错误思想》，92 页，同上，112 页。

［74］参见《目前形势和我们的任务》（1947 年），《毛泽东选集》，第 4 卷，1255 页。

［75］*Mao Papers*，Jerome Chen，ed.（Oxford：Oxford University Press，1970），pp. 119ff.（由于原文难以查到，所以相关的引文系从英文转译而来。——译者注）

［76］参见《十六条》，第五条，op. cit.，p. 166，*Mao Papers*，p. 128。

［77］《关于领导方法的若干问题》，《毛泽东选集》，第 3 卷，899 页。在《民主集中制》中提出了另一种关于群众路线的一般说法：“在总路线指导之下，制定一整套的具体的方针、政策和办法，必须通过从群众中来的方法，通过作系统的周密的调查研究的方法，对工作中的成功经验和失败经验，作历史的考察，才能找出客观事物所固有的而不是人们主观臆造的规律，才能制定适合情况的各种条例。这件事很重要。”

［78］*Mao Papers*，p. 56.（由于原文难以查到，所以相关的引文系从英文转译而来。——译者注）

［79］See *Mao Papers*，p. 25.（由于原文难以查到，所以相关的引文系从英文转译而来。——译者注）

［80］Ibid.，p. 139.

［81］Ibid.，p. 56.

［82］关于这篇著作的发表日期的争论，参见 Arthur Cohen，

The Communism of Mao Tse-tung（Chicago：University of Chicago Press，1964），pp. 22—28；以及 Doolin and Golas，“‘On Contradiction’ in the Light of Mao Tse-tung's Essay on ‘Dialectical Materialism，’” *China Quarterly* no. 19（July-Sept. 1964）。《实践论》和《矛盾论》都没有出现在竹内实（Takeuchi Minoru）所编的《毛泽东集》（东京：北望社，1971 年）中，因为编者能找到的最早的文本分别发表在《人民日报》1950 年 12 月 29 日和 1952 年 4 月 1 日两期上。它们原封不动地在《毛泽东选集》，第 1 卷，282～298、299～340 页上得以重印。在其他著作中具有实践思想的段落，为所声称的日期赋予了可信性。由于毛泽东思想的历史发展不是本文的主题，所以测定年代的问题不是特别重要。

［83］这篇文章正式的目的是，通过把有关矛盾规律——“辩证法的核心”——的特定哲学问题进行分类，从而教育他的读者“在根本上懂得了唯物辩证法”。参见《矛盾论》，《毛泽东选集》，第 1 卷，299 页，第 1 自然段。

［84］毛泽东通过大大赞扬马克思、恩格斯、列宁和斯大林对于矛盾的普遍性思想的贡献，从而间接地宣称他对于矛盾的特殊性的分析在马克思主义之中是新颖的。参见《矛盾论》，《毛泽东选集》，第 1 卷，303～304 页。

虽然外部原因是“变化的条件”，而内部原因是“变化的基础”，但两者都是至关重要的方面，假定内部原因在所有情况下都是主导原因是勉强的。

［85］《实践论》，《毛泽东选集》，第 1 卷，286 页。

［86］Vsevolod Holubnychy 详细分析了毛泽东的矛盾哲学，参见“Mao Tse-tung's Materialist Dialectics，” *China Quarterly* no. 19（July-Sept. 1964）。

［87］《矛盾论》，《毛泽东选集》，第 1 卷，325 页。

［88］参见上书，328 页。

［89］对于内战的长期性的预测，在《毛泽东选集》第 4 卷随处可见。又见《湖南农民运动考察报告》（1927 年），《毛泽东选

集》，第1卷，12～13页；《星星之火，可以燎原》(1930年)，同上书，100、104、105页。

［90］《星星之火，可以燎原》，《毛泽东选集》，第1卷，106页。

［91］邹谠描述了毛泽东的社会价值的集合，参见"The Values of the Chinese Revolution," in "China's Developmental Experience", Michel Oksenberg, ed., *Proceedings of the Academy of Political Science* 31 (Mar. 1973)：27—41。

［92］Jerome Chen, "Development and Logic of Mao Tse-tung's Thought," in Chalmers Johnson, ed., *Ideology and Politics in Contemporary China* (Seattle：University of Washington Press, 1973), p. 105.

［93］See Benjamin Schwartz, "China and the West in the 'Thought of Mao Tse-tung,'" *China in Crisis*, Ho and Tsou, eds. (Chicago：University of Chicago Press, 1968).

"背景假设"这一术语系借鉴自 Alvin Gouldner, *The Coming Crisis of Western Sociology* (New York：Avon, 1970), p. 29。他发现这种假设对于任何经验的社会研究来说都是关键性的。

［94］例如，《农民运动与农村调查》(香港：新民主出版社，1949)以及《湖南农民运动考察报告》，《毛泽东选集》，第1卷，12～44页。

［95］参见《对晋绥日报编辑人员的谈话》，《毛泽东选集》，第4卷，1319～1320页。

［96］《实践论》，《毛泽东选集》，第1卷，296页。

［97］See Maurice Meisner, "Utopian Goals and Ascetic Values in Chinese Communist Ideology," *Journal of Asian Studies* 28, no. 1 (Nov. 1968)：101—110.

［98］《改造我们的学习》(1941年)，《毛泽东选集》，第3卷，796页。

［99］*Selections from Chairman Mao*, p. 28.(由于原文难以查到，所以相关的引文系从英文转译而来。——译者注)

［100］见 Franz Schurman 对于意识形态的讨论，in *Ideology and Organization in Communist China*（Berkeley：University of California Press，1968），pp. 17—104。引自 1963 年的一个指示，见 *Mao Papers*，p. 91。（由于原文难以查到，所以相关的引文系从英文转译而来。——译者注）

［101］《反对本本主义》，《毛泽东选集》，第 1 卷，111 页。

［102］*Chinese Law and Government* 1（Winter 1968/69）：15.（由于原文难以查到，所以相关的引文系从英文转译而来。——译者注）

［103］See Hsiung，*Ideology and Practice*，pp. 126—147.

［104］参见上书，p. 131。《改造我们的学习》，《毛泽东选集》，第 3 卷，798～799 页。

［105］See Hsiung，*Ideology and Practice*，p. 814.

［106］参见《近两年来在我们国家大量编译出版马克思、恩格斯、列宁、斯大林著作》，载《人民日报》，1972－11－06，第 1 版。

［107］最佳的例子是《改造我们的学习》，《毛泽东选集》，第 3 卷，795～803 页。

［108］*Ideology and Organization in Communist China*，p. 123，注释。

［109］Introductory quotation（Oct. 1968f）*to Important Documents of the Cultural Revolution*（Peking：Foreign Languages Press，1970），在 pp. 62—63 也有引用。

［110］"Outline of Dialectical Materialism，" p. 8.（由于原文难以查到，所以相关的引文系从英文转译而来。——译者注）

［111］这些概念是由托马斯·库恩（Thomas Kuhn）提出来的，参见 *The Structure of Scientific Revolutions*（Chicago：University of Chicago Press，1962）。

［112］参见《正确处理人民内部矛盾》（1957）（Peking：Foreign Languages Press，1966）。

［113］罗伯特·米榭尔斯（Robert Michels）描述了在欧洲的

社会主义政党中所发生的这种脱离群众的现象，参见 *Political Parties*（注释 68）。关于毛泽东的术语学，见《实践论》。

[114] "On the Mass Line," *Selections from Chairman Mao*, 1959 (9).（由于原文难以查到，所以相关的引文系从英文转译而来。——译者注）

[115] Harry Harding 描述了"文化大革命"的决策，参见"Maoist Theories of Policy-making and Organization," in Thomas Robinson, ed., *The Cultural Revolution in China* (Berkeley: University of California Press, 1971)。由于"文化大革命"对党的组织和活动来说都是一个发生严重危机的时期，并且涉及了对中央的忠诚以及全面重新定位的问题，所以那时的指示不应被假定是毛泽东的或毛泽东主义政党的典型的指示。

[116]《星星之火，可以燎原》，《毛泽东选集》，第 1 卷，102 页。

[117] *Chinese Law and Government* 1 (Winter 1968/69): 35.（由于原文难以查到，所以相关的引文系从英文转译而来。——译者注）

[118] 这种发展的可能性由林彪在第 8 届中央委员会第 11 次全体会议上的一次讲话得以例证："我最近心情很沉重，我的工作和我的能力是不相称的……我们做磨盘，一切按主席指示办事，不能有另外做法……不能唱对台戏，要一元化，紧随主席。主席处理问题，有全盘考虑，高瞻远瞩，还有他的想法，有很多想法我们是不了解的。我们对主席的指示要坚决执行，理解的要执行，不理解的也要执行。我没有别的本事，就是依靠主席的指示。我没有别的本事，就是依靠群众的智慧。……主席是世界的天才。"引自 *Selections from Chairman Mao*, JPRS 49826, p. 17。

附录二 毛泽东在何处误入歧途：毛泽东"左"倾政治中的认识论与意识形态

[1] See *Beijing Review*, vol. 24, no. 27 (6 July 1981),

pp. 10—39. ［本书翻译参照《关于建国以来党的若干历史问题的决议（注释本）》，北京，人民出版社，1983。——译者注］

［2］廖盖隆详细描述了这种观点，参见《历史的经验和我们的发展道路》。

［3］《五·一六通知》是严厉谴责彭真对“文化大革命”的处理的一个文件。它的一些批判约略与《决议》的四个“错误命题”相符，但是它是对彭真的“五人反党集团”的特定批判，而不是发动“文化大革命”的方案。它被传达到县一级，但是直到一年以后才被公之于众，并且宣称该通知是由毛泽东修改过的。我从它的文风上怀疑它是由康生起草的。见“May 16 Circular”，*Important Documents on the Great Proletarian Cultural Revolution*（Foreign Languages Press，Beijing，1970）；Giovanni Blumer，*Die Chinesische Kulturrevolution 1965—1967*（Europaeische Verlagsanstalt，Frankfurt，1968），pp. 88—89。

［4］毛泽东：《1957 年夏季的形势》。

［5］关于后毛泽东时代正统派的地位最好的描述，见邹谠“Political Change and Reform：The Middle Course”，in *The Cultural Revolution and Post-Mao Reforms*（University of Chicago Press，Chicago，1986），pp. 219—258。

［6］See Maurice Meisner，Marxism，*Maoism and Utopianism*（University of Wisconsin Press，Madison，1982）.

［7］See Stuart Schram，“The Marxist”，in Dick Wilson (ed.)，*Mao Tse-tung in the Scales of History*（Cambridge University Press，Cambridge，1977），pp. 35—69.

［8］韩丁（William Hinton）在 *Fanshen*（Random House，New York，1983）中很好地描述了在基层发生的必需的信息扭曲的过程。Harry Harding 描述了组织上的后果，见 *Organizing China*（Stanford University Press，Stanford，1981），pp. 153—194。

［9］关于中国媒体发展的全面评述，见 Brantly Womack，“Introduction”，in *Media and the Chinese Public*（M. E. Sharpe，Armonk, 1986), pp. 6—54。

［10］参见《打退资产阶级右派的进攻》(1957年7月9日)。

［11］同上。

［12］《五·一六通知》。

［13］毛泽东:《做革命的促进派》(1957年10月9日)。

［14］参见毛泽东:《在扩大的中央工作会议上的讲话》, *Peking Review*, vol. 21, no. 27 (7 July 1978), pp. 6—22。

［15］关于毛泽东思想的发展,见 Womack, the *Foundations of Mao Zedong's Political Thought, 1917—1935* (University of Hawaii Press, Honolulu, 1982)。(参见本书的正文部分。——译者注)

［16］毛泽东:《在省市自治区党委书记会议上的讲话》(1957年1月)。

［17］See Jerome Chen, "The Development and Logic of Mao Tse-tung's Thought", in Chalmers Johnson (ed.), *Ideology and Politics in Contemporary China* (University ofWashington Press, Seattle, 1973), pp. 78—116.

［18］参见毛泽东:《关于正确处理人民内部矛盾的问题》(1957年2月27日)。

［19］毛泽东:《党在过渡时期的总路线》。

［20］参见《中华人民共和国宪法》(1954年),《前言》。

［21］参见董必武:《进一步加强人民民主法制,保障社会主义建设事业》,《董必武选集》,北京,人民出版社,1985,406～422页。

［22］参见毛泽东:《打退资产阶级右派的进攻》。

［23］参见毛泽东:《做革命的促进派》。

［24］毛泽东:《在中国共产党全国宣传工作会议上的讲话》(1957年3月12日)。

［25］参见毛泽东:《开幕词》(1956年9月15日),见 K. Fan (ed.), *Mao Tse-tung and Lin Biao: Postrevolutionary Writings* (Doubleday, Garden City, 1972), pp. 143—147;毛泽东:《文汇报

的资产阶级方向应当批判》（1957 年 7 月 1 日）。

［26］ See Shao-chuan Leng，“Criminal Justice in Post-Mao China”，*China Quarterly*，no. 87（September 1981），pp. 440—469.

［27］ See Klaus Mehnert，*Peking and the New Left*（China Research Monographs，Center for Chinese Studies，Berkeley，1969），pp. 74—81.

［28］ See Womack，“The Historical Shaping of Mao Zedong's Political Thought”，F. J. Adelman（ed.），*Contemporary Chinese Philosophy*（Martinus Nijhoff，The Hague，1982），pp. 54—55.

［29］ 对这个问题最好的描述是《反对本本主义》（1930 年 5 月），《毛泽东著作选读》，上册，48～58 页，北京，人民出版社，1986。

［30］ 黑格尔在《哲学全书》（*Encyclopedia of Philosophical Science*）中把实践理性当作理论理性之后的下一步来提出，这是因为理论理性假定在主观和客观之间存在断裂，而实践理性假定这种断裂可以被意志所弥合。对于这两者的扬弃，即认识到主观和客观的合理性是相同的，是对于必然性或自由的深刻洞察。Hegel，*Enzyklopadie der philosophischen Wissenschaften*（Felix Meiner Verlag，Hamburg，1959），“Die Psychologie”，sections 440—482.

［31］ 毛泽东：《整顿党的作风》（1942 年 2 月 1 日），《毛泽东选集》，第 3 卷，820 页。《毛泽东选集》第 3 卷最初的几篇关于党的整风的文章是毛泽东对于教条主义的最为成熟的批评。

［32］ 同上书，819 页。

［33］ See Stuart Schram，op. cit.，pp. 63—64.

［34］ 1927 年，毛泽东对于即将到来的农民革命和党的政策的错误是如此确信，以至于他当时处于反抗党的领导的局面。如果毛泽东和中国共产党走了不同的道路，那么他将不得不在一种不同的意识形态导向的范围内来处理农村革命的问题。1927 年之后——可能是因为他在《湖南农民运动考察报告》中的预言失败了的缘故，即使当他认为领导人弄错了，他都一直坚持正统的路线，并保持相对的服从。参见沃马克：《毛泽东政治思想的基础（1917—1935）》。

参考文献

陈诚缩微胶片集，第1～21盘

由胡佛缩微胶片研究所（Hoover Institute Microfilms）于1960年制作的一个缩微胶片集。它包括由国民党将军陈诚在1934年打败江西的中华苏维埃共和国（“江西苏维埃”）时所获取的中国共产党出版物。尽管排列无序，但对西方学者研究从1930年到1934年的江西根据地来说，它是最有价值的参考资料。

Keio缩微胶片集，第1～29盘

Keio缩微胶片集是1963年在Keio大学，为加州大学伯克利分校的中国研究中心制作的。其中包括有关中国政治的文献，以中国共产党为焦点，时间从1920年到1932年。该集包括罕见的期刊和专著，以及*Gendai Shina no kiroku*（现代中国档案），这是由日本外务省（Japanese Foreign Office）从1924—1932年间的中国报纸上选取的有关中国国内政治的文章的档案。中国研究中心已经为这些资料准备了一本非常好的手册：*Guide to Early Chinese Historical Materials*：*The Keio Collection*（Berkeley：Center for Chinese Studies，1972）。

《毛泽东集》，第1～10卷

《毛泽东集》，10卷本，竹内实（Takeuchi Minoru ）等编（东京：北望社，1971—1973）。这不仅是一部毛泽东1949年以前著作的全集，而且是一个有诸家注解的版本，表明了各种可获得的文本之间的分歧。1920年论湖南自治的报纸文章是在本书中分析过的惟一未被收入《毛泽东集》的毛泽东的重要著作。关于1949年以后时期，见 John Starr and Nancy Dyer，comp.，*Post Liberation Works of Mao Zedong：A Bibliography and Index*（Berkeley：Center for Chinese Studies，1976）。

《毛泽东著作选读》[1]（*Selected Readings from the Works of Mao Tse-tung*）

毛泽东：《毛泽东著作选读》（Beijing：Foreign Languages Press，1971），编于1965年。《毛泽东著作选读》基本上是《毛泽东选集》中比较重要的篇目的合集，但有些著作，包括《反对本本主义》（1930年），在这里是第一次发表。

《毛泽东选集》[2]（*Selected Works of Mao Tse-tung*），第1～5卷

毛泽东：《毛泽东选集》，5卷本（Beijing：Foreign Languages Press，1978）。自从20世纪40年代以来出版了各种各样的毛泽东著作集。本书所用的版本是中华人民共和国的官方版本。前4卷覆盖了1949年以前的时期，编于20世纪50年代早期。这种编辑不是意在简单地重新发表旧有的文本。根据出版说明："选集中的各篇著作，都经著者校阅过，其中有些地方著者曾作了一些文字上的修正，也有个别的文章曾作了一些内容上的补充和修改。"可是，可以根据《毛泽东集》归纳说，绝大多数修改是格式上的改进和历史背景的简化。第5卷，也就是计划出版的1949年以后的几卷中的第1卷，在"四人帮"倒台后迅速出版。1979年开始出现关于《毛泽东选集》第5卷的编辑质量的抱怨。

注释

[1] 作者所使用的版本是英文版，中译本所参照的版本是人民出版社1986年出版的《毛泽东著作选读》（上下册）。——译者注

[2] 作者所使用的版本是英文版，中译本所参照的版本是人民出版社1991年出版的《毛泽东选集》。——译者注

索　引

（所注页码均为英文原书页码，即本书边码）

A

B

C

D

E

F

G

H

I

J

K

L

M

N

O

P

Q

R

S

T

U

V

W

X

Y

Z

译后记

布兰特利·沃马克（Brantly Womack）教授现为弗吉尼亚大学伍德罗·威尔逊政治学系教授。对于中国读者来说，沃马克的名字并不十分陌生，因为早在1994年，江苏人民出版社就曾将沃马克教授的另一本重要著作《中国政治》（与汤森合著）翻译成中文。沃马克教授的专业领域是比较政府与国际关系（中国、越南），虽然他目前的研究兴趣并不在毛泽东身上，但是他学术声誉的建立在很大程度上得益于他对毛泽东思想的研究，尤其是毛泽东早年思想的研究。《毛泽东政治思想的基础（1917—1935）》作为他这方面学术成果的结晶，在海外成就斐然的毛泽东研究界也占有一席之地。

应该说，这是中国第一次比较完整地将沃马克教授的毛泽东研究著作译介给中国读者。[1]我们不仅完整翻译了《毛泽东政治思想的基础（1917—1935）》一书，而且还把沃马克教授在从事这项研究前后所发表的两篇重要的论文也一并收录进来，以便读者能够更好地了解沃马克教授关于毛泽东研究的整体思路和学术脉络。

2002年7月，在中国人民大学国际关系学院政治学系举办的“转型中的中国政治与政治学发展”国际研讨会上，我们与沃马克教授有过一面之缘。在翻译本书的过程中，我们曾就书中的一些问题通过电子邮件向沃马克教授进行咨询和请教。沃马克教授每次都非常热情而及时地给予答复。特别让人感动的是，由于这项研究是在20多年前完成的，所以很多原始文献现在都不在作者手中；鉴于作者所引用的许多文献在国内都难以查到，当我们就如何查找这些原始文献的问题向沃马克教授咨询时，他尽了自己最大的努力为我们的翻译工作提供帮助，对于实在找不到的个别文献，他允许我们再将其转译成中文，并在相应的注释上予以标明。沃马克教授还专门在“中文版序”中对此做出说明，并为由此给读者造成的不便表示歉意。

2003年9月14日，趁沃马克教授在外交学院交流访问之机，我们在北京再一次见到了他。沃马克教授是名副其实的“中国通”，他说自己1978年第一次来中国，到现在为止已经有过不下20次的中国之旅，最近这几年更是平均每年两次。他说起中国的各大城市，如数家珍，甚至对当地人的性格也了如指掌。沃马克教授十分健谈，他说自己最初的专业领域是哲学，对黑格尔、马克思、恩格斯和列宁的哲学思想非常感兴趣，但是后来读到毛泽东的著作时，他被毛泽东关于“理论联系实际”的论述深深地吸引，他的直觉告诉他，毛泽东对这个问题的思考与马克思、列宁等人是不同的，但是这个不同究竟在哪里呢？沃马克教授形象地比喻说，这就像你先喝了一口绿茶，然后又喝了一口龙井，你的口感告诉你，这两种茶的味道是不一样的，但是究竟哪里不一样却很难说出来。这个问题困扰着他，也促使他把对毛泽东思想的研究深入下去。沃马克教授介绍说，本书附录一《毛泽东思想中的理论与实践》一文是他在芝加哥大学读研究生的第一年的第一门课上所写的论文，大约完成于1971年冬天，这也正是他研究毛泽东的缘起。这篇论文得到了他的导师邹谠教授的赞赏，并被推荐到《中国季刊》（*China Quarterly*）上发表。然而当时还是一名普通研究生的沃马克并没有受到关注，这篇论文投给《中国季刊》后整整一年都没有发表出来。沃马克教授感慨说，要开始一项事业总是非常难的。后来还是熊玠（James C. Hsiung）教授慧眼识珠，把沃马克的这篇论文收入了他所编辑的一本论文集[2]，并且放在论文集的第一篇，至此，沃马克对毛泽东思想的研究才开始受到广泛关注。沃马克教授在“中文版序”中也提到，正是这篇论文所阐述的问题直接导致了本书的研究计划。

作为一部文献征引丰富的著作，本书的中文译本在文献标注方面仍然存在着一些缺憾。虽然对于作者参引的《毛泽东选集》、《毛泽东著作选读》以及张国焘的自传所标注的英文版本的页码，我们都已经给出了相应的中文版的页码，但由于时间所限，作者所参引的其他一些研究著作尽管已经翻译成中文，我们却无力给出中文的标注，只保留了英文的原注，因而未能体现出近年来中国大规模译介海外高水平学术研究的成果，同时也给读者参阅原著带来了一些不便，在此谨表歉意。

本书翻译工作的具体分工是：

刘晨：中文版序、鸣谢、导言、第一章及附录二；

霍伟岸：第二章至第五章、参考文献、索引以及附录一。

全书由霍伟岸负责统校。

这项翻译工作从 2003 年 4 月开始，到 9 月初交初稿，此间只有短短的 5 个月，再加上译者在英文与专业素养方面的水平所限，虽然小心翼翼，数校其稿，但恐怕仍有很多错误和疏漏，敬请读者不吝批评指正。

在翻译过程中，我们得到了许多师友的无私帮助，谈火生和张珺帮助我们澄清了对于一些复杂疑难句式的理解，任智勇帮我们解决了德文翻译的问题，在此深致谢意。尤其要感谢的是“国外毛泽东研究译丛”的主编萧延中老师。无论是专业指导、查找资料还是工作进展中的其他困难，萧老师都为我们热情地提供帮助，并不断地给我们鼓励。就在即将交稿的前两天，萧老师还忙着为我们查找几段引文的出处。最后，还要衷心感谢本书的责任编辑李颜，她的辛勤工作使本书得以纠正了许多误译和漏译之处，并且增强了全书的可读性。

行文至此，想想几个月的辛劳终于有了结果，喜悦之情、释负之感兼而有之。希望这本书的译介工作能够为推动中国学术界关于毛泽东的研究略尽绵薄之力。

译者谨识

2003 年 10 月 12 日于中国人民大学

注释

［1］此前本书的第五章曾由唐秀兰摘要翻译成中文，并收录在

萧延中主编的“外国人怎样评论毛泽东”丛书第3卷《思想的永生》中（中国工人出版社，1997），本书第五章的翻译参考了唐秀兰的译文，特此致谢。

［2］The Logic of “Maoism”：*Critiques and Explanations*，edited by James Chieh Hsiung，New York：Praeger Publishers，1974.

图书在版编目（CIP）数据

毛泽东政治思想的基础：1917—1935：典藏本/（美）沃马克著；霍伟岸，刘晨译. —北京：中国人民大学出版社，2013.8
（国外毛泽东研究译丛/石仲泉，萧延中主编）
ISBN 978-7-300-17635-2

Ⅰ.①毛… Ⅱ.①沃… ②霍… ③刘… Ⅲ.①毛泽东思想研究-政治思想 Ⅳ.①A841.64

中国版本图书馆CIP数据核字（2013）第155963号

国外毛泽东研究译丛
主编　石仲泉　萧延中
毛泽东政治思想的基础（1917—1935）
典藏本
［美］布兰特利·沃马克　著
霍伟岸 刘　晨　译
Mao Zedong Zhengzhi Sixiang de Jichu

出版发行	中国人民大学出版社		
社　　址	北京中关村大街31号	**邮政编码**	100080
电　　话	010－62511242（总编室）		010－62511770（质管部）
	010－82501766（邮购部）		010－62514148（门市部）
	010－62515195（发行公司）		010－62515275（盗版举报）
网　　址	http://www.crup.com.cn		
经　　销	新华书店		
印　　刷	涿州市星河印刷有限公司		
开　　本	720 mm×1000 mm　1/16	**版　　次**	2013年10月第1版
印　　张	22.75 插页3	**印　　次**	2024年1月第5次印刷
字　　数	311 000	**定　　价**	98.00元